Staats- und socialwissenschaftliche Forschungen

herausgegeben

von

Gustav Schmoller.

Vierzehnter Band. Erstes Heft.

(Der ganzen Reihe sechzigstes Heft.)

M. Spahn, Verfassungs- und Wirtschaftsgeschichte des Herzogtums Pommern von 1478 bis 1625.

Leipzig,
Verlag von Duncker & Humblot.
1896.

Verfassungs- und Wirtschaftsgeschichte

des

Herzogtums Pommern

von 1478 bis 1625.

Von

Dr. Martin Spahn.

Leipzig,

Verlag von Duncker & Humblot.

1896.

Vorwort.

In der vorliegenden Erstlingsarbeit konnten weder alle Glieder der inneren politischen Entwicklung Pommerns von 1478 bis 1625 dargelegt, noch die erwähnten erschöpfend behandelt werden. Als ein Neuling ging ich an die Arbeit. Wie es in solchen Fällen zu geschehen pflegt, zwang mich der Gegenstand meiner Studien zu immer umfassenderen und tiefer dringenden Forschungen, bis ich erkannte, dafs die Lösung meiner Aufgabe die Kräfte eines Anfängers wohl eigentlich überstieg. Die Quellen, auf denen das Buch beruht, sind zum weitaus gröfsten Teile den Beständen des Kgl. Staatsarchivs zu Stettin entnommen; sie flossen bald überreich, bald gar zu dürftig. Vorarbeiten fanden sich kaum; das wenige, was an darstellender Litteratur vorhanden war, verwirrte mehr als es nützte. Diese Schwierigkeiten bitte ich bei der Beurteilung des Buches nicht aufser acht zu lassen.

Die Art meiner Anmerkungen werde ich kaum zu rechtfertigen brauchen: sollte ihnen kein unverhältnismäfsig grofser Raum zugestanden werden, so mufsten sie mehr zu Hinweisen auf die Stellen, wo sich über den besprochenen Gegenstand eingehendere Mitteilungen finden, als zum genauen Aufzählen der Belege dienen.

Mit besonderer, vielleicht zu tadelnder Vorliebe habe ich bei den wenigen in der Geschichte Pommerns hervortretenden Persönlichkeiten verweilt. Die Zahl der Geschilderten hätte sich leicht vermehren lassen, wenn ich mich für berechtigt gehalten hätte, nur auf zwei oder drei überlieferte Charakterzüge gestützt, das Bild eines Mannes zu entwerfen. Aus dem Grunde ist denn auch ein Mann unerwähnt geblieben, der zu dem Wiederaufbau des pommerschen Herzogtums unter Bogislav X. nicht weniger als sein Fürst mitgewirkt hat. Das Zeitalter, das in dem Buche den Namen des gröfsten pommerschen Herrschers trägt, sollte mit Fug nicht minder den Namen Werners von Schulenburg tragen. Aber es ist, als wenn der erste Berater Bogislavs gemeint hätte, dafs in seinem so durch und durch eigensüchtigen Zeitalter der Krone nur ein Beispiel selbstlosester Unterordnung unter den Staatsgedanken helfen könnte: er hat es über sich gebracht, eine wahrhaft grofse Arbeit zu thun und den Namen und Ruhm dafür seinem Herzog zu lassen. Daher sei ihm wenigstens an dieser Stelle das Lob gesichert, das ihm unzweifelhaft zukommt.

Noch eines anderen Mannes will ich hier gedenken aus schuldiger Rücksicht auf die, welche ihn ungünstiger beurteilen zu müssen glauben, als ich es gethan habe. Ich habe den letzten katholischen Bischof von Kammin im Buche geschildert, so wie er mir aus den Quellen entgegengetreten ist, als den lauteren und bis zum Tode getreuen Vorkämpfer seines Glaubens. Doch ich kann mich des Gedankens nicht erwehren, dafs Erasmus von Manteuffel, der Sprofs einer alten und reichen Adelsfamilie, die Bedeutung einer friedlichen Entwicklung und des irdischen Besitzes für die ihm anvertraute Kirche überschätzt hat. Es mag in ihm der Diplomat zuweilen die Oberhand über den Führer des Katholizismus gewonnen haben, um so leichter, als es dem Erzieher und vertrauten Freunde Georgs I. ohnehin schwer fallen mufste, gegen den andersgesinnten, aber edlen Sohn Georgs zu kämpfen. Ich habe es jedoch nicht beweisen können, und darum schwieg ich davon, da dem Historiker nicht die Rechte des Dichters zustehen.

Die Unterstützung und Anregung meiner akademischen Lehrer und der Herren Archivare hat mir den Mut gegeben, die einmal in Angriff genommene Arbeit zu vollenden. Besonders herzlichen Dank habe ich Herrn Professor Dr. Schmoller und Herrn Professor Dr. Breysig zu sagen, sowie Herrn Archivrat Dr. von Bülow und Herrn Archivar Dr. Bär in Stettin, ohne deren unermüdliche, aufopferungsvolle Mitwirkung sowohl während der Vorarbeiten in Stettin als während der Ausarbeitung in Berlin ich nie zum Ziele hätte kommen können. Warmen Dank habe ich ferner Herrn Professor Dr. Lenz abzustatten; durch die Mitteilung einiger Funde, die er in Weimar gemacht hat, hat er es mir wahrscheinlich ermöglicht, noch einzelne weitere Punkte der Geschichte der pommerschen Kirchenumwälzung in einem später folgenden Aufsatze aufzuklären. Ich habe auch für ihre mir allzeit bewiesene Freundlichkeit, die mir die Arbeit wesentlich erleichtert hat, den Herrn Bibliothekaren des Deutschen Reichstags, unter denen ich den inzwischen in den Ruhestand getretenen Herrn Dr. Potthast nicht vergessen möchte, und dem Herrn Archivassistenten Dr. Granier in Berlin zu danken.

Berlin, Ostern 1896.

M. Spahn.

Inhaltsverzeichnis.

Zweiter Abschnitt.

Benutzte Bücher und Archive.

Stettiner Staatsarchiv; überall, wo nicht ausdrücklich ein anderer Teil zitiert ist, ist Pars I gemeint (gekürzt St. T. . . Nr. . .).

Wolgaster Staatsarchiv (gekürzt W. T. . . Nr. . .). Es befindet sich gleich dem Stettiner im Kgl. Staatsarchiv zu Stettin.

Bohlensche Sammlung, ebenfalls im Kgl. Staatsarchiv zu Stettin (gekürzt Bohlen).

Geheimes Staatsarchiv zu Berlin (gekürzt B. Rep.).
Mehrere Notizen zur Geschäftsordnungsgeschichte der Landtage, die ich der Güte des Herrn Archivars Dr. Bär verdanke, sind durch ein Sternchen gekennzeichnet.

Balthasar, Augustin von: Abhandlung vom Ursprung, Amt, Recht, besonders der Wahl der Landräte im Herzogtum Pommern und Fürstentum Rügen. Greifswald 1752.

Balthasar, Aug. v.: Historische Nachricht von denen Landesgerichten und derselben Ordnungen im Herzogtum Pommern. Greifswald 1736.

Barthold, Geschichte von Pommern und Rügen. 4 Bände (der 4. in 2 Teilen). Hamburg 1839—1845.

Berckmann, Johann: Stralsundische Chronik und die noch vorhandenen Auszüge aus alten verloren gegangenen Stralsundischen Chroniken nebst einem Anhange. Aus den Handschriften herausgegeben von Mohnike und Zober. Stralsund 1833.

Bohlen-Bohlendorff, Hausbuch des Herrn Joachim von Wedel auf Krempzow Schlofs und Blumberg Erbgesessen. Tübingen 1882 (gekürzt Wedel).

Cramer, Daniel: Pommerische Kirchen-Chronika, das ist Beschreibung und ausführlicher Bericht, wie anfenglich u. s. w. in drey unterschiedlichen Büchern verfafst. 2. Aufl. Stettin 1603 (gekürzt Cramer III).

Cramer, Reinhold: Geschichte der Lande Lauenburg und Bütow. 2 Bände. Königsberg 1858 (gekürzt Cramer I oder II).

Dähnert, J. C.: Sammlung gemeiner und besonderer Pommerscher und Rügischer Landes-Urkunden, Gesetze u. s. w. 3 Bände und 5 Bände Fortsetzung. Stralsund 1765 ff. (gekürzt Dähnert I—VIII).

Gadebusch, Th. H.: Pommersche Sammlungen. 2 Bände. Greifswald 1783 ff.

Gesterding-Pyl, Beiträge zur Geschichte der Stadt Greifswald. 4 Bände. 1827 ff.

Goerigk, E.: Bugenhagen und die Protestantisierung Pommerns. Mainz 1895.

Kantzow, Th.: Pommersche Chronik 1536, niederdeutsch; hrsg. von W. Böhmer. Stettin 1835 (gekürzt Kantzow 1835).

Kratz, G.: Die Städte der Provinz Pommern. Abrifs ihrer Geschichte, zumeist nach Urkunden bearbeitet. Einleitung und Vorwort von Dr. R. Klempin. Berlin 1865 (gekürzt Klempin und römische Seitenziffer).

Medem, F. L. von: Geschichte der Einführung der evangelischen Lehre im Herzogtum Pommern. Greifswald 1837.

Micraelius, Johannes: Des alten Pommerlandes Buch 1–6. Stettin 1639.

Normann, Matthäus von: Wendisch-Rügianischer Landgebrauch. Aus verschiedenen Handschriften berichtigt und herausgegeben von Th. H. Gadebusch. Stralsund-Leipzig 1777.

Raumer, G. W. v.: Die Insel Wollin und das Seebad Misdroy. Berlin 1851.

Sastrowe, B.: Herkommen, Geburt und Lauff seines gantzen Lebens, auch was sich in dem Denkwerdiges zugetragen. Hrsg. und erläutert von Mohnike. 3 Teile. Greifswald 1823/24.

Schoettgen und Kreysig: Diplomata et scriptores historiae Germanicae medii aevi. Tomus 3. Altenburg 1760.

Schwartz, A. G. v.: Versuch einer pommerschen und rügianischen Lehnshistorie. Greifswald 1740.

Thiede, Fr.: Chronik der Stadt Stettin. Stettin 1849.

Baltische Studien (gekürzt B. St.).

Regierungszeit der Herzöge von Pommern 1478—1637.

Ganz Pommern in einer Hand:
Bogislav X. 1478—1523.

Georg I. 1523—1531.	Barnim XI. 1523—1532.
Pommern-Wolgast.	**Pommern-Stettin.**
Philipp I. 1532—1560. Ernst Ludwig 1569—1592. Philipp Julius 1592—1625.	Barnim XI. 1532—1569 (s. o.). Johann Friedrich 1569—1600 (1556—1574 Bischof von Kammin). Barnim XII. 1600—1603. Kasimir IX. 1603 (1574—1602 Bischof von Kammin). Bogislav XIII. 1603—1606. Philipp II. 1606—1618. Franz I. 1618—1620 (1602 bis 1618 Bischof von Kammin, ihm folgt 1618—1622 sein Bruder Ulrich). Bogislav XIV. 1620—1625 (von 1623 ab auch Bischof von Kammin).

Ganz Pommern wieder in einer Hand:
Bogislav XIV. 1625—1637.

Einleitung[1].

Übersicht über die Entwicklung der Herzogsgewalt und der Landstände bis 1478.

Als die ersten christlichen Mönche, von dem polnischen Könige Boleslav gerufen, im Jahre 1124 Pommern betraten, fanden sie in einem Lande, welches ihnen „schön wie das der Verheifsung“ dünkte, ein ihrer milden Lehre unzugängliches, noch von keiner höheren gesellschaftlichen Ordnung gezähmtes Volk. Es standen jedoch die Bewohner der Oderufer und der Ostseeküste bis hin gegen Danzig, von welcher sie ihren Namen als Pomorani, Meeranwohner, erhalten hatten, nicht mehr auf den niedrigsten Stufen menschlichen Zusammenlebens; an ihre Spitze hatten sich bereits dauernd, obwohl noch nicht lange, Herzöge gestellt, und territoriale Gemeinwesen, so ungeschickt die Hände sich erst emporarbeitender Fürstengeschlechter sie auch formen mochten, waren in raschem Werden.

Jahrhunderte eines ruhelosen Kampfes mit den germanischen und slavischen Nachbarn hatten sie vorbereitet. Soweit Erinnerung und Sage zurückzudenken vermochten, hatten sich die Angehörigen all der kleinen Bezirke des Festlandes um die Priesterschaft im Heiligtum zu Redra und die der Insel Rügen um die Priester Swantevits geschart und dort zuerst ein Gefühl der Stammeszusammengehörigkeit empfunden. Kriege von ungewöhnlicher Heftigkeit und Nachhaltigkeit mögen es auch gewesen sein, welche in den Zeiten, da Lothar von Supplimburg den Mittelpunkt

[1] Der folgenden Darstellung liegt namentlich zu Grunde: Klempins Vorwort zu Kratz, welches nur die zwei Perioden der ständischen Entwicklung vor der Regierung Bogislavs X. nicht klar genug scheiden dürfte. Benutzt sind für die ältere Zeit die Viten des hl. Otto, MG. SS. XII und die pommerschen Urkundenbücher, für die spätere Kantzow 1835 und Barthold. Bei der mannigfachen Übereinstimmung der Zustände zur slavischen Zeit scheint es angemessen, auf Rachfahls Einleitung in „die Organisation der Gesamtstaatsverwaltung Schlesiens vor dem Dreifsigjährigen Kriege“, Schmollers Staats- u. socialwissenschaftliche Forschungen, Band XIII, Heft 1, Leipzig 1894, hinzuweisen.

seines Wirkens noch an den Ostmarken des Reiches fand, einzelnen einheimischen Machthabern den Weg zur dauernden Herrschaft bahnten. Während Wartislav I. in der Odergegend ein westpommersches, allein zu einer Zukunft berufenes Herzogtum bildete, und sich zugleich in Rügen ein kräftiges Fürstentum im schweren Widerstreite gegen die Priesterschaft erhob, führte die um sich greifende Entwicklung bereits auch die jenseits der Persante wohnenden Stammesgenossen zu einer Art staatlichen Zusammenschlusses.

Alsbald sahen sich die neuen Herrscher vor die Notwendigkeit gestellt, ihre Freiheit gegenüber den feindlich gesinnten Nachbarmächten zu behaupten; nicht als ob ihnen völlige Beseitigung gedroht hätte — das wäre nicht im Sinne der Zeit gewesen, — wohl aber suchte ein jedes der anstofsenden Länder sie zur Anerkennung seiner Lehnshoheit zu zwingen.

Durchaus waren die beiden pommerschen Herzogtümer in den Jahren der Bekehrungsreisen des heiligen Otto polnische Vasallenstaaten; wahrscheinlich nicht ohne polnische Hilfe auf den Herzogsstuhl erhoben, mufste Wartislav so gut wie sein ostpommerscher Mitstreiter die Hand des kraftvollen, stammverwandten Nachbarn aufs empfindlichste fühlen. Die Westpommern entgingen allerdings durch ihren engen Anschlufs an deutsches Wesen dem Schicksale ihrer östlichen Volksgenossen, welche unter das polnische Joch gerieten und sogar die politische Selbstständigkeit verloren; immerhin nahm der gefahrvolle Kampf um die Freiheit und Unabhängigkeit von Polen die Thatkraft ihrer ersten Herrscher derart in Anspruch, dafs dieselben die so nötige Regelung und Festigung der fürstlichen Macht im Innern des Landes vernachlässigen mufsten.

Als Westpommern zuerst in die Geschichte eintrat, setzte sich seine Bevölkerung ausschliefslich aus Slaven zusammen. Einst hatten sich seine Bewohner fast mehr noch als die Germanen einer allumfassenden Freiheit rühmen dürfen; allmählich aber war ihr gesellschaftlicher Zustand trauriger geworden als irgendwo in Europa. Die Notwendigkeit eines Richters im Dorfe wie das Übergewicht, welches gröfserer Grundbesitz stets behauptet, führte zu der gänzlichen Unterwerfung der Dorfgenossen unter den Willen ihres Dynasten, so dafs für die Völker des Mittelalters Slave und Knecht Begriffe gleichen Inhalts wurden. Um das Jahr 1000 bestand Pommern aus einer grofsen Anzahl von Gutsherrschaften, deren Inhaber völlig selbstherrlich waren nach oben wie nach unten und nicht zuletzt gegenüber den eigenen Standesgenossen, während ihre Untersassen in willen- und rechtloser Abhängigkeit von ihnen verkümmerten. Das junge, ein Jahrhundert später entstehende Herzogtum vermochte die Lage zunächst noch kaum zu verbessern, mochte es gleich selbst an der Beseitigung der Dynasten ein nicht geringes Interesse haben.

Zu unklar ist die Überlieferung, um zu erkennen, wie weit und durch welche Mittel es sich auszubreiten verstand; denn wenngleich die rein persönliche Gewalt des ersten Staatsoberhauptes im Kampfe gegen alle Nachbarn rasch zur gesichert monarchischen erstarkte, so waren ihre Rechte doch nicht minder schwankend als ihre Ausdehnung. Unter dem noch inhaltsleeren Vorbehalte des höchsten Gerichtes und der allgemeinen Heeresfolge begnügte sich Wartislav I. zunächst mit der äufserlichen Anerkennung einer Oberherrschaft, welche aufser in der Annahme des Kastellanstitels von seiten der Mehrzahl der bisherigen Dynasten fast allein in einer mäfsigen Abgabe von Hufe und Haus ihren Ausdruck fand. Es war ihm nicht gegeben, die bisherigen Machthaber mit der Gewalt der Waffen zu unterjochen. Dagegen wufste er ihnen klug, indem er die Volksreligion unmerklich vorarbeiten liefs, die Gelegenheit zur Ausübung ihrer Rechte mehr und mehr zu entziehen.

Er erhob die Tabernen, welche die Verwaltung, sowie alles gesellige, politische und Verkehrsleben bisher an die Burg ihres Dynasten gefesselt hielten, zu den unverletzlichen Stätten seines Gerichtes. Indem sie wie die Haine der Gottheit dem Verfolgten sogar gegen seinen Gutsherrn Schutz boten, lehrten sie das Volk, den Träger einer so ungewöhnlichen und dabei so versöhnenden Gewalt gleich seinen Priestern zu ehren.

Dagegen scheint Wartislav es nicht versucht zu haben, die Bedeutung der Kastellane durch Überordnung höherer Beamten, etwa in der Stellung der polnischen Palatine, herabzudrücken; vielmehr dürfte der Unterschied der praefecti und castellani nur auf einen Rangunterschied in derselben Beamtenklasse hinweisen. Ein solcher war dadurch gegeben, dafs in einzelnen Burgbezirken Städte lagen und in anderen nicht[1].

---

[1] Schon die Thatsache, dafs der praefectus in den erhaltenen Urkunden nur zweimal — Kosegarten, Codex Pomeraniae diplomaticus B. I, Greifswald 1862, Nr. 89 u. 126 — vorkommt, spricht nicht für seine Bedeutung. Die Viten beschränken die Bezeichnung praefectus auf die Leiter der städtischen Verwaltungsbezirke, vgl. Herbord III, c. 1, MG. SS. XII, 801 u. Kosegarten Nr. 126. Eine einzige Stelle bei Herbord III, c. 3, 802 läfst sich auf eine Palatinatsverfassung, ähnlich der, die Rachfahl, 17 u. 32 in Schlesien vermutet, beziehen: dux terrae baronibus ac capitaneis totius provinciae ac praefectis civitatum conventum indixit; Ebo III, c. 6, 863 schreibt dafür: dux generale principum regni sui colloquium indixit; doch kann regnum die Bedeutung von provincia haben. Vielleicht meinen beide Annalisten den Landesteil westlich der Oder. — Ebenso wie die Urkunden den Titel castellanus und praefectus, vgl. Kosegarten Nr. 109 u. 126, wechseln die Viten auch die Bezeichnung civitas und castrum, vgl. Herbord II, c. 23, 788 und Ebo II, c. 7, 848. — Ein Rangvorzug der städtischen Kastellane ergab sich dagegen von selbst, weil die Städte sich zunächst noch sehr selbständig erhielten (Ebo II, c. 9, 849). Auch waren ihre Einnahmen naturgemäfs höher, woraus sich der Unterschied zwischen tabernae maiores und minores erklären mag; denn auf den Zusammenhang dieser Unterscheidung mit der Verschiedenheit der Einkünfte deuten die Geldanweisungen der Herzöge auf tabernae in der

Wahrscheinlich war der Herzog noch zu abhängig von den Kastellanen, in denen sich die Denkweise des nur widerwillig gehorchenden Dynastentums weit stärker als das Bewufstsein ihrer Beamtenpflicht geltend machte, als dafs er einen derartigen Versuch überhaupt hätte wagen können.

Bei allen Fragen der Verfassung und Verwaltung, des Gerichtes und der auswärtigen Beziehungen sah sich nämlich der Herzog zur Rücksichtnahme auf den Willen und die Zustimmung des gesamten, auch die höheren Beamten umfassenden Adels verpflichtet. Er befragte ihn auf den für das ganze Land oder für die vorzüglich beteiligte Provinz ausgeschriebenen Landtagen, meist wohl nur in den Beratungen mit einer Anzahl führender, nahezu unabhängig gebliebener Dynastengeschlechter und den hohen Würdenträgern [1].

Unter dem Einflusse einer so drückenden, nach allen Seiten beschränkten Lage geschah es, dafs die Nachfolger Wartislavs das dem Christentume auf dem Fufse folgende Germanentum aufs wärmste begrüfsten. Sie scheuten kein Opfer, um deutsche Ritter, Bauern und Mönche in ihr Herzogtum zu rufen, und eine Zeit lang durften sie auf den Erfolg ihrer Bemühungen mit Sicherheit hoffen. Indem das Slaventum im Laufe des zwölften und dreizehnten Jahrhunderts nahezu ausgerottet wurde und das Deutschtum das gesamte Land eroberte, gelang es den Herzögen, zugleich auch deutsches Recht und deutsche Verfassungs- und Verwaltungsformen durchzuführen. Während sie selbst aus Landesfürsten

---

ständigen Höhe von 3, 6 und 12 oder von 5, 10, 20 u. 30 Mark, vgl. auch Kosegarten Nr. 51; darauf deutet, dafs die Anweisungen auf 6 u. 10 Mark die häufigsten sind, und dafs 1178 II. 19., Kosegarten Nr. 45 (vgl. Nr. 43), 10 Mark als der vierte Teil einer Taberneneinnahme bezeichnet werden, so dafs man wohl die Einnahme einer taberna maior, d. h. einer städtischen Taberne auf 40, die einer minor, d. h. der eines Landbezirkes auf 24 Mark ansetzen darf. Als sicher erscheint auch darnach, dafs die Stadt aus dem umliegenden Burgbezirke, wenn sie gleich einen ausschlaggebenden Einflufs in ihm behauptete, nicht herausgerissen war (Ebo II, c. 9, 849 civitas cum adiacente provincia). Dagegen bezeugen Herbord III, c. 4, 804 und Ebo III, c. 7, 864 die geringe Achtung der Städte vor dem alleinigen Blutbann des Herzogs, da in Wolgast die magistratus cum omni plebe beschliefsen konnten, jeden christlichen Priester, der ihr Gebiet betrete, und seine Freunde unverzüglich hinzurichten, und selbst das Weib des Präfekten sich diesem Beschlusse unterworfen wufste.

[1] Dafs an den Landtagen nicht nur die hohen Beamten, sondern auch Dynasten und sogar Priester teilnahmen, selbst wenn nur von den principes die Rede ist, bezeugt Herbord III, c. 3, c. 5 und Ebo II, c. 5, III, c. 6, c. 13; für die Ausdehnung des Titels princeps auf alle Beamten vgl. Ebo III, c. 17. Der Bericht Ebos III, c. 6, 863 f. erinnert bereits an die Geschäftsbehandlung auf den späteren Landtagen: Considentibus principibus dux ita exorsus est: „... Quapropter unanimi consilio inter vos secreto convenientes, salutis vestrae causam agite.“ Hiis auditis, principes et natu maiores opportunum huic colloquio locum petentes, diu multumque ancipiti sententia nutabundi oberrabant, praecipue sacerdotibus idolorum quaestus sui gratia contradicentibus. Tandem unanimiter cultum idolorum abdicarunt.

Lehnsfürsten wurden, brachten sie die Kastellaneiverfassung zu Fall. In steigendem Grade stellten sie zuerst in Vorpommern, zuletzt in dem abgeschlossenen Rügen und den hinterpommerschen Gebieten neben die eigenwilligen, ihnen feindlichen Leiter der alten Burgbezirke eingewanderte, treue deutsche Ritter als Landvögte. Möglicherweise zunächst nur zur Verwaltung des fürstlichen Domanialbesitzes berufen, wufsten die neuen Beamten allmählich alle Pflichten und Rechte der Kastellane in ihre Hände hinüberzuspielen. Schon bald aber zeigte sich das Bedürfnis einer strafferen Centralisation, so dafs ein Mandat des Jahres 1321 das Herzogtum in vier grofse Bezirke teilte, an deren Spitze je ein officialis generalis mit vier Räten stand. Zu einer Verwirklichung dieses Planes ist es kaum gekommen; denn die Unterthanen waren schon wieder viel zu mächtig geworden, als dafs sie sich die Stärkung der herzoglichen Gewalt durch eine Regelung der Verwaltung hätten gefallen lassen. Kaum entstanden und durchgeführt, trat die Landvogteiverfassung in den Dienst der ständischen Gewalt, um den Herzog aus seiner Stellung als Herrn in seinem Lande nahezu völlig zu verdrängen, in welche zurückzukehren er während des ganzen übrigen Mittelalters keinen Anlauf mehr machte.

Denn auch die Periode der Germanisation hatte den Rechten des Adels kaum einen dauernden Eintrag gethan. Gewifs hatte die fast ausschliefsliche Verwendung deutscher Ritter im fürstlichen Dienste eine augenblickliche Lostrennung des Beamtenadels von den Interessen seiner Standesgenossen bewirkt, auch blieb die rechtliche Stellung des eingewanderten Landadels bis zur Heldenzeit des dritten Barnim zu verschieden von der des altgesessenen, als dafs sie sich zu einträchtigem Handeln hätten vereinigen mögen. Dennoch fand das ständische Leben infolge der unaufhörlichen Kriege mit Dänemark und vornehmlich mit dem wie im Kampfe um seine Existenz zur See hindrängenden Brandenburg stets neue Nahrung und Entwicklung, weil Beisteuern zu den das fürstliche Einkommen übersteigenden Feldzugskosten immer wieder von der Ritterschaft erbeten werden mufsten.

Vor allen Dingen fiel ins Gewicht, dafs sich von unten her andere Elemente in landständischer Organisation der Aristokratie an die Seite drängten, welche weit intensiver die ihnen zu teil gewordene Macht auszunutzen wufsten.

Die Ausbildung des deutschen Bauernrechtes ward freilich durch die Einwirkung slavischer Zustände aufgehalten, ehe sie auch nur die Höhe der märkischen und mecklenburgischen Entwicklung erreicht hatte, so dafs insbesondere in Hinterpommern ein nicht geringer Teil in die vielbeschränkte Stellung der pomerellischen Kmethen geriet. Ganz allgemein wurde jetzt sogar die schwache politische Willensäufserung beseitigt, welche die heidnische Zeit den Untersassen noch gestattet haben mochte.

Um so machtvoller entfalteten sich die Städte, denn die Herzöge teilten, von volkswirtschaftlichen Gründen geleitet, seit 1230 mit vollen Händen die magdeburgischen und lübischen Stadtrechte aus, welche binnen kurzem die schwachen Schranken beseitigten, mit denen man einem übermäſsigen Herauswachsen der Städte aus dem Staatsganzen hatte vorbeugen wollen. Bis dahin von geringer Gröſse und durch ihre Entstehung der Kastellaneiverfassung noch eingegliedert, rechtlich wohl nur zum Teil vor dem umliegenden Lande bevorzugt[1], erfüllten sich die pommerschen Municipien nunmehr mit dem Geiste des deutschen Kaufmanns und hatten, noch ehe ein Jahrhundert verging, die an die Spitze des gesamten Stadtwesens berufenen herzoglichen Beamten fast überall auf die höchste Gerichtsgewalt beschränkt.

Schon ermöglichte ihnen das kostspielige Söldnerwesen, die Folge ihrer Befreiung vom Kriegsdienste, und die gleichzeitige sehr starke Zerrüttung der herzoglichen Finanzen, welche dank dem Verzichte der Herzöge auf die wichtigsten Zölle zugunsten der Städte eingetreten war, eine Einwirkung auf die fürstliche Regierung, die unter dem fördernden Einflusse der Hanse und mit der Unterstützung des Adels der Ausgangspunkt einer erfolgreichen ständischen Offensivpolitik wurde.

Als epochebildend für den Eintritt der Städte in die landständische Organisation, zugleich als der erste Schlag gegen die landesherrliche Gewalt gilt der Rostocker Landfriede von 1283. Da seine Handhabung und Dauer ausschlieſslich bei den Ständen beruhte, konnten die Fürsten von ihren Unterthanen selbst mit den Waffen zur Vertragstreue gezwungen werden; die Städte hingegen durften mit wem immer ihre Bündnisse eingehen.

Gleichsam von selbst ergab es sich darnach, daſs die Stände die Landesteilung von 1295 vollzogen und jedem der Thronerben das Seine zuwiesen; und sogar die Freistellung des Abfalls von der heimischen Dynastie, nicht etwa bloſs auf Grund eines Beschlusses, den das ganze Land gefaſst hatte, sondern nach Belieben eines jeden einzelnen Distriktes war nichts als eine naheliegende, baldgezogene Konsequenz daraus.

---

[1] Auf eine von der der Landbezirke abweichende, der der deutschen Municipien schon ähnlichere Verfassung wenigstens der gröſseren Städte zur slavischen Zeit läſst die sonst wohl von den Viten nicht gebrauchte Bezeichnung magistratus für die städtischen Behörden schlieſsen, so bei Herbord III, c. 4, MG. SS. XII, 804 u. Ebo III, c. 7, 864. In Stettin gab es drei continas, an denen die Bürger conveniebant certis diebus et horis sive potare sive seria sua tractare vellent, Herbord II, c. 31, 794 u. III, c. 18, 812: Erant (in Stettin) gradus lignei, de quibus praecones et magistratus ad populum concionari solebant. Conventus forenses bezeugt für Demmin Ebo III, c. 5, für Wollin Herbord II, c. 24 u. Wolgast Ebo III, c. 7. In der Hand der principes, der ständigen Beamten, lag die Leitung der Bürgerversammlungen und wohl zugleich die Exekutive. Die Bürger selbst hatten wohl nur beratende Stimme; die Beschluſsfassung lag wahrscheinlich bei den principes in Gemeinschaft mit den natu maiores, die als primates insgesamt den magistratus bildeten, Ebo III, c. 16, 872, wo Wirtschach erklärt: Ego cum primatibus hunc locum regentibus convenimus.

Dreifsig Jahre später, um 1320 etwa, machten die Vasallen und Städte die Ämterbesetzung von ihrer Zustimmung und dem Indigenate abhängig. Darauf bedeuteten die Errungenschaften des Rügenschen Erbfolgekrieges, durch welchen sich die Stände das vormundschaftliche Regiment über eventuelle unmündige Thronfolger sowie die Entscheidung über Vermehrung oder Verminderung der Landesburgen sicherten, nur noch den vorläufigen Abschlufs dieser raschen Entwicklung.

In der nun beginnenden Pause, welche durch die kräftigsten Jahre Barnims des Grofsen bezeichnet wird, gelang es den Bürgerlichen, dem nur lose organisierten Adel die Führung der ständischen Politik zu entreifsen. Die Hanse mit ihrem Unterschiede zwischen unmittelbaren und mittelbaren Bundesgliedern hatte die strenge Unterordnung aller kleineren Städte unter die wenigen grofsen, deren früheste Spuren noch in die Wendenzeit zurückgehen [1], durchgeführt [2]. Auch das um 1415 erfolgte Eintreten der Prälaten [3] in die Landschaft vermochte nichts mehr daran zu ändern, dafs Stralsund, Greifswald, Anklam und Demmin in Vor-, Stettin und Stargard in Hinterpommern die entscheidenden Faktoren auf allen landständischen Versammlungen bildeten.

Gegenüber den Landfriedensbündnissen, welche die Städte seit der Mitte des vierzehnten Jahrhunderts mit den Vasallen ohne jegliche Mitwirkung der Fürsten schlossen, hätte die rechtliche Festlegung der Teilnahme der Stände an dem 1416 begründeten Hofgerichte als ein Fortschritt der staatlichen Gewalt erscheinen können, wenn sie nicht den damals aufkommenden „gemeinen Rat", einen aus allen Ständen gebildeten Ausschufs, zum Richterkolleg zwischen Herzog und Land erhoben hätte; so aber wurde Wartislav IX. 1452 unter dem offenbaren Einflusse Stralsunds gezwungen, es als einen alten, löblichen Brauch anzuerkennen, dafs alle die, welche zwischen der Rügenschen Fähre

---

[1] Als der hl. Otto die Wolliner zum Christentume bekehren will, erklären dieselben, se facturos quicquid facerent Stetinenses. Hanc enim civitatem antiquissimam et nobilissimam dicebant in terra Pommoranorum matremque civitatum, et satis iniustum fore, se aliquam novae religionis observantiam admittere, quae illius auctoritate prius roborata non fuisset, Herbord II, c. 24, MG. SS. XII, 789 und noch schärfer bei Ebo II, c. 11, 850: Nos antiquam patrum legem sine consensu primatum, quos in hac Stetinensi nostra metropoli reveremur, infringere non praesumpsimus.

[2] Für die Bestimmung der Zeit, wann sich die Organisation der Städte auf den Landtagen festgesetzt hat, dürfte in Betracht kommen, dafs Demmin 1361 aus der Zahl der unmittelbaren Hansestädte ausgeschieden ist, sich aber trotzdem unter den führenden Städten Vorpommerns noch Jahrhunderte behauptet hat, obwohl das System der Organisation für die Hanse wie für die Landtage gleichmäfsig auf der Vertretung der kleineren Städte durch bestimmte führende beruhte.

[3] Der Einwurf von Fock, Rügensch-Pommersche Geschichten, Bd. IV, 137, stützt sich auf einen einzelnen Fall früherer Mitwirkung der Prälaten.

und der Reckenitz irgendwo den Bede- und Münzpfennig besäſsen, ohne weiteres dort auch des höchsten Gerichtes walten dürften.

Nur ein halbes Jahr früher hatte der Herzog den drängenden Städten versprochen, jeden Beamten, welcher ihnen „tho schware" wäre, ohne vorherige Befragung der Bezirksritterschaft abzusetzen. In derselben Zeit verstand er sich dazu, Beginn wie Beendigung jedes Krieges in die Hand der Stände zu legen, ihrem Willen sogar die Teilnahme der pommerschen Fürsten an den Reichstagen zu unterwerfen.

Die Beseitigung der herzoglichen Rechte, ausschlieſslich über die Verleihung neuer Niederlagen und die Erlaubnis zu öffentlichem Verkaufe zu verfügen, wurde daneben nicht vergessen; und hatte Demmin es 1292 noch für einen Gewinn erachtet, daſs die Kornausfuhrverbote des fürstlichen Vogtes fortan der Einwilligung der Vasallen und seiner Bürgerschaft bedurften, jetzt ward, wenn die selbstherrlichen Städte ihre Häfen dem inländischen Getreide sperren wollten, nach Ritterschaft und Vogt nicht mehr gefragt.

Der Sinn für die Einheit des pommerschen Landes, wie ihn die Städte noch am Ende des dreizehnten Jahrhunderts bewiesen hatten, als sie die Orte magdeburgischen Rechtes ausnahmslos, die lübischen Rechtes nach Möglichkeit ein und demselben Fürsten zuerteilten, war geschwunden; die Versuche einzelner Herzöge, wenigstens die schädlichsten Auswüchse bischöflicher Reichsunmittelbarkeits- und municipaler Unabhängigkeitsgelüste zu beschneiden, blieben meist vergeblich — und so ist es ein treffendes Bild, welches Joachim Wedel von dem Pommern des Mittelalters hinterlassen hat, indem er schrieb: „Es haben sich eine Zeitlang die von Stargard — so sonst üppige und übermütige Leute und bishero böse Adelsfeinde gewesen — gegen die vom Adel und ihre Nachbarn ganz übermütig und gewaltsam bewiesen, der viel umb geringer Verbrechung willen bestrikt, auch wohl gar in die Türme gesteckt, beschatzet und übel traktieret, wie sie denn sonst auch stracke iustitia gehalten und ihr lübisch Recht weidlich gebrauchet." Da ist dieser Raubadel, dem Straſsenraub und Todschlag eine geringe Verbrechung scheint; da sind diese Städte, die unbarmherzig an jedem Landfriedensbrecher, den sie fangen, stracke iustitia üben; nur der Herzog fehlt, — ohne Macht und Würde wanderte er fernab von einem Klosterhof zum andern, um sein täglich Brot von Mönchen zu erbetteln. Und weil der Aristokratie alle staatserhaltenden Tendenzen abgingen, aber auch die Städte nicht die genügende staatsbildende Kraft besaſsen, so schien das Ostseeherzogtum im fünfzehnten Jahrhundert in rascher Auflösung begriffen, als zum Glück der tüchtige Bogislav X. in eben jenen Jahren das ganze Land unter seiner Regierung vereinigte.

Erster Abschnitt.

Zeitalter Bogislavs X.

1478—1531.

Bogislav X., der einzige Sprößling seines Stammes, verband mit ausdauernder Arbeitskraft ein ausgezeichnetes organisatorisches Talent sowie die Gabe, die Tüchtigsten seines Volkes an die rechte Stelle zu berufen. Sein durchdringender Blick erfaßte rasch und tief, was not that und wo entwicklungsfähige Keime in dem Gewordenen ruhten. Pläne zu übereilen, war nicht seine Art. Wo er es nur eben vermochte, suchte er an vorhandene Einrichtungen anzuknüpfen und sie unter kluger Schonung ihrer Form mit neuem Geiste zu erfüllen. Daher vollzog sich sein Wirken in geräuschloser, unmerklicher Weise, welche seine jungen Schöpfungen vor dem Argwohn und Ansturm der durch sie bedrohten Stände behütete. Er wußte maßvoll sich zu bescheiden; gerne gab er, wenn er dadurch ein „goldenes Jahrhundert“ für sein Land heraufbeschwören konnte, einen Titel preis, wartend, ob die Zeit käme ihn zurückzufordern. Wind und Wetter hatten schon den Knaben auf dem kleinen Bauernhofe, auf dem er heranwuchs, gelehrt, nicht den Gewinn des Augenblicks allein in Acht zu nehmen, sondern auch für kommende Jahre zu sorgen und nach Landmannsart gläubig zu hoffen. Doch hat er sich keineswegs sogleich zu Beginn seiner Regierung die Wege abgesteckt, welche er später gegangen ist. Wohl standen ihm damals bereits die beiden Ziele klar vor Augen, die seinem Amte gesetzt waren: die fürstliche Gewalt durch Ausbildung eines gesunden und festen Finanzwesens zu heben und die ständische Macht zu entkräften; wenn er aber von vornherein den graden Pfad zu ihnen eingeschlagen hat, so geschah es mehr ahnungsvoll als bewußt. Wie er 1496 nur zu einer Reise ins Reich auszog und schließlich bis nach Rom und zum heiligen Grabe pilgerte, so mag es nicht selten um seine Thätigkeit bestellt gewesen sein. Blofs einen einzelnen Schritt gedachte er zu thun; indem er ihn jedoch that, erschlossen sich ihm neue Ideen und umfassende Gesichtspunkte und führten ihn weiter bis zum letzten Ziele.

Dabei kamen ihm sogar seine Fehler zu gute. Es war sehr wichtig für ihn, dafs er die Liebe seines Landes gewann und es seinen Gedanken unterthänig machte. Wie selten aber weifs wahrhafte Vollkommenheit die Massen mit sich fortzureifsen! Leidenschaften, Nachgiebigkeit gegen plötzliche Eingebungen, unberechnetes Überschreiten gebotener Formen verstehen es ganz anders, die Begeisterung tiefer stehender Menschen zu erzwingen; selbst bäurische Roheit und Sinnlichkeit sind, solange die Manneskraft des Stammes dergleichen Schlingpflanzen nicht allzuhoch emporschiefsen läfst, dem Volke sympathische Züge. Deshalb stand Bogislav, der all diese Eigenschaften an sich trug, dem Herzen seiner Pommern so nahe, welche sich ohnehin zu ihm neigten, weil er gar so leicht der letzte seines Geschlechtes werden konnte. Dafs ihnen ihre Sonne wieder aufgegangen, däuchte ihnen, als er einmal, von schwerer Krankheit genesen, sich ihnen wieder zeigte. Er erinnerte sie lebhaft an die Lieblinge des deutschen Liedes, einer der Fürsten, denen ihre Unterthanen nicht früh genug den Beinamen des Grofsen geben zu können glauben.

Berufen wie kein anderer, Wandel zu schaffen, der gröfste Staatsmann seines Hauses, ergriff Bogislav die seit langem auf dem Boden schleifenden Zügel der Regierung und zog sie an mit der ganzen Gewalt seines Könnens und der Zähigkeit seines Wollens.

Die Steuerverfassung.

Die Ordnung der Finanzen drängte vor allem. Die wenigen Domänen und Einkünfte, welche die Regierung noch ihr Eigen nennen durfte, wurden schlecht und ohne Überschüsse zu ergeben verwaltet; der weitaus gröfste Teil der ehemaligen fürstlichen Einnahmequellen war an die Kirche, die Landsassen und Städte verschenkt. Jener Rest mufste nutzbar gemacht, das verloren gegangene, so weit möglich, zurückerworben werden.

Indem Bogislav sich dazu anschickte, sah er sich gezwungen, die dazu nötigen, aufsergewöhnlichen Geldmittel zu beschaffen. Eine Erhöhung der bestehenden indirekten Steuern, der Zölle, zu dem Zwecke hat Bogislav erst in späteren Jahren in Betracht gezogen, als er am Hofe König Maximilians weilte. Vorderhand wandte er sich an seine Unterthanen, um die Bewilligung einiger direkter Steuern zu erzielen. Er that damit einen für pommersche Fürsten ungewöhnlichen, aber berechtigten Schritt; denn der moderne Staat, dessen Anfänge sich eben damals in den deutschen

Territorien zu entwickeln begannen, kann ohne unmittelbare Zuschüsse seiner Bürger sich nicht erhalten.

In der slavischen Zeit war von jeder Hufe und jedem Hofplatz dem Herzog als dem Herrn und Eigentümer alles pommerschen Landes ein geringer Census entrichtet worden. Der gewöhnliche Betrag wurde erhöht, so oft der Bau einer neuen Burg geboten war; die Zulage hiefs collecta. Mit dem Eindringen ständisch deutschen Wesens ward die collecta, welche nunmehr allgemein zu Kriegszwecken gereicht wurde, zur Bede, deren Name schon klarlegt, dafs sie ohne die Zustimmung der Landschaften nicht erhoben werden durfte. Auch die Bede wurde als Hufen- und Häuserschofs angelegt und ihre Grundtaxe so fest geregelt, dafs die Stände sich eher als zu ihrer Änderung zum Ausschreiben mehrerer Beden auf einmal oder für aufeinander folgende Jahre entschlossen. Die häufige Bewilligung führte in Kürze dahin, dafs die Bede eine jährliche, nicht mehr verweigerbare Steuer wurde, worauf es ihr wie allen anderen Einkünften des Herzogs erging. Sie ward mit freigebiger Hand verschenkt und verpfändet. Von der Mitte des vierzehnten Jahrhunderts ab hat die Regierung kaum den Versuch gewagt, die Landschaft um Hilfe anzugehen, zumal die allen Schössen abholden Städte anstelle der in Steuerfragen besonders kurzsichtigen Junker die Führung der ständischen Versammlungen übernahmen. So kam es, dafs Bogislav wieder von vorne beginnen, die Idee der- Steuerpflicht neu begründen, die Grenzen des ständischen Bewilligungsrechtes feststellen und ein Verfahren schaffen mufste, auf Grund dessen die genehmigten Steuern eingesammelt werden konnten.

Es gelang ihm zunächst eine Steuerart von der Zustimmung der Landtage unabhängig zu machen. So oft fortan eine Schwester oder Tochter des Herzogs vermählt wurde, reichte ihr das Land aus schuldiger Pflicht, nicht aus freiem Willen eine erst im Laufe des nächsten Jahrhunderts dauernde Formen annehmende Fräuleinsteuer, den „ordentlichen“, regelmäfsigen Schatz. Die Landschaft behielt sich nur auf die Festsetzung der Höhe des Schosses eine Einwirkung vor.

Langsamer, aber noch zu Bogislavs Zeiten bildete sich der Grundsatz aus, dafs auch die Reichssteuern nicht aus dem fürstlichen Einkommen, sondern durch das Land aufzubringen seien. Von da ab galt trotz vereinzelt auftauchenden Widerspruches die 1595 dargelegte Ansicht der Stettiner allgemein, dafs sich ihrer niemand entbrechen könne, er wolle denn ein Heide sein. Obwohl sie das Recht dazu hatte, drang die Landschaft nicht einmal darauf, dafs der Herzog vor der Abreise zum Reichstage ihr Urteil über die zu genehmigende Summe einholte; sie begehrte blofs, dafs er die Steuer nicht ausschrieb, ehe er mit ihr die Erhebungsweise vereinbart hatte.

Im Gegensatze zu Reichs- und Fräuleinschössen bedurfte es

bei der wichtigsten und häufigsten Steuerart, der außerordentlichen Landsteuer, deren Ertrag zur Abstellung „hochbedränglicher Regierungsanliegen" diente, der einstimmigen Annahme durch die Gesamtheit der Stände, die mit nie ermattender Ausdauer daran festhielten, daſs sie nichts zum Unterhalte der Regierung beizusteuern zwingen könne. Sie erkannten klar, daſs ihre Macht dabei in Frage stand; nur so lange, als das Reichen der Landsteuer von ihrem guten Willen abhing, war der Herzog genötigt, sie hin und wieder zu versammeln, und durch ihr frei gewährtes Geschenk zu Dank und Gegengabe verbunden.

Das Steuerverfahren, welches Bogislav im Anschluſs an die verfallenen Einrichtungen des Herzogtums wählte, war einfach, jedoch unbeholfen. Es wurde wieder ein für allemal eine Grundtaxe für das gröſste Hufenmaſs und in gleicher Höhe für das vollständige Haus festgesetzt, daraufhin der Durchschnittsertrag einer Steuer berechnet, und so oft Steuern ausgeschrieben, bis die jeweilig bewilligte Summe aufgebracht war. Veranlagt wurden in den Städten das einzelne Haus, die Bude und der Keller, „dar Lude inwanden", oder nach der späteren Bezeichnungsart das ganze, halbe und viertel Erbe und auf dem Lande die Heger-, Land- und Hakenhufe; nicht nach ihrem Grundbesitz wurden von der Landbevölkerung vorläufig nur die Müller, Schmiede und Krüger und zwar gleich den Inhabern einer Hakenhufe und halb so hoch die Kätner eingeschätzt. Daſs der niedrigere Grad stets halb so viel als der vorhergehende zahlte, entsprach ungefähr der verschiedenen Hufengröſse, keineswegs der Verschiedenheit der Gebäude in den Städten.

War durch diese mechanische Einteilung der Häuser eine Stärkerbelastung des einfachen Handwerkers gegenüber dem reichen Kaufherrn bedingt[1], so trat die Ungerechtigkeit des Systems erst recht grell durch die Befreiung alles und jedes ritterschaftlichen Besitzes von sämtlichen Steuern hervor. Der pommersche Adel bewies sich bereits so mächtig, daſs ihm nur die Pflicht der Steuerentrichtung von den Hufen, davon Zinsen oder Pächte fielen, d. h. von dem Besitze seiner „armen, unvermögenden Bauern" auferlegt werden konnte. Abgeleitet wurde das sich auch auf die Erbgüter und die Reichssteuern erstreckende Vorrecht aus der der Ritterschaft zuerkannten völligen Freiheit von allen öffentlichen Abgaben[2]. Die Folge war eine unverhältnismäſsige Belastung sowohl der adligen als der ebenfalls steuerpflichtigen fürstlichen Bauern und der Städte, von denen diese ohne Rücksicht auf die thatsächliche Vermögensverteilung etwa zwei Fünftel jedes Schosses tragen muſsten. Das erschwerte Bogislav die

[1] Umgehungsversuche d. Handwerker Berckmann 124.

[2] Dähnert I, 481; Rudolf II. 1598 III. 28., W. T. 39 Nr. 37; Normann 232. Freiheit von Zöllen Dähnert IV, 509, vom Meſskorn Grav. 1604 X., St. T. 94 Nr. 113 v. I.

Eingliederung der Gemeinden in das System, welche ohnehin aus Furcht vor einer Beeinträchtigung ihrer Selbstverwaltung sich durch bestimmte Summen loszukaufen strebten.

Unklarheit verursachten zeitweilig einige lokale Steuerbefreiungen, welche das Stift Kammin und die Ämter Lauenburg und Bütow betrafen. In Kammin unterschied man den weit überwiegenden Besitz des Bischofs und der seiner Verwaltung unterstehenden Ritterschaft und Städte und die Güter des Domkapitels. Die Reichssteuern wurden vom gesamten Stifte getragen, und so oft es den Bischöfen beliebte, dem Anspruche der Herzöge zu willfahren, nicht unmittelbar an das Reich, sondern an die pommersche Steuerkasse abgeführt. Von den Landsteuern dagegen waren der Bischof und die weltlichen Stände befreit, während das Domkapitel sie bezahlen sollte. Im Gegensatze dazu wehrten sich Lauenburg und Bütow als Lehen der Krone Polen wider alle Reichssteuern; doch nur Lauenburg scheint sein Begehren zur Geltung gebracht zu haben[1].

Am mühevollsten liefs sich die Einsammlung der Steuern regeln, weil das ständische Prinzip sich dem lokalen noch vielfach überlegen zeigte, ohne aber die Oberhand behaupten zu können. So viel setzte der gemeine Adel, den Bogislav mit seinem Besitz den herzoglichen Ämtern zugewiesen hatte, so gut wie die dem Hofe unmittelbar unterstellten hohen Adligen, die Schlofsgesessenen, und die Städte durch, dafs die Regierung sich um die Art und Weise, wie die Schösse von den Bürgern und Bauern eingetrieben wurden, nicht zu bekümmern hatte. Das aber liefs die Regierung sich doch nicht nehmen, über den Besitz ihrer Ritterschaft selbst Buch zu führen und über den der Bürger von den Städten regelmäfsig genaue Register zu verlangen und sich den auf das einzelne Mitglied eines Standes entfallenden Anteil gegebenen Falls durch ihre Landreiter gewaltsam zu holen[2]. Nur war die Anlage des Katasters unvollkommen. Wahrscheinlich zugleich militärischen Zwecken dienend, scheint es mehr den nicht steuerbaren als den steuerbaren Grundbesitz berücksichtigt zu haben; wenigstens begnügen sich die ältesten erhalten gebliebenen Rollen aus den Jahren 1521 und 1523 damit, die Zahl der adligen Rofsdienste festzustellen; und auch die erneuten Anstrengungen der zweiten Hälfte des sechzehnten Jahrhunderts fassen vorwiegend die der Notdurft der Ritterschaft dienenden Hufen ins Auge. Schlimmer war, dafs die Kataster nach Geschlechtern angelegt

---

[1] Befreit von allen Steuern waren ferner die sog. Städtlein der Schlofsgesessenen, vorübergehend diejenigen Städte, welche Brandschaden gelitten.

[2] Die Schlofsgesessenen, über die das Nähere Abschnitt IV, durften nur durch einen vom Hof geschickten Beamten, später nur durch den Landreiter des Amtes, in dem der Landkasten stand, gepfändet werden. — Die Erhebungstermine wurden möglichst in das Frühjahr und noch lieber in den Herbst gelegt.

wurden, während die Entrichtung der Steuern seitens des gemeinen Adels nach Ämtern erfolgte; Amt aber und Geschlechtsbesitz deckten sich keineswegs in allen Fällen.

Was Bogislav auf dem Gebiete der Steuerverfassung geleistet hat, ist demnach über Anfänge nicht hinausgekommen, obwohl die feste Hand des Herzogs ihr bereits eine gewisse Sicherheit und Regelmäfsigkeit zu geben verstanden hat, wie das insonderheit aus dem steten Steigen der Steuererträge während der folgenden Jahrzehnte hervorgeht[1]. Dafs er sie bei seiner Macht über die Stände zu keiner höheren Entwicklung führte, lag einmal daran, dafs die Ritterschaft um ihrer Steuerfreiheit willen sich gegen alle ihr in ihren Wirkungen unbekannten, neuen Steuerarten kühl oder gradezu feindlich verhielt, und weit mehr noch an dem Widerwillen Bogislavs gegen alle Schofsforderungen, denen er möglichst aus dem Wege ging, weil sie ihn zur Einberufung von Landtagen zwangen.

Die Amtsverfassung.

Bogislav X. hat seine angestrengteste und erfolgreichste Thätigkeit nicht dem Steuerwesen, sondern der Verwaltung der laufenden, von der ständischen Bewilligung unabhängigen Einkünfte zugewandt, um seine Pläne möglichst ungehindert verfolgen zu können. Mit Hilfe der Schösse, die er sich reichen liefs, und kraft eines rücksichtslos geübten Kassatoriums, das ihm der König verliehen hatte, vermehrte er den Umfang der herzoglichen Einnahmen um ein grofses, obwohl er an dem Kirchenbesitze, welcher zumeist aus fürstlichen Schenkungen bestand, noch nicht rütteln durfte. Es gelang ihm darüber hinaus, durch genaue Nachforschungen, gar manches, was der Krone zu unrecht entfremdet worden war, wieder in ihr Eigentum zurückzuführen. Eine weitere Reihe von Einnahmequellen eröffnete er sich durch die Ablösung der Einlager, durch Forst- und Holzordnungen, durch eine engere Umgrenzung der Zollprivilegien und die Regalisierung des Münzwesens. Nur wollten sie alle nicht eben viel bedeuten, wenn er sie der Regierung nicht zu sichern und zu ihrem Vorteil allein verwalten zu lassen vermochte. Es ist Bogislavs gröfstes Verdienst, dafs er auch dieser Aufgabe gerecht geworden ist.

Soweit der Besitz der pommerschen Herzöge nicht im Laufe des vierzehnten und fünfzehnten Jahrhunderts der Krone entzogen worden war, lag seine Nutzniefsung gegen Ausgang des Mittelalters ausschliefslich in den Händen der ihn verwaltenden Landvögte, welche wie die Pflichten, so auch alle Rechte ihres Herrn zu tragen

---

[1] 1485 bringt der Stettiner Ort ungefähr 9000, 1535 9500, 1541 10000 und 1547 10229 Gulden, „tho thiden mehr, ock weniger.“

beanspruchten; höchstens dafs sich der Herzog einige Tage im Jahre bei ihnen zu Gaste lud und sich neben dem einen oder anderen Regale eine feste, aber nicht hohe Abfindungssumme vorbehielt[1].

Den mittelalterlichen Regenten, welche den Wert des Beamtentums in seinen kriegerischen, richterlichen und polizeilichen Aufgaben erblickten, blieb es verborgen, dafs die finanzielle Entwicklung sowohl ihre eigene Ohnmacht als die Unabhängigkeit ihrer Beamten und das Aufblühen der ständischen Gewalt verschuldete; erst Bogislav mit seinem Einblick in die Bedeutung hoher und geregelter Einnahmen und seinem Widerwillen gegen die ständischen Übergriffe brach entschlossen mit der alten, keiner Verbesserung fähigen und keine fortbildungswerten Keime enthaltenden Verfassung. Indem er die der Krone verbliebenen wie die neu hinzukommenden Domänen in eigene Verwaltung zu nehmen bestrebt war, sah er sich gezwungen, zu einer grundsätzlichen, wenn auch nicht systematischen Umgestaltung des ganzen Beamtenwesens vorzuschreiten. Während die Landvogteiverfassung, welche er beseitigte, vornehmlich den Schutz und die Förderung der Unterthanen im Auge gehabt hatte, lag seiner endlichen Amtsverfassung an nichts so sehr als an der Steigerung der Einnahmen und der Macht des Herrscherhauses.

Der junge Fürst fand die bisherige Verfassung schon vielfach durchbrochen. Einerseits waren die Städte zum gröfsten Teile ausgeschieden; andererseits war eine nicht kleine Reihe alter oder neugegründeter Burgen mit dem umliegenden Lande aus der Vogteiverfassung ausgelöst und mächtigen Geschlechtern zu erblichem Besitze eingethan worden. Bogislav mufste ihre Zahl aus dringender Geldnot nicht nur noch vermehren[2], sondern auch ihren Zusammenschlufs zu dem neuen Stande der Schlofsgesessenen dulden, sogar begünstigen.

Aber selbst dort, wo die Landvogteien, wenngleich mit sehr geschmälerten Befugnissen, der fürstlichen Verfügung vorbehalten blieben, sahen die Herzöge ihren Einflufs nahezu verdrängt. Das Amt hatte in steigendem Mafse ein ständisches Gepräge angenommen, und die Ritterschaft der einzelnen Bezirke bestand immer hartnäckiger darauf, dafs der Landvogt, um mit ihren Interessen aufs innigste verflochten zu sein, aus den in der Vogtei oder ihrer nächsten Nachbarschaft angesessenen Vasallen gewählt werden müsse[3].

Doch dürfte sich Bogislav zuerst blofs die Beobachtung auf-

---

[1] So auch in der ältesten und einzigen Bestallung Bogislavs X., die ganz dem alten System angehört; 1480 I. 1. für Loitz, Cod. dipl. Bog. X., St. A. Mscr. II, 12 Nr. 67 f. 169 ff.

[2] Bezeichnende Urkunde für Maltzahn 1482 V. 9. bei Lisch, Urkunden z. Gesch. d. Geschlechtes v. Maltzahn.

[3] Kreysig III, 144 und Normann 7.

gedrängt haben, in welchem ungleichen Verhältnisse Aufgaben und Besoldungen seiner Beamten standen; denn er entschlofs sich vorläufig nur dazu, den Landvogt, welchem der Betrieb der Domänen seines Bezirkes auf eigene Rechnung gestattet war, durch den sie im Auftrage und auf Rechnung des Herzogs bewirtschaftenden Amtmann zu ersetzen. Auch dafs er sehr bald mit dem Systeme der ortseingesessenen Beamten brach, war eine finanzpolitische Notwendigkeit, weil seit dem Fortfall des persönlichen Interesses an der Domänenbewirtschaftung für den in der Vogtei grundbesitzenden Beamten sein eigenes Gut zu sehr in den Vordergrund trat. Die Wünsche der Stände scheinen ihn dabei sehr wenig gekümmert zu haben.

Bogislav ist bei seiner Neuorganisation nur Schritt für Schritt vorgegangen, obwohl ihm sein Ziel und die wesentlichsten Möglichkeiten, demselben näher zu kommen, wohl von vornherein klar vor Augen gestanden haben. Wo es anging, hat er mehrere Vogteien zu einem Amte zusammengeschlagen; mehr stand es ihm an, durch Neuerwerbungen die Zahl seiner Ämter zu vermehren. Der so gut katholische Fürst konnte sich späterhin eines Wohlgefallens an der kirchlichen Umwälzung doch nicht ganz erwehren, als er die Klöster veröden sah und den ungeheuren Gewinn einer Säkularisation der Klostergüter überschlug. Seine Nachfolger haben dann in Verfolgung seiner Politik den neuen pommerschen Staat nach der Einführung der lutherischen Kirchenverfassung sogar vornehmlich auf den durch die Einziehung der Feldklöster entstehenden Ämtern aufgebaut.

Doch hat weder Bogislav noch einer nach ihm die Städte der neuen Verfassung einzufügen vermocht, so viele Anläufe ihre Hauptleute dazu auch nahmen. Ebensowenig haben die Herzöge alle Landvogteien aufgehoben. Sei es dafs ein zu geringer Domanialbesitz in einzelnen die Selbstbewirtschaftung nicht lohnte[1], oder dafs die ihnen zugeteilten Vasallen gar zu zähe ihr Recht auf ständische, ortseingesessene Beamte behaupteten, genug, es erhielten sich grade die Vogteien, welche zuletzt um die Wende des dreizehnten Jahrhunderts begründet worden waren: Rügen, Greifenberg, Stolp und Schlawe. In anderen Ämtern wie in Wollin und Rügenwalde, mufsten sich die Herzöge mit dem Adel dahin einigen, dafs sie ihn in jurisdiktioneller Beziehung den Landvögten zu Greifenberg und Schlawe-Stolp unterstellten. Dem Mifsstande, dafs der Landvogt am Sitze des Gerichtes nur während der Sitzungsperioden und in den zugelegten Ämtern niemals amtlich weilte, suchte man durch die Berufung ständiger, zum Aufenthalt im zugewiesenen Orte verpflichteter Gerichtsschreiber vorzubeugen, welche späterhin auch in einzelnen Ämtern nötig wurden[2].

---

[1] Wie in Greifenberg, wo selbst die Besoldung des Landvogts auf die Ämter Treptow und Wollin angewiesen war.

[2] So in Pyritz und Lauenburg.

Mit wirklicher Folgerichtigkeit wufste nur die Ritterschaft zu Rügen ihre alten Vorrechte gegen die Bestrebungen des sich vorbereitenden modernen Staates zu verteidigen. Nicht nur die Landvogtei selbst, sondern auch alle niedrigeren Ämter wie die Gardgerichte, die Rentmeisterei, die Klosterpropstei und sogar die Landgerichtsschreiberei behielt sie mit seltenen Unterbrechungen ihren eigenen, vorzüglich ihren ärmeren, sich aber um so mehr mit ihr solidarisch fühlenden Mitgliedern vor, und brachte, um jeder Überraschung vorzubeugen, das Besetzungsrecht etwa für die Gardgerichte in die Hand ihres Landvogtes. Dafür hatte derselbe denn auch das stattlichste Amt unter allen Landvögten und Amtshauptleuten nächst den Hofämtern inne[1]. Indessen machten die Ideen der Amtsverfassung selbst in Rügen Fortschritte. So stark war die Annäherung zwischen beiden Systemen, dafs die Landvogteien sehr häufig in den offiziellen Schreiben schlechthin als Ämter bezeichnet und ihre Vorgesetzten Amtmann und Vogt in einem Atemzuge genannt wurden.

Bogislavs stille, unmerklich vorwärts strebende Art prägte sich sehr charakteristisch in den Bestallungen aus, welche er seinen Amtshauptleuten gab.

Stets stellte er — und seine Nachfolger thaten es ihm nach — die Aufgaben, welche das Land und die Unterthanen betrafen, voran. Er übergab den Amtleuten noch immer die Burg ihres Bezirkes auf Schlofsglauben zur wackeren Verteidigung, und auf dafs sie sie nicht gegen ihren Herrn gebrauchten. Er ermahnte sie, des Gerichtes treu und unparteiisch zu warten, obwohl es durch die Ausbildung der Grund- und Gutsherrschaft auf den Vorsitz in den ritterschaftlichen Manngerichten und die Jurisdiktion über die fürstlichen Amtsbauern beschränkt worden war. Ganz besonders lag ihm und seinen Nachfolgern daran, dafs der Landfriede von ihren Beamten kräftig aufrecht erhalten wurde. Selbst Bogislavs so unthätiger Sohn Barnim ist einmal ausgezogen, um den adligen Wegelagerern mit durchschlagendem Erfolge zu wehren. So sehr es allen Herzögen seit 1478 zuwider war, dafs ihre Stände den Landfriedensbrecher ohne Inanspruchnahme des landesherrlichen Gerichtes am Leben strafen wollten, so ernst nahmen sie es mit ihrer Pflicht, den von Maximilian gebotenen ewigen Landfrieden durchzuführen.

Indem sie überdies ihre Beamten beschworen, dafs sie die Unterthanen ehrlich und ohne Eigennutz regieren und mit keinen unrechten Schatzungen und drückenden Fronen quälen sollten,

[1] Normann, Tit. II, VI, LIX und die Vorrede. Zur Lebensfähigkeit der Vogtei Dähnert III, 166. Der ständische Charakter des Amtes tritt darin hervor, dafs die Stände seinen Inhaber zu ihren Beratungen hinzuziehen, während sie jeden anderen Beamten zurückweisen.

erreichten sie, daſs der Wechsel ihrem Volke fast völlig verborgen blieb.

Denn es war keineswegs Gericht und Landesschutz, worauf sich die Absichten Bogislavs und seiner Söhne vorzugsweise richteten. Schon eine der ersten Bestallungen, welche Bogislav vollzog, lieſs die Vogtei im Amte Satzig nur noch wie ein Anhängsel an die Domänenwirtschaft erscheinen, und in nicht wenigen später gebildeten Ämtern war von einer Gerichtsgewalt des Amtshauptmanns überhaupt nicht mehr die Rede [1].

Da ist es nun sehr merkwürdig, daſs sich in den Bestallungen die Formel für die das Land betreffenden Aufgaben, so ansehnlich ihr Inhalt auch wuchs, durch mehr als ein Jahrhundert fast ohne jede Änderung erhielt, während die auf die Domänenverwaltung bezüglichen Vorschriften mit jedem Jahrzehnte ausführlicher und umfassender wurden. Nicht deutlicher konnte die Regierung ihre innersten Absichten bei ihren Reformen verraten.

Auch in dem Teile der Bestallungen, welcher von der Bewirtschaftung der Güter handelte, war Bogislavs Plan zunächst noch kaum erkenntlich [2]. Ging der Herzog weit, so wies er dem Neueintretenden nur ein Ackerwerk für den eigenen Gebrauch zu, fügte freie Jagd, auch einige Abgaben, vorzüglich die Pachthühner und Zollfische, bei und setzte ihm ein jährliches Fixum für Kleidung und Löhnung des Gesindes aus. Ganz bescheiden bemerkte er an der Stelle, wo er sich sonst eine an bestimmten Zielen zu zahlende Summe ausbedungen hatte, daſs alles, was über das dem Hauptmanne Zugewiesene falle, in die fürstliche Kammer verrechnet werden solle. Es war nur eine naheliegende Konsequenz, daſs er zugleich darauf verzichtete, von Amt zu Amt zu wandern, um dort auf die Kosten seines Beamten zu leben; er versprach vielmehr, von nun ab für seinen Unterhalt selbst zu sorgen, wenn er einem Amte einen nicht bloſs vorübergehenden Besuch abstatte. Die notwendige Folge dieser Zusage war die Begründung einer stehenden Residenz, die auch im Interesse des fürstlichen Hofhaltes selbst lag, an welche sich aber namentlich die Stettiner Herzöge späterhin nur schwer und nie in genügendem Maſse gewöhnt haben [3].

In einzelnen Fällen nahm Bogislav sogar jetzt schon von der Überweisung eines vollständigen Gutes, der freien Jagd und Fischerei Abstand, wie er es mit der Zeit zur Regel werden lieſs [4]; auch allgemeine Angaben wie „sämtliche Pachthühner“ und „alle

---

[1] 1481 St. A. Mscr. II, 12 Nr. 73 f. 185. Bestallung für Marienflieſs 1636 III. 11., Bohlen, Mscr. 626 f. 46. 1550 XII. ein Steuerausschreiben an die „Amtleute, da Adel ist“, St. T. 94 Nr. 15.

[2] Das neue System seit 1480, natürlich noch mit starken Schwankungen in den Einzelheiten.

[3] Hofordnung 1541, Vorschläge 1559 St. T. 79 Nr. 2 f. 7, Nr. 4 f. 4.

[4] Bereits 1480 V. 31. für Grimmen-Tribsees, St. A. Mscr. II. 12 Nr. 72 f. 184 f.

Zollfische" unterblieben. Vielmehr wurde bis ins einzelne bestimmt, was von jedem zum Unterhalte nötigen einbehalten werden sollte. Da es in diese Ordnung gehörte, dafs der Richter die Strafgefälle nicht mehr allein für sich einnehmen durfte, setzte Bogislav den Anteil des Amtshauptmanns, nachdem er ihn kurze Zeit auf den dritten Pfennig beschränkt hatte[1], um 1490 ein für allemal auf den vierten fest[2]. Dabei blieben die Gehälter reichlich bemessen.

Doch wurden die politischen und polizeilichen Aufgaben des Hauptmanns aus Klugheitsgründen noch keineswegs so sehr in den Hintergrund gestellt, dafs sie nicht einen sehr wesentlichen Teil seiner Amtsgeschäfte ausgemacht hätten. Um ihretwillen beliefs der Herzog ihm auch den eigentlichen Exekutivbeamten der bisherigen Vogteien, den Landreiter. Derselbe hatte die Ritterschaft seines Bezirkes zusammenzuberufen, wenn sie von neuen Erlassen der Regierung Kenntnis nehmen sollte; er überbrachte dem Angeklagten die Citationen vor Gericht; mit ein paar handfesten, reisigen Knechten hielt er die Sicherheit auf den Strafsen aufrecht; er überwachte die Ableistung der Fronen, half die Steuern und Zölle eintreiben und vollzog die notwendigen Pfändungen.

Dazu durfte er die Unterstützung der Hofmeister und namentlich der Dorfschulzen beanspruchen, deren Amt nach dem fast völligen Verfall ihres niederen Gerichtes einen vornehmlich polizeilichen Charakter erhalten hatte[3]; auch eine Vertretung durch sie scheint statthaft gewesen zu sein. Einzelne Ämter konnten sich sogar eines eigenen Scharfrichters oder zum mindesten besonderer Polizei- und Gefängnisbeamter rühmen. Die Gänge, welche zu Fufs zurückgelegt werden konnten, erledigte hier und da ein Amtsbote.

Der Wunsch, die Landreiter dadurch, dafs man sie vorzugsweise auf Sporteln stellte, zu ernsterer Pflichterfüllung anzueifern, blieb unerfüllt; weder verstummten die Klagen über ihre Nachlässigkeit, die an den Steuerrückständen nicht geringe Schuld trug, noch bei dem Mangel einer Taxordnung die über ihre Erpressungsversuche.

Den Schlufsstein seiner Amtsverfassung legte Bogislav mit der Einführung eigener, unabhängiger Kassenbeamter in jedem Verwaltungsbezirk. Zuweilen beauftragte er mit ihren Pflichten

---

[1] Einmal auf die Hälfte; Bestallung für Georg Puttkamer a. a. O. Nr. 82.

[2] Die einmalige Ausnahme für den Hofmarschall Massow 1504 VI. 1., der den dritten Pfennig erhielt, erklärt sich aus der Stellung des Empfängers; Cramer II, 81.

[3] Balthasar, Landesgerichte 29: es „fasset dieser Name nicht die geringste Jurisdiction in sich."

einen bereits im Amte beschäftigten Zöllner; gewöhnlich schob er sie als seine Schreiber ein; immer hielt er daran fest, daſs sie unmittelbar unter ihm standen und von ihm ernannt wurden, weshalb er sie zwar in der Regel auf dem Amtshofe in Kost gab, aber nie vom Hauptmann auslöhnen lieſs. In der That verdrängte, worauf Bogislav gehofft hatte, das Ansehen des Rentmeisters, wie der neue Beamte nach einigen Jahrzehnten hieſs, rasch das seines adligen Vorgesetzten.

Vorzüglich aus bürgerlichen oder bäuerlichen Kreisen hervorgegangen[1], fand er bei den Amtsunterthanen ein herzlicheres Vertrauen, so oft die Junker ihm auch ihre rohe Verachtung bemerkbar machten. Weil er in seiner Stellung seinen Lebensberuf sah, arbeitete er sich in die Domänenverwaltung, zu deren Leitung er zunächst ausersehen war, viel tiefer ein, als sein des Schreibens und Lesens vielleicht unkundiger Vorgesetzter[2].

Dem Rentmeister unterstand der gesamte landwirtschaftliche Betrieb, die Aussaat, überhaupt alles Thun und Lassen auf Feld und Weide, obwohl die endgültige Entscheidung bei dem Amtshauptmanne gelegen haben wird. Er kaufte den Bedarf der Landwirtschaft und des Haushaltes ein; unter seiner Aufsicht wurden die Ernteerträgnisse und die Naturalabgaben der Bauern eingebracht, um nach seinen Notizen den Hausvorständen der Vorwerke oder den Residenzen zugeführt oder in den Städten verkauft zu werden. Ebenso nahm er die Geldbeden in Empfang, um von ihnen und aus dem Erlöse für die Naturalien[3] allen Angestellten seines Bezirkes vom Hauptmanne bis zu den Knechten ihre Besoldungen auszuzahlen und Kleidung und Schuhzeug zu stellen. Von ihm erhoben die Pfarrgeistlichen ihre Gehälter und die zur Ruhe gesetzten Diener ihre Pensionen. Auch ging es durch seine Hand, wenn einer verdienten oder begünstigten Persönlichkeit aus seinem Amte ein Deputat oder ein Teil ihres Einkommens zugewiesen wurde oder etwa einem verarmten Magistrate unter die Arme gegriffen werden sollte[4].

Alljährlich reiste der Rentmeister am bestimmten Termine zur Residenz, um dem Leiter der fürstlichen Kammer auf Grund seines zu Michaelis geschlossenen Registers, von welchem er zwei, später drei Abschriften einzureichen hatte[5], von seiner Amtsführung Rechenschaft zu geben und fernere Weisungen zu erhalten.

---

[1] In Wollin 1589 ein Berliner; Raumer 123.

[2] Sastrow III, 67.

[3] Für den Verkauf von Naturalien zahlreiche Beispiele in Gentzkows Tagebuch.

[4] Cramer I, 236 f.

[5] Barnim 1539 VIII. 7., St. T. 95 Nr. 1 v. I. Über die Anlage der Register siehe das Bestallungsformular für den Landrentmeister Bohlen, Mscr. 626.

Wo keine wichtigen Zollstätten in dem Bezirke lagen, versah er hin und wieder mit Hilfe des Landreiters und der Bierkrüger die Stelle des Zöllners mit[1]. Als gegen Ende des sechzehnten Jahrhunderts eine Art Gewerbeschein für die Hausierer vorgeschrieben wurde, hatte er die Scheine auszustellen und die Gebühren für sie einzuziehen[2]. Gleich diesen Verrichtungen trat seine Funktion als Steuerbeamter zu Bogislavs nnd Georgs Zeiten nur ausnahmsweise in Kraft; erst in den Zeiten der Reformation wurde sie infolge der nahezu jährlichen Wiederholung der Auflagen wichtiger als der Betrieb der Domänen. Bald konnte der Rentmeister mit seinem für alle Beamten Pommerns üblichen Jungen der laufenden Arbeiten so wenig mehr Herr werden, dafs er seinen ursprünglichen Wirkungskreis fast ganz einem ihm zugeordneten Kornschreiber überlassen mufste, durch welchen er dann naturgemäfs aus kleineren Ämtern sogar völlig verdrängt wurde[3].

Es liegt auf der Hand, welch ein gefährlicher Nebenbuhler dem adligen Amtshauptmanne in dem Rentmeister zur Seite gestellt worden war. Merkwürdigerweise hat einzig und allein der Rügianische Adel es versucht, dem durch die Einsetzung des Kassenbeamten bedingten Übergewichte der Regierung in den Ämtern Abbruch zu thun. Während die Herzöge nämlich in den übrigen Landvogteien die geringen Geldgeschäfte scheinbar durch die Gerichtsschreiber erledigen liefsen[4], sandten sie nach Rügen, wo sie sehr stark begütert waren, einen Rentmeister für die Gesamtverwaltung und einen zur Geschäftsführung im Nonnenkloster Bergen; aber konsequent hielt ihnen die Ritterschaft den Satz ihres Landrechtes entgegen, dafs es nicht gedeihe, wenn Bauern sich in amtliche Stellungen drängten, und erreichte es in der That, so unwürdig auch ihre Standesgenossen im übrigen Lande davon denken mochten, dafs nicht nur die Rentmeisterei für die ganze Insel, sondern nach ihrer Vereinigung mit der Klosterpropstei auch die in Bergen fast ausnahmslos aus ihrer Mitte besetzt wurde.

Auf dem Festlande dagegen schickte sich für Bogislavs Pläne alles zum besten; der Herzog durfte billig hoffen, dafs seine Nachfolger schon bald ernten würden, was er so trefflich gesäet. Die Landesverwaltung war den Ständen entrissen; die

---

[1] Raumer 135 f.

[2] Raumer 122 f.

[3] Hauptmannsbestallung 1635, Bohlen, Mscr. 626 f. 60. In Stolp 1554 II. 10. Ambrosius Vormann, Rentmeister, IV. 12. Hans Schulte, „kemerer" (= Kornschreiber?), St. T. 95 Nr. 1 v. I.

[4] Ramel 1570 I. 17., St. T. 79 Nr. 12 f. 17. Der Rentmeister zu Stolp in den Akten ist der Rentmeister des Stolper Nonnenklosters, der nach St. T. 95 Nr. 1 v. I mit der Steuererhebung von Fall zu Fall beauftragt wurde, wie für Greifenberg nach St. A. P. II Tit. 11ᵃ Nr. 94 und St. T. 94 Nr. 2 der Wolliner.

stark vermehrten Domänen und Einkünfte trugen bereits ansehnliche Überschüsse, und die rasche Entwicklung des Rentmeisteramtes schien den vollen Erfolg in der Zukunft zu verbürgen.

Der Niedergang der ständischen Macht.

Kaum weniger hoffnungsvoll gestalteten sich die Aussichten der Regierung auf die Entkräftung der ständischen Macht. Viel zu klug, um an die Beseitigung der Landschaft zu denken, sann Bogislav nur darauf, die Städte aus ihrer führenden Stellung zu verdrängen. Sie waren im Gegensatze zu der unfähigen und zum Widerstande unkräftigen Ritterschaft trotzig, gewandt, regsam, ausdauernd und deshalb am gefährlichsten. Bei ihrer Wachsamkeit mufste der Herzog sehr langsam und vorsichtig, aber um so dringlicher handeln.

Daran war nun vorderhand nichts zu ändern, dafs sie die Landtage beherrschten; ihre Entschlossenheit wie die ihnen günstige Geschäftsordnung der Landesversammlungen, vor allem ihre Geldkraft machten jede Änderung unmöglich. Bogislav hat sie darum nicht aus den Augen gelassen, vielmehr, was immer nur in seiner Gewalt stand, gethan, um die wirtschaftliche Alleinherrschaft des Bürgertums zu brechen, auf welche schliefslich auch für seine politische Machtstellung alles ankam. Er beförderte es ungemein, dafs sein Adel sich von der Fehde und dem Raubrittertume abwandte und infolge seiner rasch steigenden Getreideerzeugung und immer gröfser werdenden Viehzucht ein Interesse daran gewann, Kaufmannschaft und Handel nicht ausschliefslich in den Händen der Gemeinden zu lassen und auch seinerseits den Markt zu beeinflussen. Er durfte diese Entwicklung um so herzlicher begrüfsen, als kaum zu erwarten war, dafs die Ritterschaft, je mehr sie sich der Landwirtschaft widmete, desto regeren Anteil an dem politischen Leben nehmen würde. Nur beging er den schweren, jedoch für sein Zeitalter entschuldbaren Mifsgriff, nicht blofs das Bürgertum, sondern auch seinen freien Bauernstand, in dessen Mitte er selbst erzogen worden war, politischen Bestrebungen zu opfern. Auf die Dauer ist freilich auch der Fehler dem Fürstentume zu gute gekommen, weil er das Umsichgreifen eines Geistes der Eigensucht in dem Adel begünstigte, der die von der Regierung vertretenen allgemeinen Interessen zum äufsersten Widerstande und damit zu einem um so gründlicheren Siege wachrufen mufste.

Da aber eine derartig umfassende wirtschaftliche Entwicklung Menschenalter brauchte, um sichtbare Erfolge zu ergeben, und den Städten für den Augenblick noch keinen Schaden that, so hat Bogislav neben den Landtagen ein neues ständisches Institut, das Kollegium der Landräte, geschaffen, auf welches er allgemach die wichtigsten Rechte der Landtage zu übertragen gedachte, in welchem aber nur die Junker, nicht auch die

Bürger vertreten waren. Er benutzte dazu dieselben zwei ständischen Ausschüsse, welche für den tiefen Niedergang der herzoglichen Gewalt im fünfzehnten Jahrhundert von unberechenbarer Bedeutung gewesen waren.

In der ältesten Zeit[1] waren alle wichtigen Regierungshandlungen an die Zustimmung der principes, der mächtigsten unter dem Adel, und vielleicht nur an sie gebunden; aber immer mehr waren die Dynasten in der Masse der Vasallen untergegangen, während die Herzöge zugleich immer schärfer ihr Recht betonten, jeden ihrer Mannen zum Rate an den Hof fordern zu dürfen. Es hatte in der Natur ihres Anspruchs gelegen, dafs sie ihn fast nur ihren vertrautesten Anhängern gegenüber geltend machten; nahezu stets waren es dieselben, welche der Ehre der Berufung teilhaftig wurden, so dafs sie als Räte von Haus aus gewissermafsen in eine amtliche Stellung traten, welche späterhin in der Zusicherung eines festen jährlichen Geldgehaltes ihren Ausdruck erhielt. Sie bildeten ein Kollegium, dessen Zusammensetzung von den Ständen unabhängig war, welches, in einer Zeit entstanden, da der Adel noch allein landständische Rechte besafs, nur aus ihm entnommen wurde, und dessen Einflufs bei seiner vertrauten Stellung zu dem Herzog, auch ohne dafs ihm ein Beschlufsrecht zugebilligt ward, von der weitreichendsten Art sein mufste.

Damit war jedoch den Landtagen das Bestreben gegeben, ihren Fürsten auch solche Räte aufzuzwingen, deren Neigungen weniger dem Herrscherhause als ihnen galten. Durch den Hinzutritt der Städte hatte sich im Laufe des vierzehnten Jahrhunderts das ständische Leben auf der breitesten Grundlage aufzubauen begonnen, welche ihm eine gesteigerte Ausdehnungskraft verlieh. Schon darin, dafs das Recht und die Pflicht des Ratens nur dem Adel zukam, lag ein mächtiger Antrieb für den neuen Stand, eine Einrichtung zu schaffen, an deren Wirksamkeit er lebhaften Anteil zu nehmen vermochte.

In der That gelang es ihm noch während des vierzehnten Jahrhunderts vorübergehend einen Ausschufs der gesamten Landschaft den Herzögen an die Seite zu stellen. Es wurde in den Zeiten ständischer Allgewalt zur dauernden Einrichtung des Landes. Obwohl dem „gemeinen Rate“ die Gunst der Fürsten nicht in der gleichen Weise als den Räten von Haus aus entgegenkam, wufste man seinen Wirkungskreis dennoch Schritt für Schritt zu erweitern, so dafs schliefslich alles und jedes, was im Herzogtume geschehen sollte, von seinem Wissen und Willen abhing.

Doch die Herzöge beharrten darauf, ihre Räte von Haus aus zu ernennen und neben dem gemeinen Rate einzuberufen.

---

[1] Vgl. Klempin LXXIII ss., wo die Entwicklung nicht klar genug geschieden ist, und Balthasar: Vom Ursprung, Amt und Recht, besonders der Wahl der Landräte. Greifswald 1752.

Indem nun der Adel an beiden Ausschüssen seinen Anteil hatte, den einen ausschliefslich beherrschte, in dem anderen seit der Mitte des fünfzehnten Jahrhunderts zu stets wachsendem Ansehen gelangte, indem sich ferner in dem ewigen Flusse des ständischen Lebens aufs neue eine Gruppe von Geschlechtern emporarbeitete, deren Einfluſs sowohl die Herzöge als die Landschaft nötigte, sie vor allem in die ständischen Ausschüsse zu wählen, vollzog sich eine nicht geringe Annäherung zwischen den beiden Kollegien. Sie kam zunächst allerdings den Ständen zu gute, wurde aber von Bogislav X. zum Ausgangspunkte der Erstarkung seiner eigenen Macht benutzt.

Da eine einsichtige und sparsame Finanzwirtschaft es Bogislav ermöglichte, nur selten Gesamtlandtage zu versammeln, so konnte er in der tiefsten Stille eine Reform beginnen, deren Ursache doch nicht allein sein Haſs gegen die Städte, sondern auch seine staatsmännische Einsicht gewesen sein wird. Scheinbar selbst den Ständen unbemerkt geblieben, läſst sich die allmähliche Beschränkung des gemeinen Rates erst in ihren Folgen und Ausläufern ergründen und teilweise nur erraten.

Durch die ebenmäſsige Besetzung der dem Adel eingeräumten Stellen wie durch den gleichen Geschäftsumfang der beiden Ausschüsse — denn es stand dem Herzoge frei, auch die Räte von Haus aus seinerseits zu allem und jedem zu berufen — wurde die Annäherung stetig mehr zur Verschmelzung. Bei dem kurzen Gedächtnisse der Menschen in jenen Tagen konnte der Anspruch der Städte, an allen Ausschuſssitzungen Teil zu nehmen, der sich aus der Entstehung des gemeinen Rates herleitete, alsbald auf Grund von Zeugnissen, welche der Geschichte des Kollegiums der Räte von Haus aus entnommen waren, wirksam bezweifelt werden. Auch kehrte sich Bogislav nicht an die festgesetzte Zahl der Teilnehmer, sondern berief sie nach Belieben; er machte vermutlich darauf aufmerksam, daſs, wenn es ihm zustehe zu bestimmen, welche Stände und Personen eingeladen würden, offenbar auch der Zusammentritt des gemeinen Rates überhaupt von seiner Einwilligung abhänge. Daſs die Beamten nur insofern im gemeinen Rat mitgewirkt hätten, als sie Schloſsgesessene oder Beauftragte der Stände waren, dünkte ihm nicht wahrscheinlich; er übersah den Unterschied zwischen dem landständischen Landvogte und dem herzoglichen Amtshauptmann [1]; er wuſste so gar keinen Grund, warum er nicht, da nun einmal Beamte zugelassen wurden, ebenso gut als die Hauptleute auch seine Hofbeamten ernennen sollte, zumal seit dem Aufkommen des Hofadels zahlreiche Adlige unter ihnen waren. Aber niemals lieſs er es zu ernsten Streitigkeiten darüber kommen, sondern bewies sich den Wünschen der Städte voller Nachgiebigkeit,

[1] Entsprechend Philipp J. 1609 VII. W. T. 39 Nr. 48, die Stände wollen nur den Rügianischen Landvogt Nr. 73.

nur damit sie auf keine neue verfassungsmäſsige Regelung ihrer Rechte drangen [1].

Zu klug, durch die völlige Beseitigung des gemeinen Rates den stärksten Widerspruch des Bürgertums wachzurufen, beschränkte er sich darauf, sobald er den Zweck desselben verdunkelt hatte, ihn möglichst auf seine ursprüngliche Form einer vom Landtag für den einzelnen Fall beauftragten oder vom Herzog für den einzelnen Fall berufenen Kommission zurückzuführen. Da er sich überdies die Ernennung selbst der städtischen Mitglieder vorzubehalten wuſste, so brauchte er einem solchen „verordneten Ausschuſs" nicht allzu ängstliche Grenzen zu ziehen, sondern konnte ihm vorderhand ruhig die Vorbereitung der Landtage und hin und wieder die Mitberatung auch einiger seinem Wirkungskreise ferner liegender Sachen gestatten, welche ihm das Aussehen einer eigenen, ständigen Korporation bewahrten. Als die Städte daraufhin keinen Anspruch mehr auf die Mitwirkung im Kollegium der Räte von Haus aus, dem anscheinend nur wenige Rechte infolge der Trennung geblieben waren, erhoben, hatte er erreicht, was er sich vorgesetzt hatte.

Denn thatsächlich war das Adelskolleg fähig geworden, an die Stelle des von den Bürgerlichen beherrschten gemeinen Rates zu treten. Für den Augenblick durfte es nur keine festen Organisationsformen annehmen; noch muſste es Bogislav in der Hand haben, jedem Übergriffe der adligen Räte durch die Bemerkung, daſs die Städte nicht anwesend seien, zu begegnen; noch konnte er nicht anders, als seinen Einfluſs auf das Hofgericht beschränken; aber dabei sollte es nicht bleiben. Wenn erst die Ergebnisse jahrzehntelanger kluger Politik völlig gesichert waren, dann mochte der gemeine Rat mit all den Befugnissen, welche die fürstliche Gewalt den Ständen bis dahin noch nicht entrissen hatte, wieder aufleben, saſsen doch in ihm nur mehr die Junker. In so naher Aussicht stand diese Entwicklung, daſs der bezeichnende Titel: Kollegium der Landräte für den neuen Ausschuſs sich bereits gegen Ende der Regierung Bogislavs einzubürgern begann.

Die stille Art des groſsen Herzogs hat sich vielleicht nirgends so wie bei der Heranbildung dieses adligen Kollegiums bewiesen; aber auch bei den andern Reformen hat er in den Tagen seiner Gröſse nie auf der starren Durchführung eines Prinzipes beharrt, welche ihn nur in eine Reihe unabsehbarer Kämpfe verwickeln muſste. Dadurch erhielt seine Wirksamkeit ihr Gepräge der Vorbereitung, niemals des abschlieſsenden Handelns; und dennoch

---

[1] Er verschrieb „auch offte die burgermeisters aus den stetten," Kantzow, Pomerania. Herausg. von Kosegarten 1816/17 II, 188.

standen, als das neue Zeitalter mit dem Siege der lutherischen Lehre und dem Eintritt des weltlichen Berufsbeamtentums in den Staat klar hervortrat, all die Reformen, welche seine Voraussetzung bildeten, fertig und eingebürgert da, ohne daſs sich die Zeitgenossen ihrer Ausführung recht bewuſst geworden waren. Gleichsam als einen Mantel lieſs Bogislav seinem Staate das mittelalterliche Gewand, damit es die neuen Formen, in welche er ihn kleidete, bis zu ihrer Vollendung verhüllte.

Soll es ihm nun die Nachwelt zum Verbrechen anrechnen, daſs er mitten in seinem Wirken zu wenig daran gedacht hat, ob ihm ebenbürtige Nachfolger beschieden sein würden? Denn daran wird man nicht zweifeln dürfen, daſs sein ganzes Thun derart war, als könne es nimmer miſslingen. Die Art, wie er die Landtage auffaſste, war zutreffend, wenn das Kollegium der Landräte wirklich dereinst an ihre Stelle trat; geschah das aber nicht, so muſsten sich die Landtage um so gefährlicher für die fürstliche Gewalt entwickeln. Indem Bogislav sie nur einberief, wenn ihn Geldnöte dazu zwangen, drängte er seinen Unterthanen gradezu die Ansicht auf, daſs ihr Steuergesetzgebungsrecht die Quelle aller ständischen Herrlichkeit und Machtfülle wäre. Herzog und Landschaft wurden unfähig, auf den Landtagen Geldforderungen und politische oder sociale Vorlagen von einander zu halten und getrennt zu betrachten, so daſs sie eine do ut des-Politik zu treiben begannen, welche verderblich wirken muſste, wenn die Beseitigung der Landtage nicht gelang.

Weit ungünstiger fällt für Bogislav ins Gewicht, daſs er, verleitet von seinen Erfolgen oder von fremden, mit den Verhältnissen unvertrauten Räten, wohl hin und wieder seine maſsvolle Regierungsweise aufgab. Es glückte ihm, den Vasallen das lombardische Lehnsrecht aufzuzwingen, Adel und Städte durch eine tiefe Kluft in ihren Anschauungen zu trennen. Durch die Privilegien Alexanders VI. erhielt er einen wachsenden Einfluſs auf die Besetzung des Bistums und seiner Prälaturen. Da meinte er sich denn allzufrüh dem Abschluſs seiner Aufgabe nahe und zur Niederwerfung des dritten Standes fähig.

Jene häſsliche Eifersucht, welche damals Greifswald bis zur Unterstützung des dänischen Erbfeindes gegen den nahen Vorort trieb, lieſs ihn mühelos die kleineren Städte seinem Willen unterjochen und sogar Stettin demütigen; allein Stralsund widerstand. Die Erfolge, welche er ihm abtrotzte, waren, obwohl von hoher grundsätzlicher Bedeutung wie der Verzicht des Rates auf die Zerbröckelung des Lehnsbesitzes und die Freistellung der Appellation an den Landesfürsten, doch angesichts des wirklich erstrebten so gering, daſs sie all die widerstrebenden Elemente im Lande zur Reaktion ermunterten. Es that sich zwischen der leitenden Stadt Vorpommerns und dem Herzogtume ein Riſs auf, welcher hundertfünfundzwanzig Jahre später die Geschicke unseres Gesamtvaterlandes entscheiden sollte. Das altgewohnte

Liebäugeln des Adels mit der Mark nahm jetzt, da die bange Angst, dafs mit Bogislav die eigene Unabhängigkeit ins Grab sinken könnte, geschwunden war, mehr denn je die Formen des Hochverrates an. Die Fehdelust des hinterpommerschen Raubrittertumes flackerte unter des Kurfürsten Schutz noch einmal in hellen Flammen empor, während sich zugleich in den Städten die Sturmflut der Revolution gegen die in sich gespaltenen Ratsaristokratieen erhob.

Bogislav sah am Abende seines Lebens, nun er allein noch übrig war von den Reorganisatoren seines Staates, selbst mehr zum Eroberer, als zum Verteidiger des Errungenen geschaffen, sein Werk auf höchste bedroht. Schon wollte er den alten Weg unverzagt von vorne wandern, als ihm der Ausbruch auch der kirchlichen Umwälzung die Entschiedenheit seines Auftretens benahm. Ohne sich über seine Stellung zur Reformation völlig klar geworden zu sein, welche seine Bestrebungen je nach ihrer Entwicklung gegenstandslos machen oder aufserordentlich fördern mufste, ist er am 30. September 1523 gestorben, inmitten eines von Wirren und Parteihafs verbitterten Volkes, welches zu beruhigen, vor Brandenburg auch wider seinen Willen zu schützen und kirchlich wieder zu einigen, nunmehr die schwere Aufgabe seines ältesten Sohnes wurde.

Georg I.

Mit seinem kraftbewufsten Wahlspruche: Herdurch mit Freuden, schickte sich das Patenkind Georgs von Sachsen, Georg I., zum Werke. In dem festen Willen, jeden Handel um die Rechte seiner Krone zurückzuweisen, zwang er sogar die Stralsunder, ihm und seinem jüngeren Bruder vor der Bestätigung ihrer Privilegien zu huldigen; während er dem Greifswalder Rate unter Eingriffen in die Finanz-, Justiz- und Polizeiverwaltung der Stadt zwölf Bürgerschaftsvertreter an die Seite stellte, verfuhr er mit Stettin kaum besser. Und wie er von einer „stracken iustitia“ der Städte gegen die Landfriedensbrecher nichts wissen wollte, so galt ihm auch ihre und der Prälaten Gerichtsgewalt als eine Gnade des Fürsten, welche er nach Verdienst geben und wieder nehmen konnte. Unverzüglich dachte er daran, den Ständen das Recht der freien Versammlung zu entziehen.

Ebenso schroff bewies er sich in dem Streite um die hohenzollerische Lehnshoheit über Pommern. Vielleicht im Vertrauen auf die Aussöhnung, welche den Grafen von Eberstein, zugleich das Haupt seines Adels und der märkischen Partei, 1523 aus den Diensten des Kurfürsten zurück in die seines Vaters geführt hatte, schlug er die Erneuerung der Erbverträge mit Brandenburg ab, mufste jedoch zu seinem schmerzlichen Erstaunen einen nicht geringen Teil seiner Vasallen unter Führung des mächtigen Bork im gegnerischen Lager sehen. Wenn es ihm auch immer mehr gelang, den Adel zu seiner Pflicht zurückzurufen, so lehnten die Stände doch jedes kriegerische Eingreifen beharrlich ab, bis der Herzog endlich auf den Rat seines vertrautesten Beamten, des Erbkämmerers Vivigenz von Eickstedt, in dem Grimnitzer Vertrage von 1529 Brandenburg die Mitbelehnung und Erbhuldigung zugestand. Als nun aber auch der Friede wieder nicht den Wünschen der Landschaft entsprach, welche bei geregelten Beziehungen zwischen den beiden Nachbarn nicht mehr im Trüben fischen konnte[1], rifs Georgs Geduld — schon eine Woche nach seinem Protest mufste der eingeschüchterte Landtag „auf Geheifs, Befehl und Gebot“ seines erzürnten Fürsten das Übereinkommen anerkennen.

Hatten aber Georg und Eickstedt gehofft, sich durch den Grimnitzer Vertrag die Möglichkeit eines energischen Vorgehens gegen den nur mühsam eingedämmten Protestantismus zu erkaufen, so fanden sie bei ihrer Heimkehr Barnim, den jüngeren Sohn Bogislavs, welcher zu Luthers Füfsen studiert hatte, völlig in das Interesse der lutherischen Partei verstrickt und entschlossen, sein Mitregierungsrecht dadurch zu bethätigen, dafs er überall, „wo sein Bruder aufgebot, wiederum niedergebot.“ Immer aufs neue begehrte er, so oft auch der Wille des älteren Bruders wie der der gesamten Landschaft und die Unruhe der Zeiten ihm widersprachen, die Teilung des Herzogtums. Was Georg so überaus verhafst war, er mufste dem ständischen Ausschusse die Vermittlung und schliefslich den Beginn des Teilungsgeschäftes gestatten. Seinen Vollzug sollte er nicht mehr erleben. Denn als Barnim den von ihm verfesteten Bürgermeister Stoppelberg, den Führer der protestantischen Minderheit in Stettin, in sein Geleit nahm, da warf die Einsicht, dafs seine Wirksamkeit, der er sich mit begeisterter Hingabe gewidmet hatte, an dem Widerstande des eigenen Bruders scheitern mufste, Georg zu Boden; einer leichten Erkrankung erlag der vordem so kräftige Mann schon am 10. Mai 1531. Noch in der Todesnacht beseitigte die Verhaftung des Erbkämmerers auch seinen Mitstreiter im Kampfe für den Katholizismus.

Mit dem Regierungsantritte Barnims, der sofort das Evangelium freigab, war das Übergewicht des Protestantismus entschieden; jetzt hiefs es für das Herzogtum, sich mit ihm auseinanderzusetzen. Ob und wie das gelingen würde, war von der einschneidendsten Bedeutung.

---

[1] „De underdanen und Stede trosteden sick des Zancks — und wolden nicht huldigen.“ Kantzow 1835, 164.

Zweiter Abschnitt.

Die kirchliche Umwälzung und ihre Folgen.

1531—1540 (1556).

Über Georg I. hatte sich das Grab noch kein halbes Jahr geschlossen, als der Wunsch des Volkes den noch unerwachsenen Sohn des Toten von Heidelberg in die Heimat rief, damit er das Vaterland vor dem Oheim rette; denn Barnim hatte die Befürchtungen wahr werden lassen, welche er damals erweckt hatte, als es sein erstes Thun an der Leiche des Bruders gewesen war, den köstlichen Perlenrock aus dem Brautschatze seiner Mutter für sich zu sichern.

Zeit seines Lebens hat der jüngere Sohn Bogislavs X., wie in dem Evangelium Luthers nichts als die Erlaubnis zur ungezügelten Sittenlosigkeit, so in seiner Stellung nichts als die Möglichkeit erblickt, von dieser Erlaubnis einen ausgedehnten Gebrauch zu machen. Wenn die Nachwelt dennoch in der Nacht seines Todes Pommerns glückliches Zeitalter erbleichen und über das Vaterland das Verderben hereinbrechen sah, so verdankte er das einmal seiner gutmütigen Natur, welche sich ihr Glück und ihre Ruhe nicht trüben lassen mochte und, unberührt von den königlichen Prätensionen ihres Nachfolgers, die Rechte des Staates ebenso sorglos an die Stände verschenkte, als ihre Steuern dankbar in Empfang nahm. Mehr noch schuldete er dem so jung an seine Seite berufenen Neffen, welcher als Mitregent sein Leben damit hat zubringen müssen, die Fehler seines Verwandten wieder gut zu machen.

Der sechzehnjährige Thronerbe war erst wenige Monate in Stettin, als es Barnim für rätlicher hielt, das seit Georgs Tode eingeschlummerte Teilungsgeschäft abermals anzuregen und Philipps Schultern das jährliche Leibgedinge für seines Bruders Witwe allein zu überlassen. Da er die herzliche Zustimmung des seiner längst überdrüssigen Neffen fand, und sich auch die Landschaft mit der Zusicherung, daſs es bei der Teilung in zwei Orte allzeit sein Bewenden haben solle, beruhigen lieſs[1], so konnten sich die

---

[1] Dähnert I, 260.

Landräte schon am 26. Mai 1532 über die Grundlagen der Auseinandersetzung einigen und die genaue Aufnahme des fürstlichen Besitzes und Einkommens beginnen[1].

Nachdem dann das Kaiserliche Kammergericht noch dahin erkannt hatte, dafs das Los über die beiden Teile zu entscheiden habe, während Philipp sich sein Land selbst hatte erküren wollen, vereinbarten sich die Herzöge, dafs die Teilung zunächst nur acht Jahre hindurch ihre Gültigkeit bewahren sollte[2]; denn es stand zu hoffen, dafs inzwischen die gewaltige kirchliche Bewegung, welche den Staat bis ins innerste erschütterte, ihr Ziel gefunden haben, und eine klare Aussicht in die Zukunft wieder möglich sein würde.

Darauf wies am 21. Oktober 1532 das Los, welches sie durch einen auf der Strafse aufgegriffenen Junker ziehen liefsen, dem Oheim den Ort Stettin und seinem Neffen den Ort Wolgast zu.

Philipp und die Reformation.

Während sich der junge Wolgaster Herrscher im Laufe des Jahres 1533 in die Verwaltung seines Landes hineinarbeitete, ging eine tiefe Wandlung in seinen religiösen Anschauungen vor sich. Als der echte Erbe seines Vaters und Grofsvaters mit den umfassendsten Reformentwürfen beschäftigt, übersah er nicht, dafs die Vorbedingung seiner gesamten Regierungsthätigkeit die kirchliche Einigung seines Volkes sei[3].

Philipp hatte bei seiner Heimkehr aus der Pfalz infolge der verfrühten Freigabe des Evangeliums durch Barnim das Land in solch stürmischem Parteikampfe gefunden, dafs er, obwohl ein Anhänger des alten Glaubens, eine durchgreifende und ausnahmslose Bekämpfung der neuen Lehre nicht mehr wagen zu dürfen meinte[4]. Zuviel hatte, vom Standpunkte des Katholizismus aus, Bogislav X. dereinst gefehlt, als er sich der Widersacher freute, welche den verhafsten Ratsaristokratieen in den politisch und kirchlich erregten Volksmassen erwuchsen, als er dem lutherischen Paulus von Rhoda die Stettiner Kanzel sicherte, nur weil ihm dessen Predigt von dem Gehorsam gegen die weltliche Obrigkeit gefallen hatte, als er Barnim auf die Hochschule Luthers sandte,

[1] Barthold IV², 237; Medem 93.

[2] Landesteilung, Wolgast 1532 X. 21., Medem 110.

[3] „Zu einer guten Ordinantz und Policey im Land und in Steten gehoret vor allen Dingen, das eine Eintracht der Religion sei; den wo der Religion halben Splitterung, Zwietracht und Uneinigkeit ist, volget nimmermehr rechte wahre Eintracht der Gemüthe und Hendle;" Medem 181.

[4] Kantzow 1835, 192 f.; Cramer III, 86. Der Teilungsrecefs von 1532 X. 21. bemerkt, dafs sich die Herzöge in der Religionsfrage, soweit das in ihrer Macht läge, christlich verhalten wollten.

und als er endlich mit der Einziehung des Belbucker Klosterbesitzes früher als irgend ein evangelischer Fürst die Säkularisation der geistlichen Güter begann[1].

So entschieden sich auch Georg und sein treukatholischer Erbkämmerer bewiesen[2], es vergingen dennoch Jahre, bis sie Dinge wie das Stralsunder Kirchenbrechen und solche schleunigen Fortschritte der neuen Lehre, wie sie sich in der sundischen Superintendenturverfassung dokumentierten, zu hindern vermochten; vielmehr war die nächste Folge ihrer „gewaltigen Verbote" nur „Unordnung und Unheil, ja öffentliche Verderbnis[3]." Aber gestützt auf die ganze noch bestehende, Land und Stadt gleichmäfsig umschlingende katholische Hierarchie, angespornt von den vornehmsten und einflufsreichsten Mitgliedern des Adels wie der bürgerlichen Geschlechter, welche der Neuerung durchaus entgegen waren, konnte Georg mit der Zeit sogar dem mächtigen Hansevorort mit der Rückkehr der verjagten Priester drohen[4].

Als er jedoch mitten in seinem Schaffen abberufen wurde, änderte sich mit einem Schlage alles. Von jeder Fessel befreit, ward die Lehre Luthers nun mit Barnims Wissen, Willen und Befehl gelehrt; die Städte fuhren kühnlich zu; selbst die Reihen des katholischen Adels lichteten sich; denn „de Mann, den se bet her gefruchtet hedden, was nu uth dem wege" [5]. Philipp aber wufste sich keinen Rat. Sein katholischer Kanzler Brun entbehrte jeder Widerstandskraft[6]; Erasmus von Manteuffel, sein Bischof zu Kammin, war zwar einer der wenigen deutschen Kirchenfürsten jener Tage, welche ein Herz für das Leid der ihnen anvertrauten Kirche besafsen, aber dafs ein Klerus hinter ihm stand, dessen unbegreifliche Verkommenheit lauter als die Stimme der Prädikanten zum Abfall rief, benahm ihm alle Schaffensfreudigkeit. Die wenigen, auf welche er sich verlassen konnte, lähmte jenes Bewufstsein, dem Adrian VI. zehn Jahre früher Worte verliehen hatte: „Wir alle sind vom Wege des Rechtes abgewichen, wir alle müssen uns demütigen."

Um so rastloser arbeitete der begabteste unter Philipps Räten dem Bischofe entgegen; von Barnim eifrig unterstützt, wufste Jost von Dewitz den jungen Herzog täglich mehr für seine Überzeugung zu gewinnen. Zu Anfang des Jahres 1534 mag

---

1 Auch Görigk 59 tadelt Bogislav, Schwartz 695 nimmt ihn in Schutz.

2 Freilich hat auch Georg nicht daran gedacht, die eingezogenen Kirchengüter zurückzugeben, und auf der Besteuerung des geistlichen Besitzes bestanden. Brun 1530, B. St. I, 228. Vgl. Kantzow 1835, 165.

3 Medem 182; Kantzow 1835, 164, 166 u. 172; Sastrow I, 43 u. 46; Barthold IV², 203 f.

4 Cramer III, 87. „Darum was ere anfanck und ock de meiste tit eres regiments vast muhesam und swar"; Kantzow 1835, 163. Über seine Macht Pyl, Eldena 528.

5 Kantzow 1835, 191; Medem 183; Cramer III, 80.

6 „Und wo wol Idt nicht bewilliget, so mach Idt doch ad redimendum tempus henne lopen cum aliis erroribus;" Brun 1530, B. St. I, 228.

es gewesen sein, als sich Philipp zuerst zum Protestantismus bekannte. Kaum aber hatte der Sohn Georgs den entscheidenden Schritt gethan, als er die langentbehrte Energie seiner beiden Vorgänger in sich wiederfand.

Mit Schrecken ward er sich bewufst, wie sehr sich inzwischen die Lage seines Staates geändert hatte. Nicht mehr um den Sieg oder die Niederlage der reformatorischen Ideeen handelte es sich — ihr Sieg war unabwendbar —, schon galt es vor allem den Fortbestand der herzoglichen Macht[1]. Nicht umsonst beklagte Barnims Kanzler Suave, wie hart und heftig sich zahlreiche Städte nahezu aller Unterthanenpflicht entzögen; der Protestantismus schien im Bewufstsein seiner Übermacht entschlossen, jede gegen ihn gerichtete Mafsregel mit dem Aufruhre zu erwidern[2]. Er war im hartnäckigsten Kampfe mit der Staatsgewalt grofs geworden; seine tiefsten Wurzeln hatte er in die Herzen derjenigen geschlagen, welche sich, je mehr sie an politischer Bedeutung verloren, mit desto glühenderem Hasse gegen ihre fürstlichen Unterdrücker erfüllten.

Philipp war Protestant; seine Überzeugung mufste ihn dahin drängen, dafs er seinem Glauben die Ruhe und Mittel verschaffte, deren er zu einer richtigen und segensreichen Wirksamkeit bedurfte. In seinem ehrlichen Charakter lag eine solche Absicht, bei welcher sich die Wahrung des Staatsinteresses auf das Notwendigste beschränkte, sehr wohl begründet. Vielleicht wäre dieses Ziel noch erreichbar gewesen, wenn die Regierung beide Bekenntnisse anerkannt, auf gesetzlichem Wege die berechtigten Ansprüche jeder Partei befriedigt, das Kirchenvermögen auseinandergesetzt und die den Katholiken zugewiesenen Kirchen vor protestantischen Predigern, ihr Vermögen vor den Stadträten, eine Reihe von treu gebliebenen Klöstern vor der Aufhebung gesichert hätte. Eine solche Entscheidung würde aber ohne Zweifel die siegreiche Partei aufs äufserste verletzt haben, selbst wenn sie den geschlagenen Katholiken willkommen gewesen wäre. Woher hätte Philipp in dem Falle die Kräfte nehmen sollen, mit deren Hilfe er den Widerstand der lutherischen Städte zu brechen vermochte? Von seiten seines Adels, welcher teils selbst protestantisch war, teils es mit seinem prahlerischen Katholizismus vereinbaren konnte, von den schutzlosen Herzögen gerade in dieser Notlage die Wiederherstellung all seiner unerträglichen, längst beseitigten Privilegien zu verlangen, durfte er keinen

---

[1] Die Fürsten „hedden id upgeholden, bet up ere uterste fhare, und khonden id nicht lenger upholden, Se wolden sick Denne umb land und lude bringen"; Kantzow 1835, 213, ferner 173 f. Entsprechend Barnim 1535 IX. 12., Medem 211.

[2] War doch auch der in Pommern so einflufsreiche Bugenhagen der Ansicht, dafs „eine Gewalt, die allerdings von Gott stamme, sich aber wider Gott auflehne, nicht mehr als eine rechte Obrigkeit betrachtet werden könne". Ranke III, 129.

opferwilligen und erfolgverheifsenden Beistand gegen die Neuerer erwarten. Es war kein Zweifel: in der Hand des lutherischen Bürgertums lag die Zukunft des pommerschen Staates.

Aber auch Philipp selbst, ohnehin von jener „exklusiven, den Gegner verdammenden Rechtgläubigkeit" seiner Zeit beherrscht, bewies sich einem schonungsvollen Vorgehen gegen die alte Kirche mehr und mehr abgeneigt, denn schon erhoben sich, vielleicht von seinem Oheime genährt, in seiner Brust Gedanken voll der weitesten Aussichten. Wenn es ihm gelang, noch im letzten Augenblicke den Protestantismus von dem Städtetume zu trennen und mit der fürstlichen Macht, zu welcher sich die Anschauungen Luthers so recht eigentlich neigten, zu verbünden, welche Hoffnungen durfte er dann hegen!

Er vergafs, dafs er jetzt selbst zu thun gedachte, woraus er seinen Unterthanen einen Vorwurf hatte machen wollen; indem er sich vorspiegelte, dafs es nicht sowohl eine kirchliche als eine politische Machtfrage sei, welche ihrer Lösung harre, verliefs er den reinen Standpunkt, von welchem er ausgegangen war.

Es erschien ihm für die Durchführung, sogar für die Sicherung der Reformation fast bedeutungslos, ob er die Lehre Luthers als allein berechtigte Staatsreligion anerkannte oder beiden Konfessionen ihre freie Entwicklung liefs. Aber nicht gleichgültig galt es ihm für den Staat, ob er ihn durch unthätiges Zuschauen oder direkte Förderung des Katholizismus zum Spielballe des Adels und der revolutionären Städtedemokratie machte, oder ob er durch einen energischen Eingriff zu Gunsten des Protestantismus zu entscheiden versuchte, wer fortan die Machtmittel der Herrschaft besitzen sollte: das Junkertum, die Demagogie oder das Herzogtum.

Gleich als wenn er nur sich und keineswegs den Ständen eine solche Einsicht in die Folgenschwere der bevorstehenden Entscheidung zugetraut hätte, ging Philipp, nachdem er mit Barnim die Einberufung eines allgemeinen Landtages auf den 13. Dezember 1534 nach Treptow a. R. beschlossen hatte, an die Vorbereitung. Die Erfolge der protestantischen Fürstenpartei im Reiche, von denen sein Oheim soeben Nachricht erhalten hatte, schienen ihm den Rücken gegenüber Karl V. zu decken. Leichten Herzens billigte er die Wahl eines Ortes, dessen Lage dem katholischen Adel Hinterpommerns und den Prälaten Kammins ebenso günstig wie den vorpommerschen Anhängern Luthers in dieser Jahreszeit fast unerreichbar war [1].

Indem er überlegte, wie unendlich viel von der Verfügung über den herrenlos werdenden Klosterbesitz für die finanziellen Kräfte der Krone abhängen konnte, wollte er, um seinen Vorteil nicht zu gefährden, die für die junge, mittellose Kirche doch

[1] Schon die Reise vom Wolgastischen nach Stettin galt als ferne und schwere; W. T. 35 Nr. 1 f. 64; T. 39 Nr. 11; St. T. 94 Nr. 2 f. 38.

nicht minder wichtige Frage vertagt, womöglich nicht erwähnt wissen; und seine Absicht, die Gelegenheit in seinem Interesse auszunützen, ward um so lebhafter, je mehr er sich überredete, dafs es seinen Unterthanen nur auf das Evangelium ankäme. Er stellte es sich vor, wie er erst im Besitze eines so grofsen Krongutes den Ausbau der herzoglichen Landesverwaltung, welchen Bogislav X. zur Hebung der fürstlichen Macht begonnen hatte, werde vollenden können, wie er durch sie die gegen die Stände gerichtete Politik seines Vaters und Grofsvaters zum Siege werde zu führen vermögen. Und darüber hinaus plante er bereits, wie sich nun auch andere Wünsche seines Hauses, welche es durch Jahrhunderte gehegt hatte, ohne jede Gewaltthat verwirklichen würden. Dafs das Stift Kammin mit der Annahme der Augsburgischen Konfession auf den Anspruch der Reichsunmittelbarkeit verzichten, dafs sein Bischof sich dem pommerschen Staate als einfaches geistliches Oberhaupt der neuen Kirche eingliedern werde, daran wollte er nicht länger zweifeln. Selbst die langwierigen Verhandlungen mit Erasmus konnten seine Hoffnungen nicht mehr erschüttern.

Grofsangelegt wie er war, wollte er sich einer solchen Steigerung seiner Macht auf der Stelle auch würdig erweisen; er versprach sich von dem einen Landtage, woran fortan noch drei Generationen gearbeitet haben; denn es lag in der Art der vier bedeutendsten Staatsmänner des Greifengeschlechtes, von Bogislav X. bis auf Johann Friedrich, weit mehr zu unternehmen, als in der Kraft eines Mannes beruhte. Nachdem die kirchliche Einheit wiederhergestellt war, sollten Polizei und Strafsenwesen, Gericht und Münze ihre Ordnung erhalten; die demokratischen Bürgerkollegien sollten wieder durch einen machtbegabten Rat ersetzt[1] und den Ständen die ihnen gebührenden Privilegien konfirmiert werden; selbst der täglich härteren Unterjochung des platten Landes durch die Städte gedachte er Einhalt zu gebieten[2]. Mit einem Male wollte er all die vielen Fragen, welche seine Zeit beschäftigten, lösen; seine Gedanken sind es, von denen die Gesetzgebung der folgenden Jahrzehnte immer aufs neue wieder auszugehen versuchte.

Der Landtag zu Treptow, 1534.

Auf der Stelle aber zeigte es sich, wie sehr im Volke politische und eigensüchtige Motive die religiösen überwuchert hatten[3]. Es dürften sich kaum die wenigen Männer über die

---

[1] Medem 177; vgl. Gesterding, Greifswald I, 159.

[2] D. Adel verkauft in d. „Steden, die ehn gefellich", Medem 177.

[3] Aus Luthers Lehre „togen de meiste hupe, de de geistlicke fryheit nicht verstunden, desulffe fryheit tho allem motwillen und behage des fleisches, und wurden dardorch nicht allein den papen, sonder ock den fürsten wedderlick und ungehur"; Kantzow 1835, 158; vgl. 165.

Tragweite des Abfalls von der Kirche klar gewesen sein, welche sich der neuen Lehre damals ergeben hatten, als Georg alles, was an materiellen Gütern der alten Kirche entrissen, an bürgerlicher Freiheit erobert wurde, dem Einzelinteresse zu entwinden wufste. Der breiten Masse in den Städten dagegen, welche vordem der Hafs Bogislavs gegen die orthodoxen Ratsaristokratieen, dann die Schwäche Barnims gelockt hatte, erschien die Ankündigung des ernsten Willens der Herzöge thatsächlich wie ein Traum [1]. Das von der Natur so ärmlich bedachte Volk wollte von der Poesie, mit welcher die Feier des katholischen Gottesdienstes und die Verehrung der Heiligen das Alltagstreiben verklärte, nur ungern lassen [2]. Daher mufste Bugenhagen, dem die Vorbereitung der kirchlichen Umänderung aufgetragen war, ohne Rücksicht auf das alle Lebensverhältnisse umgestaltende Wesen des Protestantismus, die Einrichtungen und Ceremonien der katholischen Kirche, soweit als eben möglich, übernehmen [3]. Nur bei der Neuordnung der kirchlichen Verfassung, deren politische Bedeutung doch auch den Ständen sehr bald eingeleuchtet hatte, duldeten seine fürstlichen Auftraggeber kein Entgegenkommen.

Deshalb war die Lage beim Abschlufs der Vorverhandlungen am 12. Dezember bereits dahin geklärt, dafs gegen die Punkte der beabsichtigten Kirchenordnung, welche Lehre und Glauben betrafen, kein ernstlicher Widerspruch zu erwarten stand; dafs aber die Entscheidung der drei Fragen, auf welche für die Fortentwicklung des öffentlichen Zustandes so sehr viel ankam, noch ganz im Ungewissen lag: es war noch völlig zweifelhaft, ob der dritte Stand zu Gunsten seiner Herzöge auf die eben gewonnene kirchliche Unabhängigkeit wieder verzichten, und der Adel eine allmähliche Einziehung der Feldklöster stillschweigend gutheifsen würde, und ob durch die Säkularisation des Stiftes Kammin der auseinandergerissene Stettiner Ort verbunden werden und einen festen Halt bekommen könnte.

Anfangs wurde der vorsichtige Entwurf der Kirchenordnung ohne Schwierigkeit erledigt [4]. Man versprach sich, der Verschleuderung der Kirchengüter, zu der die Anhänger Luthers neigten, um so ernster entgegenzueifern, als die Freigebigkeit des Volkes für kirchliche Zwecke im Schwinden begriffen war, auch dem Gedanken einer allgemeinen Kirchensteuer näher zu treten [5].

---

[1] Kantzow 1835, 213 gebraucht das Bild in anderem Sinne.

[2] Bei Görigk 69 f. einige Belege. Für das Vorhandensein einer gröfseren Anzahl von Katholiken S. 31, Anm. 2, u. B. St. XXX, 7 f. Die geldmächtigen Loitze in Stettin blieben wahrscheinlich dauernd katholisch.

[3] Kirchenordnung B. St. XLIII, 133.

[4] Den Beweis, dafs die 1535 publicierte Kirchenordnung bereits dem Landtage vorlag, hat Hering in den Theol. Studien und Kritiken 1889 erbracht.

[5] B. St. XLIII, 165 ff.; Cramer III, 44; Medem 183 f.

Ebenso fand der Plan, durch die thatsächliche, wenn auch nicht formelle Einziehung der Roeskildischen, Schwerinschen und Kujavischen Diöcesananteile die Errichtung einer Landeskirche zu ermöglichen, die Billigung der Versammelten[1].

Sobald aber die Rechte des Bischofs von Kammin zur Erörterung kamen, erhob Erasmus trotz des Entgegenkommens der Herzöge Protest. Denn ob sie des Bischofs Glaubensfestigkeit zu erschüttern hofften, ob die Furcht vor dem Kaiser sie vor der einfachen Beseitigung eines Kirchenfürsten warnte, dessen Abhängigkeit von Pommern durchaus nicht unbezweifelt war, oder ob sie durch ihre scheinbare Mäfsigung ihre eigentlichen Absichten maskieren wollten — genug, Erasmus sollte als Generalsuperintendent der ganzen pommerschen Kirche die Ordination der Prediger, ihre Einführung in die Pfarreien, sowie die geistliche Jurisdiktion, jedoch mit Unterstützung eines Superintendenten in jedem Amte, behalten. Die Wahl des Bischofs sollte, wenn auch nach altem Rechte mit Vorwissen und Bewilligung der Fürsten, in der Hand des Domkapitels bleiben, dessen Fortbestand die Krone garantierte. Nur auf der Forderung beharrten sie, welcher sich der katholische Bischof nach seiner ganzen Vergangenheit nie und nimmer beugen konnte: auf der Annahme der Augsburgischen Konfession.

Der diplomatisch zurückhaltende Erasmus wünschte die Entscheidung zu verzögern; die Herzöge jedoch, welche mit seinem Widerspruche von vornherein hatten rechnen müssen, und denen er schwerlich sehr unwillkommen war, bestanden auf seiner sofortigen Entschliefsung. Als er dieselbe verweigerte, machten sie zwar keinen Versuch, ihn völlig kaltzustellen, da er als Landesherr des Stiftes einen Angriff auf seine Rechte in Kammin selbst hätte zurückweisen können, proponierten aber auf der Stelle eine Kirchenverfassung, welche von einer bischöflichen Gewalt aufserhalb des Stiftes nichts mehr zu berichten wufste. Sie selbst wollten fortan die unbeschränkten Oberherren ihrer Landeskirche sein[2].

Zur Prüfung, Ordination und Einführung des Klerus und zur Überwachung des gesamten sittlichen Lebens gedachten sie drei Generalsuperintendenten in Wolgast, Stettin und Stolp zu ernennen, deren Thätigkeit ihrer Aufsicht und ihren Eingriffen jederzeit unterstellt bleiben sollte. Denn bei den regelmäfsig zu wiederholenden Kirchenvisitationen hatten von der Regierung und der Landschaft berufene Laien die ausschlaggebende Stimme; der Vollzug eines Teiles der Visitationsbeschlüsse war sogar ganz „vier stattlichen Landsassen“ oder den städtischen Behörden

---

[1] Medem 161 f., deutlicher Cramer III, 90 (hier auch das Bistum Cujavien, zu dem Lauenburg und Bütow gehörten, miteinbezogen).

[2] 1538 erklärten sie: Es ist „offentlich, das die bestellung und Handthabung der Religion unnd Ceremonien dem Furstlichen Standt als dem Heupt des Landts zustehet“; St. T. 94 Nr. 24 v. III f. 54.

anheimgegeben. Es entsprach dem Geiste dieser Verfassung, wenn des Kandidaten Stellung zur Obrigkeit zu den wichtigsten Fragen bei der Prädikantenprüfung und der bedeutungsvollsten Ermahnung bei ihrer Präsentation gehörte [1].

Hatten indessen die Städte schon vorher gegen die Erasmus noch zugestandene Jurisdiktion in Ehesachen Einspruch erhoben, so sahen sie nunmehr in dem Rechte des vom Herzog bestellten Generalsuperintendenten, die von der Gemeinde gewählten Prediger zu bestätigen, und in den Visitationen die ganze politische Ausbeute bedroht, welche sie von der Reformation erhofft hatten und auf die sie keineswegs zu verzichten gesonnen waren.

Als damit die eigennützigen Motive wieder unmittelbar in den Vordergrund traten, gab der mifstrauisch gewordene Adel dem Landtage vollends sein oppositionelles Gepräge, indem er die Frage nach der Verwendung der Feld- und Nonnenklöster aufwarf. Obwohl entschlossen, mit dem reichen Besitze der Mönche die herzoglichen Finanzen wieder zu ordnen, hatte die Regierung dennoch die Entscheidung über die Klostergüter vermeiden wollen, um sie desto sicherer in ruhigen Zeiten und allmählich einzuziehen [2]. Aber zuviel stand für den Adel, welchen schon das Interesse seiner jüngeren Söhne an der Erhaltung der reichen Stifter und Abteien der alten Kirche verpflichtete, auf dem Spiele; nur dann wollte er auf die von den Herzögen vorgeschlagene Beschränkung der Prälaturen eingehen, wenn die wüst gewordenen Klostergüter zur Abrundung seines eigenen Besitzes dienen durften. Wahrscheinlich unter dem Einflusse Manteuffels, an den verwandtschaftliche [3] und kirchliche Beziehungen die Mehrzahl der mafsgebenden Geschlechter noch immer gekettet hielten, vielleicht auch wegen des nachgiebigen Verhaltens der Städte in der Klosterfrage [4], folgte dem Widerspruche gegen den einzelnen Punkt alsbald die Verwerfung der ganzen Kirchenordnung. Mit dem Hinweise auf die Gefahren, welche ihre Einführung namentlich von seiten der Mark heraufbeschwöre, solange Philipp noch nicht Land und Leute von dem Kaiser zu Lehen empfangen habe [5], machten die Vasallen durch ihre Abreise allen weiteren Verhandlungen ein Ende.

Aber mochte es immerhin ein altgewohntes Mittel sein, das rechtskräftige Zustandekommen der Landtagsabschiede durch

---

[1] B. St. XLIII, 172 ff. und 176, sowie 163 f.

[2] B. St. XLIII, 184. Für das Einkommen der Klöster vgl. Raumer, sowie Grümbke, Gesammelte Nachrichten zur Gesch. des ehemaligen Nonnenklosters Sct. Maria in Bergen auf der Insel Rügen. Stralsund 1833. S. 96 ff.

[3] Der Abschied Stettin 1538 III. 29., Gadebusch II, 77, verwarnt speciell den Jasper Borke, von den papistischen Ceremonien abzustehen. Die Borke waren aber dem Bischof nahe verwandt, da Erasmus' Mutter eine Bork war; Barthold IV [2], 133.

[4] Medem 193.

[5] Medem 232; Kantzow 1835, 214 f.; eine Warnung Joachims lag vor.

vorzeitigen Heimzug zu verhindern, — in diesen Tagen, wo es die Krone galt, konnte dennoch nur das entschlossene Zusammenbleiben und Zusammenwirken der Stände den festen, durch bittere Geldnot gestärkten, von klarer Einsicht in die Lage geleiteten Willen der Herzöge brechen [1]. So wie sich der Stand der Dinge nun einmal gegen alles Erwarten gestaltet hatte, hätte sich die Regierung nichts Willkommeneres wünschen mögen, als die freiwillige Auflösung des Landtages; denn indem die Mehrzahl der adeligen Junker auf ihren Rittergütern einschneite [2], fanden Philipp und Barnim zunächst den Mut, unter Verletzung der Privilegien den Landtagsabschied einseitig zu publicieren [3], und dann die Zeit, ihre Entschlüsse zu fassen.

Da der Bischof sehr wohl fühlte, daſs er sich in Pommern selbst nicht halten konnte, und sich deshalb auf Kammin beschränkte, vertagten die Herzöge die Einverleibung des Stiftes in das Herzogtum auf eine spätere Zeit [4], um vorläufig in ihrem eigenen Lande ihre Pläne durchzusetzen. Wenn es ihnen gelang, ehe der Winter zu Ende ging, die Städte, deren Opposition die weniger nachhaltige war, zu überwältigen, so standen sie bei Beginn des Frühjahres nur noch der Ritterschaft gegenüber. Waren aber die beiden einheimischen Stände zur Anerkennung der Kirchenverfassung gebracht, so durfte sich die gestärkte fürstliche Macht auch fähig glauben, des Stiftes Herr zu werden.

Städte und Ritterschaft.

Seitdem die Städte Pommerns mit der Hansa groſs geworden waren, hatte sich ihr Schicksal mit dem des Bundes aufs engste verflochten. Wie seine Siege im Laufe des Jahres 1534 die Einberufung des Treptower Landtages beschleunigt hatten [5], so wurde nunmehr die Wendung des Kriegsglückes die Ursache ihrer Demütigung. Bis zum April 1535 fügte sich selbst das mit seinem Landesherrn so völlig zerfallene Stettin; nur Stralsund verschloſs den Gesandten Philipps seine Thore. Alle anderen hatten, nachdem die Fragen, welche ihren Stadtsäckel berührten,

---

[1] Wedel, Hausbuch 120 f.: „Der Bischof, die Thumbherren, viel vornehme aus der Ritterschaft, die Stadt Sund und andere mehr haben harten Widerspruch gethan; es hat aber gleichwohl sich nach der Hand damit auch anders geschickt.“

[2] Nicht alle blieben unthätig, Medem 152, so daſs Barnim durch die „gewaltige Unstigmigkeit“ in Furcht geriet.

[3] Der Abschied scheint nicht erhalten zu sein, dürfte aber publiciert worden sein; er wird nur die 1535 zuerst gedruckte Kirchenordnung enthalten haben. Vgl. Medem 279; Dähnert I, 467 u. 469. — Die Herzöge hatten zur Publikation kein Recht, vgl. Dähnert IV, 508.

[4] Gadebusch II, 77.

[5] Kantzow 1835, 212 „dat grote fhare darup stund, so de Lubischen und stede vordhan scholden gelucke hebben.“

der Regelung von Fall zu Fall und auch die Ordnung der unmittelbaren bischöflichen Gerichtsbarkeit in Ehesachen der Zukunft überlassen worden war, die Visitation zugestanden. Dafs die Auseinandersetzung der politischen Irrungen neben der der kirchlichen herlief, führte zu den merkwürdigsten Widersprüchen; derselbe Vertrag, welcher mit der Annahme der Kirchenvisitation die Durchführung der Reformation in Stettin sicherte, führte den Leiter der katholischen Partei, den Bürgermeister Loitz, wieder an die Spitze des Gemeinwesens zurück. Den dauernden Einflufs auf die Besetzung auch der städtischen Predigerstellen verbürgte die im Sommer begründete Superintendenturverfassung, welcher 1536 die endgültige und allgemeine Amtsentsetzung der katholischen Geistlichen folgte[1].

In diesem Augenblicke drohte den Herzögen noch einmal eine völlige Niederlage infolge des gemeinsamen Widerspruches, den Adel und Bürgertum auf dem Tage zu Stargard beschlossen. Die Städte hatten die Folgen der Klosteraufhebung bereits über Erwarten zu fühlen begonnen[2]. Die Gefahr dürfte für die Regierung um so furchtbarer gewesen sein, als sie gleichzeitig, wie es scheint, auch mit Bauernunruhen rechnen mufste.

Die Überlieferung schweigt nahezu ganz über die Stellung des Landvolkes zur Reformation, weil ihm jede gemeinsame Meinungsäufserung durch seinen Ausschlufs von der ständischen Vertretung unmöglich gemacht war. Die aufrührerischen Bewegungen in den zwanziger Jahren, von denen Kantzow schreibt, lassen freilich auf Sympathieen der Bauern für die neue Lehre schliefsen, welche um so berechtigter waren, als der hohe Klerus die Bauernpolitik Bogislavs X. geduldet, teilweise sich zu eigen gemacht hatte[3]. Aber die unterdrückten Menschen mufsten sehr bald nach der Übernahme der Kirchengüter in die staatliche Verwaltung merken, dafs ihre neuen Herren, die protestantischen Herzöge, ihnen mit noch geringerem Wohlwollen gegenübertraten, und mochten sich daher zum wenigsten in derjenigen socialen Stellung erhalten wollen, welche sie unter der geistlichen Herrschaft innegehabt hatten[4]. Ihr Zusammenwirken mit den Landständen mufste die Krone aufs schwerste gefährden.

Zum Glück für die Herzöge waren die Elemente, welche ihnen gegenüberstanden, untereinander zu verschiedenartig, als

---

[1] Cramer III, 92; B. St. XLIII, 61.

[2] Medem 276 f., 1541 VIII. 10. klagen die Städte, dafs sie mit den Rofsdiensten der Klöster beschwert würden, St. T. 94 Nr. 2.

[3] Ein Beispiel Normann 127.

[4] Ob sich rekatholisierende Bestrebungen im Landvolke geltend machten, dürften selbst die Visitationsberichte nicht veranschaulichen. Es ist bemerkenswert, dafs die wenigen bekannt gewordenen „Hinneigungen zu papistischer Gesinnung" sich fast sämtlich auf das platte Land beziehen. Will jemand aus der Art dieser Hinneigungen allein auf Symptome des unter den Bauern stärker herrschenden Aberglaubens schliefsen, so mufs ich auf eine Auseinandersetzung mit ihm verzichten.

dafs sich nicht ein Keil zwischen sie hätte treiben lassen. Waren schon der Adel und das Bürgertum durch ihre wirtschaftlichen Interessen getrennt, so trennte erst recht tödlicher Hafs Adel und Bauerntum. Daher drückten die Herzöge klug ein Auge zu — wenn sie nicht gar eine thätigere Rolle übernahmen —, als der Adel damals mit unerhörter Härte den Kampf gegen die bäuerliche Freiheit wieder aufnahm[1], während sie gleichzeitig ihren eigenen Bauern eine Besserung ihrer Lage in sichere Aussicht stellten[2]. Der Adel liefs sich infolgedessen eine Verzögerung in der Beratung seiner religiösen Anliegen gefallen, und die Bauern waren für das Herzogtum gewonnen.

Darauf mufsten sich die Städte, welche allein energisch auf ihrem Willen beharrten, den Vorwurf gefallen lassen, dafs sie bisher mehr Worte als Werke in der Annahme des Treptower Abschiedes bewiesen hätten, und dafs die Herzöge auf den sofortigen Widerruf des zu Stettin eingereichten Protestes rechneten, weil sie keineswegs zur Geduld geneigt wären. Rücksichtslos wurde die ins Stocken geratene Kirchenvisitation 1537 wieder aufgenommen und, so schwer auch in ihrem weiteren Verlaufe die Städte unter dem Ärger des dänischen Königs über die Einziehung des Roeskildischen Rügens litten[3], dennoch mit solchem Erfolge durchgeführt, dafs Philipp es im Oktober 1539 wagen durfte, das die Visitation noch immer beharrlich ablehnende Stralsund ohne Geleit und Erlaubnis des Rates zu betreten, um nach zweijährigen Verhandlungen die Huldigung seiner „Unterthanen“ zu erzwingen[4]. Eine andere Stimmung hatte sich der Städte bemächtigt; hatten sie fünf Jahre früher die Krone in der Hand zu halten geglaubt, so schrieben sie jetzt an die Spitze ihrer Bürgersprachen die bescheidenen Worte: „Ein jeglicher lasse sich an den Rechten genügen, die wir von Gott und unsern gnädigen Herrn haben, und es spreche niemand auf Herren und Fürsten[5].“

---

[1] Fuchs 68 für den Stettiner Adel. Die Landschaft „richtet viel Schäfereien an in gemeinen Lehngütern, so die vom Adel haben“, Denkzettel 1539, W. T. 39 Nr. 9.

[2] „Ire f. G. wollen Vorsehung thun lassen, das solche vorgleichung in den Diensten, dero sich die baurschaft in Alten Grapow beschwert, fürgenommen, damit dieselbe baurschaft mehr als die anderen, so den Capiteln verwandt, nit beschweret;“ Übereinkunft 1537 VIII. 1., W. T. 39 Nr. 9. Vgl. für Belbuck Fuchs 66.

[3] Thiede 470 u. Berckmann 56 ff.; noch 1547 III. 7. baten die Städte vergeblich um Entschädigung; St. T. 94 Nr. 12 f. 97.

[4] B. St. XLIII, 61; Abschied 1538 VII. 29., Gadebusch II, 77; Barthold IV[2], 308 f.; Dähnert II, 29. Grofsen Anteil an der Übereinkunft Philipps mit Stralsund schreibt Sastrow I, 112 Knipstrow, dem ehemaligen Superintendenten der Stralsunder Kirchen zu, der Wolgaster Generalsuperintendent geworden war. Der Kirchenstreit lebte später wieder auf.

[5] 1538, B. St. XXXV, 130.

Kaum zwei Monate nach seinem Einzuge in Stralsund war es Philipp gelungen, auch die Opposition des Adels niederzuschlagen.

Als er und Barnim im März 1535 die Entsendung einer Anzahl Bevollmächtigter zur Beratung der Privilegien und Polizeiordnung von den Ständen begehrt hatten, war die Ritterschaft mit einem Ausschufstage ebensowenig wie mit der vorgeschlagenen Tagesordnung zufrieden gewesen, vielmehr in ansehnlicher Stärke nach Stettin geströmt, um den Herzögen „jetzund" ihren Rat in Religionssachen mitzuteilen. Die Herzöge fühlten sich aber durchaus nicht geneigt, all den widerspenstigen Junkern freies Futter und Mahl zu geben, und beschwerten sich, dafs mehr gekommen seien, als das Einberufungsschreiben für nötig erachtet hatte. Sie befanden es endlich „aus allerlei Bedenken" für besser, wenn ein jeder Fürst nur für seinen Ort mit den ältesten und vornehmsten der Ritterschaft vereinbare, wie zwischen den hohen und niederen Ständen der Landschaft ein unbeschwerliches Wandeln eingeführt und allseitige Gleichheit erhalten werden könnte[1].

Als der Adel seine Verhandlungen trotzdem unter Leitung der Erblandmarschälle fortsetzte, hatten die Herzöge zwar für seine Warnung, niemanden an Stand und Gütern zu turbieren und kein Klostergut ohne sein und der Prälaten Vorwissen anzutasten, zunächst keine andere Antwort als beschleunigte Einziehung der Feldklöster[2], erstrebten aber doch bei einer Zusammenkunft mit dem Bischofe und den Vertretern der Vasallen auf der Swine, wenngleich vergeblich, eine Verständigung, weil Karl V. sich der Wünsche sowohl des Adels als der Prälaten annahm. In der Ritterschaft herrschte die Besorgnis vor, dafs die Durchführung des Treptower Landtagsabschiedes es der fürstlichen Politik ermöglichen werde, sich künftighin auf die Städte zu stützen.

Nach der Ernte trat sie in dem kleinen Landstädtchen Jarmen ungefragt und ungebeten aufs neue zusammen, weil sie sich durch die von den Herzögen an den Tag gelegte Verachtung der Landschaft aufs höchste beängstigt fühle. Indem sie Klage darüber führte, dafs den Ständen eines ganzen Landes auf ihr unterthäniges Ersuchen keine Antwort gegeben würde, wiederholte sie die Bitte, vor dem allgemeinen Konzil an dem Bestande der katholischen Hierarchie nicht zu rütteln, es sei denn mit des Kaisers oder zum mindesten mit der beiden höchsten Stände Bewilligung[3].

---

[1] Medem 208. Dafs sie die Ritterschaft selbst vom Landtag zu Treptow weiterer Überlegung willen beurlaubt hätten, bestritten sie sehr entschieden; 207 f.

[2] Medem 201 f.

[3] Medem 201 f.

Gleichzeitig erleichterte sie aber den Fürsten eine versöhnliche Politik, indem sie ihrem Vorgehen die Spitze gegen das herzogliche Haus benahm.

In der Reformationsgeschichte Pommerns hat wohl niemand eine gleich unklare Rolle gespielt als Philipps Kanzler Niklas Brun. Es fällt schwer, einem Manne Gerechtigkeit widerfahren zu lassen, welchem beide Parteien nicht mit Unrecht vorwerfen durften, dafs er die Gegner unterstütze. Einer von jenen Priestern des sechzehnten Jahrhunderts, welche sich je nach ihrem Vorteil bald als eifrige Katholiken, bald als überzeugte Lutheraner bewiesen, war er der protestantischen Partei verächtlich, verhafst aber der katholisch-aristokratischen Fronde, welche ihm allenfalls seine bürgerliche Herkunft, doch niemals sein schwächliches Zurücktreten vor Jost von Dewitz hätte verzeihen können. Sie erklärte ihm, es wohl zu wissen, dafs er es sei, welcher um des eigenen Nutzens willen Fürstenhaus und Ritterschaft im Kirchenstreite opfere. Und als er darauf seine katholische Überzeugung zu verteidigen wagte, belehrte man ihn nur, dafs er sich im Verkehre mit adligen Herren eines höflicheren Tones zu befleifsigen habe [1].

Unter dem Eindrucke des Tages von Jarmen beschlossen die Herzöge, von nun an sich entgegenkommender zu beweisen und ihre brüske Gewalt durch hinhaltende Diplomatie zu ersetzen. Sie versicherten dem Adel: weil das freie Versammlungsrecht den Kurfürsten allein zustände, und die Fürsten des Reiches es sich wenigstens noch nie angesichts bereits publicierter Verordnungen angemafst hätten, wäre es ihnen zuwider gewesen, Vasallen das gleiche Anrecht wie Kurfürsten einzuräumen; dafs dasselbe ein altbegründetes sei, hätten sie nicht gewufst.

In der That gab es kaum ein älteres ständisches Recht als das der freien Versammlung; indem der Rostocker Landfriede zum Zwecke seiner Durchführung den Ständen sogar ein gewaltsames Vorgehen gegen ihre Fürsten ermöglichte, gestand er es ihnen implicite zu. Keiner der späteren Herzöge hatte daran zu tasten gewagt. Die ganze Wirtschafts-, Polizei- und Fehdegesetzgebung vollzog sich ohne die Mitwirkung und Sanktion der Regierung auf den Distriktsversammlungen, welche rein ständischer Natur waren. Dafs man der Gesamtheit der Städte die Regelung der Kornausfuhr überliefs, bedeutete den Verzicht auf jeden Einspruch gegen unabhängige Zusammenkünfte auch des einzelnen Standes [2]. Allerdings hatte Georg I. eine nicht unwichtige Beschränkung dieses Privilegs versucht, indem er

---

[1] Medem 204 f., 224 ff. und 235 f.

[2] Klempin LXII; Kantzow 1835, 154; Dähnert II, 28; B. St. XIX^{b}, 177. Nur hielten sich die Stände zum Zusammentritt für nicht befugt, wenn der Fürst aufser Landes weilte; Barthold IV^{2}, 133.

verlangte, daſs ihm von dem Zusammentritt einer bloſs ständischen Versammlung vorher Mitteilung gemacht würde [1]; aber zu sehr hatten sich die Machtverhältnisse seitdem verschoben, als daſs der Beruf auf ihn Erfolg verheiſsen hätte. So blieb Barnim und Philipp nur noch der Mahnruf an des Adels Einsicht, daſs es nicht immer gut sei, seines Rechtes und seiner Freiheit sich zu gebrauchen; er möge selbst ermessen, wie sich das böse Exempel, welches er den niederen Ständen der Landschaft durch solche Vereinigungen gebe, vor den Gefahren der Gegenwart und der nächsten Vergangenheit rechtfertigen lasse.

Gern bekannten sie durch Kantzows schwungvolle Feder, sich als ihrer Vasallen Haupt zu fühlen und ihre Mitarbeit jeder anderen vorzuziehen; sie hätten es noch niemals unterlassen, des Adels Rechte und Würde zu mehren. Während von den Bischöfen der katholischen Zeit kaum der zehnte ein Sohn einheimischer Geschlechter gewesen sei, beabsichtigten sie, die Prälaturen und Stifter ausnahmslos ihrem Adel gleichsam zu vereignen; nur müsse er, der sich stets als ihr Waffengefährte im Kriege bewährt habe, nunmehr auch an den friedlichen Aufgaben der neuen Zeit teilnehmen, denn im ganzen deutschen Reiche blühe Kunst und Wissenschaft empor.

Offenbar wollte die Regierung alles thun, um die Befürchtungen ihres Adels vor materiellen Nachteilen durch die Einführung der Reformation, vor Verletzung seiner Privilegien und vor einem gegen ihn gerichteten Bunde der fürstlichen Macht mit dem Städtetum zu zerstreuen. Die Tonart aber, in welcher er trotzdem am 25. Oktober seine Beschwerden vor die benachbarten Kurfürsten zu tragen drohte, belehrte die Herzöge, wie wenig er nachzugeben gesonnen war, und wo er noch immer einen Rückhalt fand, welcher ihnen jedes abschlieſsende Eingreifen untersagte [2].

Im folgenden Jahre ging die Ritterschaft sogar soweit, gleichsam zum Hohne auf die herzogliche Mahnung, kein böses Beispiel zu geben, sich zu Stargard mit den Städten zu verbinden. Die Herzöge durften sich freuen, als es ihnen, vermutlich durch ihre Haltung in der Bauernfrage, gelang, den Adel von der Vereinigung mit dem Bürgertume abzuziehen. Darauf bewirkte der abweisende Ton, welchen sie jetzt anschlugen, daſs er auf die Erfüllung seiner Forderungen nicht allzu heftig drängte. Aus dem langen Zeitraume dreier Jahre, welche die Fortsetzung und Vollendung der Visitationen ausfüllte, berichtet von einem Erfolge des adligen Widerstandes höchstens eine einzige Thatsache: im Laufe des Jahres 1538 wurde Nikolaus Brun im Kanzleramte durch einen hohen Vasallen, Baltzer vom Wolde,

---

1 Gadebusch II, 72.
2 Barthold IV ^{2}, 288; Kantzow 1835, 223; Medem 203.

ersetzt. Wie wenig die Herzöge aber zu sachlichem Entgegenkommen geneigt waren, bewies ihre Antwort auf die von der Ritterschaft am Jakobitage 1538 eingereichten Gravamina. Dieselben legen die Vermutung nahe, dafs der Adel die Beziehungen zu den Städten noch immer nicht völlig aufgegeben hatte; denn er hob hervor, was er späterhin nie wieder that, dafs die Klöster zur Erziehung und Erhaltung der Kinder nicht blofs des Fürstenhauses und des Adels, sondern auch anderer Stände begründet worden wären. Um so entschiedener protestierte die Regierung dagegen, dafs ihre Gerechtigkeit an den vordem der Geistlichkeit gehörigen Gütern zweifelhaft gemacht werde; es verpflichte sie nichts, auf die Angelegenheit einzugehen [1].

Da trat endlich am 1. November 1539 das von den Herzögen ungeduldig erwartete Ereignis ein; indem Joachim II. von Brandenburg das Abendmahl nach lutherischer Sitte empfing, brach er die Opposition des pommerschen Adels auf der Stelle in Stücke. Kurze Zeit scheint die fürstliche Regierung damals an die Einberufung der ganzen Landschaft gedacht zu haben [2], dem zog sie jedoch sehr bald einen Ausschufstag vor.

Schon am 27. November schlug sie, immer an der Annahme der Augsburgischen Konfession als Vorbedingung festhaltend, den Versammelten vor, solange es der Ritterschaft so beliebe, Kammin, die Komptureien des Johanniterordens und die Nonnenklöster „zur Erhaltung des adligen Standes" unangetastet zu lassen und alle genaueren Verabredungen noch vor Johannis 1540 mit dem Ausschusse zu treffen [3].

Es waren in diesem Anerbieten nicht geringe Zugeständnisse an den Adel enthalten, indem die Regierung die Pfründen Kammins dem Adel allein zusicherte und auf die Einziehung der Jungfrauenkonvente um seinetwillen verzichten wollte. Die Ritterschaft war aber so wenig gesonnen, ihre Ansprüche auf die Feldklöster dafür aufzugeben, dafs sie wieder einmal verritt. Den zurückgelassenen Vertretern, welche zu keinen Abschlüssen bevollmächtigt waren, teilten die Herzöge nunmehr ihren Entschlufs mit, hinfort keine Tageleistung mehr in der Angelegenheit mit der Ritterschaft zu halten, ihr jedoch eine Zusammenkunft in Sachen des Stiftes und der Jungfrauenklöster zu gestatten [4].

---

[1] Die Gravamina St. T. 94 Nr. 24 v. III f. 39 ff. Die Antwort f. 51 ff.

[2] St. T. 95 Nr. 1 v. 1.

[3] Medem 293. Zunächst wurde Michaelis 1540 in Aussicht genommen; vgl. die Konzepte St. T. 94 Nr. 24 v. III f. 1—6, 9—13, 169—175. Jungfrauen und Witwen „inn weltlichenn kleidern" sollten in die Klöster aufgenommen werden, f. 23.

[4] Medem 298. Am 2. XII. wollten sie „keineswegs gestatten, das d. Adel derwegen hinfurt Conventikel haben sollen", worauf die Unterhändler baten, wenigstens „die vorstendigesten u. vornehmesten" noch einmal zu berufen. St. T. 94 Nr. 24 v. III f. 8.

Daraufhin trat eine Anzahl von Adligen am 26. Januar 1540 zu Stettin zusammen und bat, auch die Greifswalder und Stettiner Stiftspräbenden ausschliefslich ihrem Stande zuzuwenden, beharrte aber auf der früheren Meinungsäufserung über die Männerklöster, welche mit Gewalt durchzusetzen sie leider kein Recht hätte[1]. Es begann damit ein endloser Streit, welcher der Regierung die Möglichkeit bot, die Einlösung all ihrer Versprechen hinauszuzögern, und in dem sie schliefslich die Oberhand erhalten mufste. Denn mochten auch noch so viele einzelne Punkte vor der Hand streitig bleiben, die Summe des Abschiedes vom 7. Dezember 1539 war die, dafs wie bereits die Städte, so jetzt der Adel endgültig die Augsburgische Konfession und den Treptower Abschied als Grundlagen aller Verhandlungen über kirchliche Angelegenheiten annahm, und dafs das von Bogislav und Georg hergestellte Gleichgewicht in der Verfassung zwischen Regierung und Ständen durch die Reformation nicht nur erhalten, sondern für den Augenblick sogar zu Gunsten der Regierung verschoben worden war. Das Herzogtum konnte nunmehr, nachdem es sich in seinem unmittelbaren Besitze seine Stellung gesichert hatte, daran denken, auch seinen bisher unbehelligt gebliebenen mittelbaren Besitz, das Stift Kammin, durch Einführung der Augsburgischen Konfession dem Staatsgefüge dauernd und in festumgrenztem Rahmen einzuverleiben.

Das Stift Kammin.

In den stürmisch erregten Zeiten des vierzehnten und fünfzehnten Jahrhunderts war es Brandenburg gelungen, wenn nicht ausschliefslich märkisch gesinnte Männer auf den Kamminer Bischofsstuhl zu bringen, so doch zum mindesten in den Bischöfen das Streben nach der Reichsunmittelbarkeit wachzuerhalten; aber die ungewohnte Energie, mit welcher die Herzöge ihre Ansprüche zu verteidigen suchten, hatte die letzten Bischöfe gezwungen, mit den landesverräterischen Traditionen ihrer Vorgänger zu brechen und das Bestätigungsrecht ihrer Landesherren, sowie ihre Ratspflicht gegenüber der Krone anzuerkennen[2]. Die Herzöge hatten sich damit keineswegs begnügt, vielmehr schon 1436 auch auf die Besetzung des Domkapitels einen derartigen, später durch die Privilegien Alexanders VI. wohl noch verstärkten Einflufs erlangt, dafs sie die freiwerdenden Präbenden und damit einen wesentlichen Anteil an der Verwaltung des Stiftes in die

---

[1] St. T. 94 Nr. 24 v. III f. 22 f.

[2] Vgl. Barthold III, 415; IV[1], 93 u. 111 ff. 1525 II. 4. schreiben die Kolberger: „Diewyle avers Juwe Forstlike gnadenn averste herrn und Patronen des Stiftes sinn“; Libellus iustificationis W. T. 25 Nr. 3 f. 84; der Bischof nach den Statuten der Kamminer Kirche supremus consiliarius ducum in perpetuum f. 49, 14.

Hände ihrer Getreuen legen konnten [1]. Ihr Bemühen, durch den Treptower Landtag sich die Hälfte der Prälaturen für ewige Zeiten zu sichern, hatte zwar noch keine gesetzliche Anerkennung, aber um so entschiedenere Durchführung gefunden [2]. Infolgedessen sah sich Erasmus von einem grofsenteils protestantisch gesinnten Domkapitel umgeben, welches ihn an jedem offenen Bekenntnisse seiner Absichten hinderte, den Herzögen dagegen den Mut gab, in der Erbvereinigung von 1541 die Ausübung der Augsburgischen Konfession in Kammin und die Abänderung der Bischofswahl einfach zu dekretieren.

So ungünstig sich nun auch die Aussichten des Bischofs gestaltet hatten, so lag dem entschiedenen Manne doch jede Nachgiebigkeit fern. Ein in sich klarer Charakter von ernster, ausdauernder Willenskraft, war Manteuffel zugleich voll ruhigen Einblicks in das Mögliche und Angemessene; und so gern er zu raschem Durchgreifen neigte, bewies er sich dennoch, wo es die Umstände nicht anders wollten, in abwartender, still vorbereitender Diplomatie als Meister. Wie er aber auch immer seine Mittel wählte, stets war er gewillt, auf seiner Überzeugung zu beharren. Seit sein Zögling und vertrauter Freund Georg von seiner Seite genommen und in Barnim sein und seiner Kirche Gegner ans Regiment gekommen war, hatte er zwar augenblicklich auf alle Kundgebungen verzichtet, welche den Verdacht gewaltsamen Widerstandes erregen konnten, aber trotz alles unzweifelhaft zuweit gehenden Entgegenkommens in der Form nicht den kleinsten Schritt zur Förderung der lutherischen Lehre gethan. Lange Zeit setzte er seine Hoffnung darauf, dafs sich in der politischen Gesinnung des Adels dem Fürstentum feindliche Tendenzen wach erhalten würden, deren Wirkungen dem Katholizismus zum Schutze gereichen mufsten, wie er denn selbst die Herzöge durch die scharfe Betonung der märkischen Ansprüche auf sein Bistum in Angst zu setzen verstand. Als die Hohenzollern durch ihren Übertritt zum Protestantismus freiwillig solchen Plänen entsagten, hat Erasmus unverzagt auch die letzte sich ihm bietende Möglichkeit ergriffen.

Er that, da ihn seine Herzöge, des jahrelangen Hinhaltens müde, zur klaren Aussprache nötigten, was er schon im Jahre 1535 einmal in Aussicht gestellt hatte. Am 11. April 1542 proklamierte er im Einvernehmen mit seinen Ständen die Reichsunmittelbarkeit des Stiftes [3], um wenigstens dieses dem

---

[1] „Des gelikes schölen se ock inne andern Prelaten unde Domheren kesen in der Kercken Camin, wen dar jenige Prebenden lofs werden, men na der Herschop weten unde willen, wen de Köre tho en steit, unde se des Macht hebben;" Kreysig III, 99.

[2] Medem 163; 1538 fand Erasmus noch Unterstützung beim Kapitel, Gadebusch II, 77, später nicht mehr. 1539 verfügen die Herzöge über alle Kanonikate, Medem 293.

[3] 2. IV. 1542 bittet Erasmus um Verlängerung der Bedenkzeit, die er am 16. November 1541 erhalten hat. 6. IV. schreibt Philipp an

Katholizismus zu retten, nachdem seine Hoffnungen auf die Erhaltung ganz Pommerns gescheitert waren. Er wufste sie, während der Ausbau der pommerschen Landeskirche durch den Kieler Vertrag zugleich auch im Norden aufgehalten wurde[1], bis zu seinem Tode im Januar 1544, den er sich wohl durch seine leidenschaftliche Freude an der Jagd zugezogen hat, zu behaupten.

Zu ihrem Schaden konnten sich Barnim und Philipp über die Person des Nachfolgers nicht einigen, da Barnim den allzu jugendlichen Ludwig von Eberstein in Vorschlag gebracht hatte. Voller Besorgnis über die Folgen der Verzögerung legten die Stände auf dem Treptower Landtage vom 16.—19. März dem Stettiner Herzoge Nachgiebigkeit ans Herz. Sie konnten sich darauf berufen, dafs die Stiftsunterthanen und, ihrem Drucke folgend, auch die Domherren sich entschlossen hätten, Kaiser und Kammergericht anzugehen[2]. Schon wenige Tage darauf brachte ein Mandat Karls V. die Bestätigung der stiftischen Reichsunmittelbarkeit und das Verbot aller Eingriffe der Herzöge in die Wahlfreiheit des Kapitels[3].

Auch dann kam noch keine Einigung zustande, als sowohl die Vornehmsten des Landes wie die Wittenberger Theologen einschritten. Erst im Juni präsentierten die Herzöge Bugenhagen. Das Domkapitel, welches von Anfang an nur halben Herzens dem Drängen der Stiftsstände auf Opposition gefolgt sein dürfte, wählte am 24. Juni zunächst diesen und, als Bugenhagen die Wahl ablehnte, da er nicht der Herzöge „Küchenmeister“ im Bistume werden wollte, Bartholomäus Suave, den Kanzler Barnims.

Suave lieferte, kaum zum Bischof erhoben, am 12. Oktober 1545 das Stift durch den Kösliner Vertrag in die Hände seiner Herren[4]. Dafür, dafs der neue Bischof auf Grund des Treptower Landtagsabschiedes und der Erbeinigung von 1541 die bedingungslose Einführung der Augsburgischen Konfession zugestand, wahrte er sich nicht die stolzen Rechte seiner Vorgänger, sondern sank vielmehr in die Stellung eines einfachen General-

---

Barnim: „Dafs es unser notturfft erheischen wirt den praktiken, so der Bischoff und verwante des Stifftes unser erblichen gerechtigkeit zu nachteill furnehmen, nicht lenger unachtsam zuzusehen.“ St. T. 95 Nr. 1 vol. I. Am 11. IV. bleibt Erasmus fest, Kreysig III, 288 f.

[1] Dähnert I, 222 ff. Mit Schwerin scheint sich Pommern gar erst im Vertrage zu Butzow 1588 IX. 29. geeinigt zu haben; Balthasar, Landesgerichte 84. Auch im Osten konnte es nicht durchgreifen, so dafs der Bischof von Cujavien nach Gadebusch, Sammlungen II, 83 dort noch 1545 das Visitationsrecht ausübte; vgl. zum Jahre 1549 Barthold IV², 350, Anm. 2.

[2] St. T. 94 Nr. 7 f. 74—77.

[3] 1544 III. 29. W. T. 25 Nr. 3 f. 2 ff. Vgl. f. 169.

[4] Der Kösliner Vertrag ist bei Kreysig unter Nr. 314 mit der falschen Jahreszahl 1541 gedruckt.

superintendenten seines Bezirkes herunter, welcher sich überdies die Unterstützung zweier anderer Superintendenten für Usedom, Wollin, Kammin und Greifenberg gefallen lassen mufste. Der Verzicht auf direkte Einzahlung der Reichssteuern, das Versprechen der Truppenstellung, die Überlassung von acht Präbenden an die Landesherren, die Forderung des pommerschen Indigenats für die Prälaten bezeugten neben der Anerkennung des fürstlichen Bestätigungsrechtes vor der Huldigung der Stiftsstände, sowie der bischöflichen Ratspflicht auf Land- und Ausschufstagen den Wert des von den Herzögen erreichten zu sehr, als dafs der Eindruck eines vollkommenen Erfolges durch das Zugeständnis des freien Versammlungsrechtes an die Stände, einer Scheinwahl an das Kapitel, der Steuerfreiheit und der Gerichtsgewalt im Bistum an den Bischof hätte getrübt werden können.

Den Friedensabschlufs krönte das Gelöbnis der Stiftsunterthanen, wenn ihnen irgend jemand ohne ihrer Fürsten Wissen und Willen einen Bischof aufzwingen werde, so wollten sie ihn mit Vorstreckung ihres ganzen Vermögens verjagen und keinenfalls anerkennen. Die Herzöge meinten für den Fall, dafs der Kaiser oder das Reich Kammin von Pommern abzusondern versuchen würden, um so leichteren Herzens die alleinige Kostendeckung übernehmen zu dürfen, als ihnen gerade damals die Tage der Macht Karls V. gezählt schienen. Voller Befriedigung schauten sie auf die elf vergangenen Jahre zurück, wie sie seit dem Treptower Landtage in mühevoller Arbeit die damals in Angriff genommene Aufgabe der Vollendung entgegengeführt hatten. Schon meinten sie, die Komptureien des Johanniterordens nicht anders als die einsamen, unbewehrten Cistercienserklöster ihrem Besitze einverleiben zu dürfen[1], und ahnten nicht, mit welch unerhörter Heftigkeit der Kampf in wenigen Monaten aufs neue entbrennen sollte.

Nicht sowohl um dem Protestantismus im Reiche zu Hilfe zu kommen, als um seinen Schutz gegen den Widerstand im eigenen Lager zu erbitten, waren die beiden Fürsten 1536 dem Schmalkaldener Bunde beigetreten, ohne sich der Zustimmung ihrer Stände versichert zu haben. Hielt sie schon diese Heimlichkeit in beständiger Angst vor den Folgen, so erschütterte sie die neutrale Haltung, welche der Bund in ihrem Streite mit Dänemark einnahm, in ihrer Bundestreue vollends. Unentschieden traf sie der Schmalkaldische Krieg.

Obwohl Barnim am 11. Juli 1546 jede Unterstützung der Verbündeten mit Truppen ablehnte, weil sicherer Kundschaft nach eine grofse Armada aus den Niederlanden zum Überfall der

[1] Wie 1534, Medem 166, blieb es 1539 XII. 7. u. 1541 II. 8., dagegen 1545, B. St. XXIX, 3.

Ostseeküste verordnet sei[1], verhandelten er und Philipp dennoch Anfang August mit einem engeren Ausschusse über die Verwendung des 1544 für das Reich gesammelten gemeinen Pfennigs zu Gunsten der Schmalkaldener. Die Stände waren damals noch geneigt, gegen Abstellung der städtischen Gravamina und die Restituierung der Jungfrauenklöster auf den Vorschlag einzugehen, so daſs die Herzöge sich bereits durch einen energischen Vorstoſs gegen die letzten Katholiken ihres Landes sichern wollten[2]; aber bis zum Oktober verschärfte sich die Stimmung derart, daſs Barnim dem sächsischen Schwager die Teilnahme verweigern muſste, da seine Landschaft in dem Feldzuge Karls V. keinen Religionskrieg zu erkennen vermöge. Selbst die Aussicht, daſs der den Pommern so feindliche Markgraf Hans durch den Sieg Karls auch die Lande seines Bruders an sich bringen und dadurch übermächtig werden würde, verfehlte ihre Wirkung[3]; vielmehr plante die ratlose Regierung schon am 19. Dezember eine Gesandtschaft des Kanzlers Zitzevitz an den Kaiser, so wenig sie sich verhehlte, daſs Karl V. im Fall des Sieges rücksichtslos versuchen würde, die Reichsunmittelbarkeit Kammins zur Anerkennung zu bringen.

Infolgedessen meinte sie, mit lauten Friedensbeteurungen eifrige Rüstungen und den Versuch einer Anleihe, aber auch heimliche Unterstützung der Schmalkaldener verbinden zu dürfen[4], während nur eine ehrliche Politik in einem Lande Erfolg verheiſsen hätte, in welchem die Anhänger Karls bis in den engeren Ausschuſs der Landtage ihre Beziehungen unterhielten[5]. Es bedurfte erst der Schlacht bei Mühlberg, um die pommerschen Gesandten wirklich an den Hof des Monarchen zu führen, wo sie nunmehr nichts als Spott und Schimpf erwartete; denn auf der Stelle hatten Karls und der Stiftsstände Absichten zu Gunsten der Reichsunmittelbarkeit Kammins wieder greifbare Gestalt angenommen. Mochten sich auch die Stiftsunterthanen in jener Zeit der wunderlichsten kirchlichen Verwirrung den gutmütig schwachen Suave als lutherischen Oberhirten gefallen lassen, daſs ein Bischof Kammins ein Weib haben sollte, dünkte ihnen unerträglich.

---

[1] St. T. 3 Nr. 10 f. 45.

[2] „Die Papisten, welche sich post trinam admonitionem nicht wollen bekehren, sollen in den Bann gethan und so sie von Iren Blasphemien nicht absetzen, des Landes verweiset werden;" Abschied Wollin 1546 VIII. 12., W. T. 39 Nr. 9.

[3] Schreiben Johann Friedrichs von Sachsen 1546 XII. 18., St. T. 3 Nr. 10 f. f. 17 ff. Wie denn Sastrow II, 569 f. versichert, daſs die Hohenzollern später wenigstens Kammin unter ihren Einfluſs hätten bringen wollen, indem sie Agrikola zum Nachfolger Suaves vorschlugen.

[4] St. T. 94 Nr. 12 f. 86 f. Nach Schärtlin hatte Philipp 300 Reiter nach Wittenberg, dann nach Beilngries gesandt, Lenz, Hist. Zeitschrift 49, 151, entspr. Gadebusch II, 88.

[5] Verhandlungen, Stettin 1547 III. 7., St. T. 94 Nr. 12 f. 90 f.

Mit neuer Energie nahm Kolberg, der Sammelpunkt der Opposition, das noch im Oktober 1546 der Huldigung ausgewichen war[1], die alten Pläne auf, bis es am 5. Januar 1548 sein Streben erfüllt sah: das reichsunmittelbare Stift sollte innerhalb drei Monaten, nachdem es den Pommernfürsten und dem vermeinten Bischofe den Gehorsam aufgekündigt hatte, dem Kaiser huldigen[2].

Während aber Karl die Neubelebung des Kammergerichtes abwartete[3], fand das Kapitel, in dem jetzt die vertrautesten Räte der Herzöge ausschliefslich herrschten[4], zu Gegenmafsregeln Zeit. Indem der verhafste Bischof in den Hintergrund trat und die Fürsten ihr Versprechen der Kostendeckung einlösten, kam man mancher Einrede zuvor. Der Bote, welcher das kaiserliche Mandat am 2. Mai endlich überbrachte, fand die Stände zwar versammelt, aber vorbereitet nur die Domherren, deren augenblicklicher und entschiedener Protest der überraschten Landschaft nicht nur Beifall, sondern auch die unbedingte Vollmacht für diese Geschäftsträger der Herzöge abzugewinnen wufste. Der Kolberger Syndikus fand allein den Mut des Widerspruchs[5].

Man band den nach dem Hofe Karls aufbrechenden Gesandten in die Seele, dafs es sich nicht um einen Streit des Kapitels mit den Landesherren, sondern mit dem Kaiser handele. Sie sollten nie aus dem Auge lassen, wie es dem Kaiser so vor allem Anderen auf die Reichssteuern der eingezogenen Kirchen ankomme, ihm darlegen, dafs das Kapitel von dem seiner Administration unterstellten Kirchengut von jeher den Herzögen und nicht dem Bischof die Landsteuer gereicht und damit unzweifelhaft seine Zugehörigkeit zu Pommern bekannt habe[6]. Sie sollten ihn überzeugen, dafs es eine einzelne Stadt gewesen sei,

---

[1] W. T. 25 Nr. 3 f. 92 f.

[2] Mandat bei Kreysig III, Nr. 328.

[3] Am 1. III. 1548 teilt Christoph von Schwabach den Stiftsständen aus Speyer mit, dafs er am 4. IX. 1545 zuletzt in der Angelegenheit an sie geschrieben, damals aber keine Antwort mehr erhalten; jetzt wolle Karl das Kammergericht neu besetzen, worauf er die Stiftsstände aufmerksam mache; W. T. 25 Nr. 3 f. 6. Karl hatte also offenbar noch keine Schritte in der Kamminer Sache gethan.

[4] Der Bote fand „kapitelsweise" versammelt Alexander von der Osten, Bribfslaus Kleist, Otto Monow, Jakob Putkammer und Baltzer vom Wolde, verhindert Marcus Manduvell und Niklaus von Klemptzen, also unter sieben Domherren die vier vertrautesten Räte der Herzöge; W. T. 25 Nr. 3 f. 144.

[5] Um 8 Uhr früh wird das Schreiben dem Kapitel verlesen und der Protest aufgesetzt, um 10 Uhr wird er den Ständen vorgelegt; um die Vesperzeit der notarielle Akt darüber aufgenommen, dafs „die von der Ritterschaft samt der Stadt Cöfslin gemeltem Capitel volle Gewaldt gegeben — und gelobt, was disfals durch das Capitel oder Syndicos und anwelde gehandelt wirtt, das Ritterschaft und gesandten von Cofslyn dasselbe stehett vhest und unverbrochen zu halten Willens;" W. T. 25 Nr. 3 f. 159 f.

[6] W. T. 25 Nr. 3 f. 166 f.

welche seine Hilfe angerufen, und dafs er auf die Sympathieen der übrigen Stände nicht mehr rechnen dürfe[1].

Ohne Zögern schlossen sich die beiden Herzöge dem Vorgehen ihrer Prälaten an; ihre Anwälte konnten dem Kaiser bereits am 13. Juni eine ausführliche Denkschrift über die Stellung des Stiftes zu dem Herzogtume überreichen[2]. Dennoch wurde Kolberg am 30. Juni in des Kaisers Schutz genommen, obwohl es seinen bisherigen Landesherrn zu den schuldigen Leistungen verpflichtet blieb; die Stiftshändel sollte das Kammergericht entscheiden, während das Kapitel einen annehmbaren Bischof zu wählen und die Stände Pommerns sich über die Durchführung des Interims schlüssig zu machen hatten[3].

Wenn aber der Kaiser den Hauptwert auf die unmittelbare Einzahlung der Reichssteuern legte, so fand er damit mehr Anklang im Stifte, als die Stiftsherren ihm hatten weismachen wollen. Kaum hatte sich die Überraschung in der Ritterschaft gelegt, so begann sie ihr altes Recht den Herzögen gegenüber wieder zu betonen, und da sie eine Entscheidung in ihrem Sinne auf dem Marriner Landtag noch nicht herbeizuführen vermochte, jedem gegenteiligen Beschlusse durch den Hinweis auf die grofse Anzahl und den hohen Rang der Ferngebliebenen vorzubeugen[4]. Sehr bald erwarb ihr der Kostenpunkt unter ihren Standesgenossen im Lande neue Hilfe; am 7. September 1548 legte der ständische Ausschufs die Verteidigung der Fürsten aufs neue, aber jetzt ausschliefslich in die Hand des versöhnungsfreundlichen Domherrn Martin Weiher. Man hatte begriffen, dafs der Kaiser „nicht nur selbst mit hohem Verstande versehen, sondern auch sehr bescheidene und geschwinde Räte um sich hatte“.

Bartholomäus Suave, welcher sich seit der Publikation des Mandates seiner Jurisdiktion enthalten hatte, war seines Amtes

---

[1] Die herzoglichen Räte bemerken, dafs „etliche personen im nahmen vor gemelts Dechants, Capittels, Ritterschaft und stende des Stiffts Camyn sich am Jar 44 uff dem negstgehaltenen auch diesem reichstage vor E. Ks. Maj. angegeben haben, als solten sie mit gewalt und anwaltschaft abgefertigt sein vorgemelts Kapitels, ritterschaft und stende halben, umb ein Mandat — fleifsig anzuhalten“; W. T. 25 Nr. 3 f. 169 f.; sie sowohl wie die Stiftsstände bestreiten diesen Auftrag und die Stiftsstände fügen sogar die Vermutung hinzu, dafs nicht einmal der ganze Colberger Rat hinter seinem Syndikus stehe, ebenda f. 167. Sie scheinen Sastrows Verdächtigung des Syndikus, der Agrikolas Schwiegersohn war, nicht fernzustehen (Sastrow II, 572); übrigens wäre die Klarstellung dieser Beziehungen von Interesse für die Politik Brandenburgs, die jederzeit im stillen in dem Stifte wühlte.

[2] Am 6. V. wird zum Protest Baltzer vom Wolde ermächtigt, der sich am 8. seines Auftrags erledigt; am 22. werden Jakob Zitzevitz und Heinrich Normann zu Sachwaltern beim Kaiser und Kammergericht mit aller Vollmacht ernannt; W. T. 25 Nr. 3 f. 66, 68, 72, 74 f. Das Datum für Überreichung des Libellus iustificationis ergiebt sich ebendort f. 175.

[3] W. T, 25 Nr. 3 f. 191 f.

[4] W. T. 25 Nr. 3 f. 19, 30 f., 210 f.

übermüde; nur noch die Schwierigkeiten einer Neuwahl bestimmten ihn zum Bleiben[1].

Weihers Vorstellung, daſs ohne die Freigabe der bischöflichen Administration an die Einführung des Interims nicht zu denken sei, blieb doch nicht ohne Wirkung[2]. Auf die Anerkennung Suaves war nun freilich nicht zu rechnen; aber Viglius bedeutete dem Gesandten, daſs der Hof zunächst nicht so sehr gegen die Erhebung eines Protestanten, sondern gegen die offene und laute Anerkennung des herzoglichen Bestätigungsrechtes eifere, wie es überhaupt nur auf eine Neuwahl ankäme, ehe der päpstliche Legat bei Karl sein Ziel erreiche. Während er dem Domherrn davon sprach, wievielmal ihn der Bischof von Arras vermahnet gut Aufsehen zu haben, damit nicht etwas Verborgenes dahinter stecke, darin die Herzöge mit den Kapitularen einen heimlichen Verstand hätten und miteinander kolludierten, unterlieſs er es nicht, das Kapitel auf das Hilfsmittel eines heimlichen Reverses an die Herzöge hinzuweisen, schlug er den Herzögen vor, daſs sie für dieses Mal die kaiserliche Konfirmation des Bischofs, der erwählt werden sollte, geduldeten und dissimulierten. Ganz in demselben Tone versicherte hinwiederum Weiher, den seine Instruktion ausdrücklich auf ein gemeinsames Vorgehen mit den herzoglichen Räten verpflichtete, daſs er von keinem Einverständnis oder einiger Kollusion der Herzöge und des Kapitels wisse[3].

Kaum daſs es der Fürsprache des polnischen Königs und des Erzbischofs von Köln noch bedurfte; die thatsächliche Annahme des Interims durch die pommerschen Landstände mag das ihre gethan haben — schon am 9. Mai 1549 gab der Kaiser den Herzögen seine Verzeihung zu erkennen, die sie freilich durch schwere Geldopfer erkaufen muſsten; aber auch diese lieſs er mindern, als die geängsteten Fürsten gelobten, nie wieder einem Bunde gegen Habsburg beizutreten. Dem Johanniterorden hatten

---

[1] Verhandlung mit dem Kapitel: Suave halte es für ratsamer, zu resignieren; aber das Kapitel könne nicht darauf eingehen, wenn auch „das S. G. im Ehestandt, so hoch angezogen und so hefftig exageriret wirdt;“ denn der Kaiser fordere für die Neuwahl einen Katholiken; W. T. 25 Nr. 3 f. 215 f. Daſs der Bischof sich des exercitii iurisdictionis nach publiciertem Mandat enthalten, auch die Stiftsstände kein Gericht, Recht und Schutz seitdem bei ihm gesucht, behauptet die Instruktion für Weiher 1548 X. a. a. O. f. 232 f. Am 9. III. 1549 schreibt Weiher dem Kaiser, das Kapitel wäre einer Neuwahl nicht ungeneigt, „Sonderlich dieweil der Bischof für seine person den Bistumb zu renunctieren nicht allein erbietens, dan auch hart darauf dringet;“ a. a. O. 255.

[2] Er handelte mit dieser Erklärung gegen seine Instruktion, welche die Einführung des Interims als unmöglich hingestellt hatte. Vgl. W. T. 25 Nr. 3 f. 235 und Weihers Brief a. a. O. f. 260. Er sagte Viglius, daſs die Kapitulare dem Volke „one das verdechtig und vor alte Papisten gehalten“ würden!

[3] Bericht Weihers an das Kapitel 1549 III. 19., W. T. 25 Nr. 3 f. 265 ff.

sie längst das Seine zurückgegeben; sogar zur Teilnahme an der Exekution gegen Magdeburg wollten sie im folgenden Jahre ihre Stände zwingen [1]; und kein Wort des Widerspruches fanden sie, als Martin Weiher, welcher seinen Auftrag an den Kaiserhof klug dazu benutzt hatte, sich selbst die Nachfolge Suaves zu sichern [2], nicht nur die ausbedungene Konfirmation des Kaisers, sondern er, der Lutheraner, auch die Bestätigung des Papstes erhielt. Bei jeder Gelegenheit bewies darauf Weiher, um wie viel eifriger er noch als Erasmus nach demselben Ziele strebte, das den mächtigsten Bischöfen Kammins im Mittelalter vor Augen gestanden hatte. Mochte auch Moritz von Sachsen in den Monaten, da Weiher endlich in die Verwaltung seines Amtes eingeführt wurde, die Macht Karls aufs schwerste erschüttern, der neue Bischof wufste in seinen Ständen den Gedanken an die Reichsunmittelbarkeit wachzuhalten, bis ihn der Kaiser wahrscheinlich selbst im Stiche liefs [3]. Aber erst als die Herzöge nach Weihers Tode am 29. August 1556 die Wahl Johann Friedrichs, des ältesten Sohnes Philipps, durchzusetzen vermochten [4] und dem tüchtigen Heinrich von Normann die Statthalterschaft übertrugen, fand das Stift Ruhe, war das Werk des Treptower Landtages, soweit es die kirchliche Einigung Pommerns bezweckte, zu einem gewissen Abschlufs gebracht.

Von den Hoffnungen Philipps, deren Verwirklichung er seine Lebenskraft opferte, waren viele unerfüllt geblieben. Kammin behielt, wenngleich stets unter der Administration eines pommerschen Prinzen, dem Herzogtume gegenüber seine selbständige Verwaltung, so dafs es immer aufs neue nach der Erhebung zum Reichsfürstentume trachten durfte. Die Herzöge sahen sich dadurch auf ihr ererbtes Land beschränkt; aber auch hier hatten sie keineswegs das Schlachtfeld so völlig behauptet, wie es anderthalb Jahrzehnte früher den Anschein gehabt hatte. Die Einigung mit der Ritterschaft kam durch ihre engherzige Finanzpolitik, in so naher Aussicht sie auch gewesen war, nicht zu stande.

---

[1] Dähnert IV, 919. Wegen Magdeburg Dähnert IV, 449 f., sowie die Verhandlungen 1551, St. T. 94 Nr. 17.

[2] Die Herzöge hatten ursprünglich dem Matthäus Normann, dem Verfasser des Wendisch-Rügianischen Landgebrauches, die Nachfolge zugedacht, der das Theologiestudium bereits in Greifswald begonnen hatte; Sastrow II, 574. Die kühle Anzeige Weihers an Philipp, dafs Seine Heiligkeit „nicht so sehr auf E. G. Befurderung, als aus sonderlicher Zuneigung, so Sein Heiligheit zu meiner Persohn tragen, mich zum Aufseher der Kirchen zu Cammin verordnet haben"; a. a. O. 676.

[3] Die Herzöge hatten von vornherein darauf verzichtet, dafs jeder von ihnen zwei Personen vorzuschlagen habe, von denen das Kapitel eine wählen müsse; W. T. 25 Nr. 3 f. 58 f. Näheres über Weiher Barthold IV², 342 ff., auch Riemann, Stadt Kolberg 315 f.

[4] Polen und Brandenburg-Preufsen scheinen auf die Stände des Stiftes einen starken Druck gegen die Wahl des pommerschen Erbprinzen ausgeübt zu haben; Kreysig III, 312.

Mit wachsender Erbitterung forderten die Vasallen die Einrichtung einer Anzahl von Nonnenklöstern zu Fräuleinstiften, ohne welche der ärmere Adel seine Töchter nicht versorgen zu können erklärte. Die Durchsicht der Kirchenordnung, welche die Regierung nicht mehr von der Hand weisen konnte, stellte neuen Streit mit den Städten, zum mindesten mit Stralsund in sichere Erwartung.

Aber das alles trat doch vor der weit schmerzlicheren Erkenntnis zurück, dafs die Herzöge überhaupt nur infolge der Zersplitterung der ständischen Kraft und auch dann erst nach schweren Kämpfen siegreich geblieben waren, und die ständische Macht sich noch in ungebrochener Stärke zeigte. Vielmehr war die Landschaft für die Zukunft auf den Wert einträchtigen Zusammenwirkens hingewiesen und vor allem in ihr selbst das Gleichgewicht wiederhergestellt worden. Indem der Adel in diesem Streite eine schwerere Niederlage als die Städte erlitten hatte, war sein unbedingtes Überwiegen in den ständischen Versammlungen, welches Bogislav X. aufs geschickteste zu fördern verstanden hatte, beseitigt und es den Städten ermöglicht worden, fortan wieder den ihnen gebührenden Platz in steigendem Mafse einzunehmen, zumal das Herzogtum in der Reformationszeit seine städtefeindliche Politik hatte aufgeben müssen. Im Besitze der führenden, zum mindesten der treibenden Rolle hielten sie das Bewufstsein der ständischen Traditionen in der Landschaft aufrecht und waren jederzeit darauf bedacht, das ständische Prinzip neuen Siegen über das Fürstentum entgegenzuführen.

Demgegenüber hatte sich die Regierung allerdings durch ihre Säkularisationen eine feste finanzielle Grundlage geschaffen, von welcher aus sie ein weiteres Vordringen ihrer Macht erhoffen durfte. Auch war die ständische Macht in dem Jahre 1540, in welchem die Durchführung der Reformation thatsächlich gesichert war, von der Niederlage wie betäubt. Die Frage war seither, ob die Regierung die genügende Finanzkraft besitze, um sie in diesem Zustande zu erhalten, und wenn nicht, ob in den dann unausbleiblichen neuen Streitigkeiten ihre erst entstehende Organisation dem tiefwurzelnden Organismus der Stände auf die Dauer gewachsen und überlegen sein würde.

Dritter Abschnitt.

Die Verwaltung in dem Jahrhundert nach Bogislavs X. Tode.

Die Ordnung der kirchlichen Angelegenheiten des Herzogtums war kaum gesichert, als der Termin der endgültigen Auseinandersetzung herannahte. Es hatte sich inzwischen zur Genüge erwiesen, dafs Wolgast übervorteilt worden war. Auch hatte der Verlauf der kirchlichen Umwälzung das fürstliche Eigentum derart vermehrt, dafs es seit der Einziehung der Klostergüter nahezu ein Drittel des gesamten Landes umfafste. Am 8. Februar 1541 fand die Erbteilung statt, welche die gröfsten Unebenheiten im Besitze beider Örter ausglich und sich nahezu unverändert durch ein Jahrhundert erhalten hat. Wiederum fiel Stettin an Barnim und an Philipp Wolgast[1].

Die Grenzlinie der beiden Orte[2] zog sich durch die Swine über das Haff etwa nach dem bei Jasenitz mündenden Bache, wahrscheinlich diesen entlang zur Randow, wo sie bei Löknitz auf brandenburgisches Gebiet gestofsen sein mag. Thatsächlich griff Wolgast über diese Grenze weit hinüber, da es zwischen der Oder und Randow den Landschofs der geistlichen Bauern und einer Anzahl Adliger erheben durfte, und ihm auf dem rechten Oderufer Greifenhagen und die Komturei Wildenbruch mit dem Städtchen Bahn zugelegt wurden.

Gemeinsam blieben beiden Orten wegen der schwankenden Höhe ihrer Einnahmen die Zölle zu Gartz, Greifenhagen, Wolgast und Pritter sowie das Stettiner Haff, dessen Erträgnisse geteilt wurden, während in seiner Verwaltung und Gerichtsbarkeit

---

[1] Dähnert IV, 300 ff., Medem 108 ff.

[2] Der Begriff „Ort" ist schwankend. 1550 III. 2. schreiben alle die von der Ritterschaft im Stettinischen und Pyritzischen Orte, d. h. Amte an Barnim; St. T. 95 Nr. 1 v. 1.

das wolgastische Uekermünde und das stettinsche Wollin jährlich wechselten.

Beiden Herzögen mufste sich auch der Bischof von Kammin verwandt machen, obwohl das Stift seine eigene Verwaltung wie seine eigenen, gesondert tagenden Stände behielt, auch von den Landsteuern, die in Pommern beschlossen wurden, keinen Anteil trug und nur durch die Person seines Bischofs und die Domherren mit dem Herzogtume verbunden war.

Als Sonderbesitz gehörten Wolgast die alten, durch Säkularisationen meist sehr vergröfserten Ämter Wolgast, Bart, Grimmen, Tribsees, Loitz, Treptow a. T., Klempenow, Uekermünde, zu denen später Torgelow hinzukam, die neuen aus Klostergut gebildeten Ämter Eldena, Neuenkamp — das spätere Franzburg —, Verchen-Lindenberg, Stolpe, Jasenitz, Pudagla und als Landvogtei das beflossene Land zu Rügen; zu Stettin, das durch den Besitz des Stiftes in zwei Hälften zerrissen war, kamen die Landvogteien Greifenberg und Stolp-Schlawe, die alten Ämter Stettin, Satzig, Wollin, Belgard, Rügenwalde, Neuenstettin und die neuen Ämter Kolbatz, Belbuck-Treptow a. R. und Pyritz, aufserdem die 1526 in den erblichen Lehnsbesitz Pommerns übergegangenen Ämter Lauenburg und Bütow, welche mit ihrer polnischen Bevölkerung und bei ihren von Polen bedingten Lebensinteressen in nur lose Beziehungen zu den deutschen Landesteilen traten.

Stand Wolgast auch an Umfang hinter Stettin zurück, so übertraf es den Nachbarstaat dafür in der Leichtigkeit der Verwaltung, in der Güte des Bodens, der Dichtigkeit der Bevölkerung und der Gunst und Sicherheit der gewerblichen und handelspolitischen Verhältnisse. Daher hatte es 1541 an regelmäfsigen Geldeinkünften einen Überschufs von 1462 Gulden 18 Schillingen und 2 Pfennigen vor Stettin voraus, welcher in dessen bei den steigenden Preisen durch die Mehrerzeugung an Getreide in den hinterpommerschen Ämtern, durch die Verpfändung der Hiddenseeer Sülzrenten in Lüneburg an Stettin und durch die gröfseren Einnahmen aus den nach Hufen berechneten aufserordentlichen Steuern mehr als ausgeglichen wurde.

Die Fortbildung der Amtsverfassung.

Zu Gunsten kam den Herzögen das Vorhandensein der erprobten Amtsverfassung Bogislavs X., welche sie einfach auf die neugebildeten Ämter übertragen konnten. Sie mufsten nur dafür Sorge tragen, dafs der Besitzstand erhalten und vermehrt, und das Beamtentum zur Erfüllung insbesondere seiner wirtschaftlichen Aufgaben mehr und mehr erzogen wurde. Sehr tüchtig hat sich darin Philipp I. bewiesen, während Barnim XI. und die späteren Herzöge keineswegs entsprechendes geleistet haben.

Der erste Herzog von Wolgast hatte vor allen Dingen mit

der Verschwendungssucht seines Oheims zu kämpfen. Auf seinen Wunsch band ein Erlaſs Karls V. trotz des lebhaften Widerspruches Barnims den Verkauf und die Verpfändung von Tischgütern an die Zustimmung des Gesamthauses. Noch eine seiner letzten Amtshandlungen vollzog Philipp zu dem Zwecke, den Oheim vor dem Verschenken seines Besitzes an habsüchtige Beamte zu warnen und selbst die Hilfe der Stände gegen ihn anzurufen[1]. Denn damit stand und fiel die Amtsverfassung Bogislavs, daſs der Kronbesitz durchaus in der Verfügung des Herzogs blieb, und die Beamten allein auf Gehalt gestellt waren; Barnim[2] und Philipps Söhne und Enkel sind sich dessen gar zu wenig bewuſst geworden.

Erfolgreicher waren die Bemühungen der Regierung, welche ihr den Anspruch, heimgefallene Lehen nicht wieder auszuthun, und ein Vorkaufsrecht bei „Veränderung“ der Lehngüter sichern sollten. 1541 erwirkte sich Philipp wie schon Barnim der Groſse und einzelne andere seiner Ahnen einen kaiserlichen Kassationsbefehl, dessen Ausführung vor allem die an die Städte verloren gegangenen Lehngüter der Krone zurückerwerben sollte. Damit jagte er seinen Unterthanen einen solchen Schrecken ein, daſs der sundische Bürgermeister Franz Wessel die Verkündigung des Befehles unter die wunderlichsten und unerhörtesten Begebenheiten seiner Zeit verzeichnete[3].

Von den Ämtern versprachen namentlich die neu hinzugekommenen zunächst nur geringen Ertrag. Um so eifriger drängten die Herzöge auf einen ausgiebigeren Betrieb der Domänen. Während die Regierung früher nur ausgemacht hatte, daſs beim Rücktritt eines Amtmanns vom Dienste das Inventar und der Viehstand nicht verringert sein dürfte und das Aussaatgetreide vorhanden sein müſste, ermunterte sie jetzt dazu, die Zahl der Vorwerke und Schäfereien zu vermehren und Wüsteneien anzubauen[4]. Hatte sie, um die Wirtschaftsführung zu fördern, mit dem ortsgesessenen Beamtentum gebrochen, so muſste sie sich nunmehr wieder und wieder darüber entrüsten, daſs ihre neuen Hauptleute grade in den Wochen, wo ihre Stellung ihre Anwesenheit aufs dringendste erforderte, ohne Urlaubsgesuch auf ihre vielleicht weit entfernten Familiengüter reisten, um dort nach dem Rechten zu sehen[5]. Infolgedessen wiederholte sie ihre Wünsche auf persönliche Überwachung der Wirtschaft durch

---

[1] 1541 Dähnert I, 19 und IV, 317; 1560 I., St. T. 94 Nr. 28 f. 110 bis 123.

[2] 1560 besaſs Suave Amt Bütow, Puttkamer Amt Neustettin, Mönchow Amt Belgard, Weiher Amt Lauenburg; Abschied 1560 II. 6., St. T. 94 Nr. 28 f. 190 ff.

[3] Dähnert I, 21 ff.; B. St. XXI^{b}, 120 f.; Berckmann 77.

[4] Schon 1522 IX. 25., Cramer II, 86.

[5] Doch verbieten erst die späteren Formulare das Verreisen der Hauptleute ohne Urlaub ausdrücklich.

ihre Beamten so unermüdlich, dafs sich selbst der Landvogt zu Rügen dem Gewichte ihrer Gründe zuweilen gefügt zu haben scheint.

Dabei versäumten die Herzöge nicht, ihren Hauptleuten darüber Belehrung zu erteilen, worauf ein jeder insbesondere zu merken habe. Philipp I. dachte daran, die Ämter durch Nikolaus von Klemptzen eingehend beschreiben und auf ihren Nutzen hin prüfen zu lassen[1], und in der That ist es zur Aufstellung von Amtsordnungen gekommen, welche den Beamten als Instruktionen mitgegeben wurden.

Um jederzeit fördernd und mahnend eingreifen zu können, verlangte die Regierung eingehende und häufige Berichte. Ihr Landrentmeister sollte bei seinen Visitationsreisen seine besondere Sorgfalt auf die Hebung des Ackerbaus, die Vergröfserung und Veredelung der Herden, auf eine gesteigerte Gemüse- und Obstzucht und eine rationellere Holzwirtschaft verwenden.

Entsprechend schrieben die Herzöge in den Bestallungen, wenn sie die Deputate aufgezählt hatten, vor, wieviel und welches Gesinde davon unterhalten werden sollte. Noch überliefsen sie zwar ihren Beamten die freie Auswahl desselben[2]; aber indem sie versuchten, es mehr und mehr auf eigene Deputate und Geldbesoldungen zu stellen, brachten sie es in eine zunehmende Abhängigkeit von der Krone.

In manchen Ämtern übernahm der Amtshauptmann zugleich die landwirtschaftliche Leitung des Hofes, auf welchem er residierte; in anderen stand sie wie die fast aller Nebenhöfe und Vorwerke besonderen Hofmeistern, Hausvögten oder Amtleuten zu[3]. Während diese sich in den möglichst gleichmäfsig eingerichteten Gütern mit einer Anzahl kräftiger Knechte der so stark betriebenen Ackerbestellung und Viehzucht widmeten, dafs sie wohl einmal Ochsenwahrer tituliert wurden, schaltete die Hofmuhme als Grofsmagd mit zwei bis fünf Mägden und mit dem Koch oder der Köchin in Haus und Hof, zuweilen durch eine mit der Aufsicht über das Geflügel und den Wäschebestand betraute Bettmuhme entlastet. Infolge der umfangreichen Viehzucht brauchte man überall zum mindesten je einen Hirt oder eine „Hirtische“ für das Rindvieh und die Schweine, zu denen mehrfach ein Wildenhirt für die Pferde hinzukam.

Die Hofmeister oder in ihrer Stellvertretung die Hof-

---

[1] Einleit. Abhandlung Böhmers, Kantzow 1835, 82.

[2] Z. B. Bestallung 1568 St. T. 79 Nr. 7 f. 185.

[3] Von hohem Werte für die Erkenntnis des Wirtschaftsbetriebs auf den herzoglichen Domänen ist ein „Anschlag der furstlichen Hauptleuthe undt Diener Besoldung, Kleidung undt deputate in allen Ämptern Wolgastischer Regierung,“ W. T. 75 Nr. 11[b], wahrscheinlich aus den letzten Jahren der Regierung Ernst Ludwigs oder den ersten der Bogislavs XIII. Infolgedessen fehlen Barth und Franzburg, aufserdem Wolgast und Jasenitz, Rügen ist ganz unvollständig.

muhmen[1] erhielten die Deputate, von denen die Wirtschaft bestritten werden sollte. Neben der Wohnung, Kost und Kleidung wurde den Mitgliedern des Haushaltes nur wenig Geldbesoldung gewährt. Um eine gewisse Gleichstellung der Bedienten zu erzielen, förderte es die Regierung, dafs in demselben Amte mit den Knechten und Mägden gleicher Lohn und ein gleiches Weihnachtsgeschenk oder Opfergeld[2] ausgemacht wurde. Zuweilen gestand der Amtmann den Muhmen oder einzelnen Dienstboten einen Anteil an der Butter, den Federn, der Asche und sonstigen Accidentalien zu; den Mägden liefs er nicht selten, damit sie sich ihren Wäschebedarf oder gar ihre Aussteuer im Winter spinnen konnten, einen viertel oder halben Scheffel Leinsamen und Hanf aussäen[3]. Ein eigenes Deputat wurde derartigen Angestellten, die auf dem Gute lebten, nur in dem Falle zugewiesen, dafs sie wie einzelne Müller und Hirten nicht allabendlich auf ihren Hof zurückzukehren vermochten; dagegen geschah es notwendig bei der grofsen Reihe der unabhängig von der Hofwirtschaft lebenden Dienstleute.

Mit dem Amtsschmied, dem Schlächter und anderen Handwerkern, man könnte fast auch sagen, mit den Predigern und ihren Küstern pflegte man wohl einen Kontrakt auf eine jährlich zu zahlende Entschädigung zu vereinbaren, auf Grund dessen sie ihre Dienste jederzeit zu leisten hatten. Bei der Aussaat, dem Futterschnitt und Dreschen mufsten die Amtsbauern gegen einen geringen Anteil am Getreide und einen guten Trunk aushelfen; ihre Weiber dagegen waren von dem Spinnen des Flachses fast allenthalben entbunden worden.

Unter den dauernd beschäftigten, aber selbständig hausenden Dienstleuten liefsen die Schäfer, wie etwa die zu Loitz mit ihrem Jahreseinkommen von nahezu 220 Gulden, seitdem die Schafzucht der wichtigste Zweig der pommerschen Landwirtschaft geworden war, selbst die Hausvögte an Einnahmen hinter sich. Mit ihnen wetteiferten die Fischer auf den Seeen und den Flüssen und die Kieper am Haffe wie an Arbeit so an Verdienst; sprach doch Valentin von Eickstedt von einzelnen Fischzügen, deren Wert sich auf 1400 Gulden belaufen sollte, während Kantzow zwei Jahrzehnte vor ihm die jährlichen Erträgnisse aus den Fischereiabgaben allein vom Stettiner Haffe und von dem

---

[1] Überhaupt scheinen die Frauen damals sehr oft selbst die auswärtigen Geschäfte geführt zu haben. Gentzkows Tagebuch bietet vielfache Belege dafür.

[2] Opfergeld gleich Weihnachtsgeschenk St. A. Mscr. II, 12 Nr. 163. Auch gab es damals schon ein Mietgeld als „Gadesgeld."

[3] Es kostete ihn das keinen Ausfall an bestellbarem Acker; denn wie in Mecklenburg scheint auch in Pommern das Strafsenrecht den Besitzer eines Weges berechtigt zu haben, den Weg zu besäen. Der Landvogt zu Stolp und Schlawe 1653 VI. 16. darf „drei Scheffel Leinsamen auf Unsere Dorfstrafsen im Amte Rügenwalde säen;" St. T. 79 Nr. 96 f. 64.

Lassanischen Wasser auf 5000 Gulden berechnet hatte. Sehr viel weniger gut standen sich die Ziegler, deren mehrere Ämter zum Brennen der eigenen oder der mit dem nächsten Städtchen gemeinsam betriebenen Öfen bedurften. Ganz unabhängig von den Amtleuten und in unmittelbarer Unterordnung unter den Landrentmeister scheint die Regierung die Zolleinnehmer gehalten zu haben, welchen sie höchstens das eine oder andere Deputat aus der nächsten Domäne zuwies.

Ihr regstes Interesse wandten die Herzöge als echte Fürsten des sechzehnten Jahrhunderts ihren nicht übermäfsig grofsen und guten Wäldern zu, deren Pflege den Jägermeistern und Heidereitern oblag. Ebenso wie die Wilddieberei ward der Holzdiebstahl aufs strengste verboten; doch durfte z. B. in Rügen jeder Einwohner an zwei Tagen des Jahres unter Aufsicht des Landvogtes seine Notdurft an Holz den Wäldern entnehmen[1]. Um die Überwachung zu erleichtern, wurde allein das Amt Uekermünde in fünf Heidereiterbezirke eingeteilt, und auch dort, wo sich die dauernde Errichtung eines besonderen Dienstes nicht empfahl oder als zu kostspielig erwies, dem nächsten Hofmeister ein Pferd gestellt, damit er den Wald mitversehe. Die Landvogtei Rügen gab den Holzverkauf einigen Händlern, den sog. Woltgrefen, in Pacht, um sie ihres eigenen Vorteils wegen zur Förderung einer rationellen Holzpflege zu veranlassen. Doch blieben die Versuche und Bemühungen ohne wesentlichen Erfolg[2].

So sehr überwogen in der neuen Verfassung die wirtschaftlichen Rücksichten alles andere, dafs sich sogar der Zweck des Landreiters, welcher die rechte Hand des Landvogtes in seiner politischen und polizeilichen Thätigkeit gewesen war, zu ihren Gunsten verdunkelte. Während er im Amte Torgelow seinem Namen ganz entsagte, um ihn mit dem viel unbedeutenderen eines Heidereiters zu vertauschen, mufste er sich in Eldena die Hilfe zweier Kollegen gefallen lassen, unter denen er selbst — der Schäfereien wartete. Die Regel blieb indessen, dafs jeder früheren Landvogtei ein Landreiterbezirk entsprach[3], so dafs dort, wo zwei Vogteien zu einem Amte zusammengelegt worden waren, sich zwei Landreiter erhielten, und dort, wo ein Amt wie Verchen-Lindenberg sich aus Klostergut entwickelt hatte, überhaupt keiner eingesetzt wurde; nur der rügianische Landvogt hatte mehrere Landreiter zur Verfügung[4]. Sparsamkeitsrück-

---

[1] Holzordnung 1586 IX. 25., Dähnert III, 930.

[2] Normann Tit. CLXXXIV. In früheren Zeiten scheint „Woltgrefe" die Bezeichnung für den Heidereiter gewesen zu sein; Bogislavs X. Holz- und Jagdordnung 1492 XI. 25., Dähnert III, 926.

[3] Die Bestallung für Loitz 1495 IV. 23. zählt nur irrtümlich zwei Landreiter auf, St. A. Mscr. II, 12 Nr. 63; es war ein Land- und ein Heidereiter dort.

[4] Normann Tit. CLXIV, 208.

sichten haben im weiteren Verlaufe zu einer vorübergehenden Vereinigung mehrerer Bezirke in einer Hand geführt. Zum Bruche mit der lokalen Natur des Amtes nötigte während des dreifsigjährigen Krieges die starke Steigerung der Steuerrückstände bei dem Landkasten zu Stargard, welcher sich solange des Landreiters zu Damm zur Exekution wider alle von den Ämtern eximierten Schlofsgesessenen des Ortes Stettin bedient hatte, nun aber einen eigenen Landreiter zur Eintreibung sämtlicher Ausstände in seinen Eid nahm [1].

Da konnte es nicht ausbleiben, dafs der Rentmeister der Mittelpunkt einer so ganz von finanziellen Gesichtspunkten bestimmten Landesverwaltung wurde. Freilich blieb er ein Untergebener des Amtshauptmannes, dem er wöchentlich des Montags vor dem Essen Bericht zu erstatten hatte, ohne dessen Einwilligung er nichts anordnen, bezahlen, anschaffen oder verkaufen, ohne dessen Befehl er gegen keinen Amtsgesessenen Gewalt anwenden sollte. Nichtsdestoweniger thaten seine Rechte dem Hauptmanne einen weit stärkeren Eintrag, welchem sein wesentlichstes Machtmittel, die Kassenverwaltung, entzogen war, und der sehr wohl fühlte, dafs der bürgerliche Rentmeister vom Hofe zu seiner Überwachung geschickt und von der Regierung bevorzugt wurde; denn sie stand dem einfachen Beamten viel unabhängiger gegenüber als dem einflufsreichen Adligen. Nur dem Rentmeister konnte sie zumuten, dafs er den Hafs einer nicht volkstümlichen Mafsregel statt der Herzöge auf sich nehme [2]; zuweilen hat sie ihn auf der Stelle entlassen und ihn wohl gar mit dem Tode gestraft, wenn er seine Pflichten nicht getreu erfüllte, oder es ihn mit empfindlicher Geldstrafe büfsen lassen, dafs er Änderungen in den Domänen vorgenommen hatte, ohne sie zu befragen [3].

Unzweifelhaft hatte diese Förderung eines Unterbeamten ihre sehr bedenklichen Seiten; doch war sie kaum zu umgehen. Die gänzliche Aufhebung der Hauptmannsstellen hätte weder der Adel geduldet, noch wäre sie möglich gewesen, solange sich die Herzöge auf die Rechtsprechung über ihre Vasallen, welche nur ein Ritterbürtiger üben durfte, ihren Einflufs bewahren wollten. Der entschlossene, wahrscheinlich von Sparsamkeitsrücksichten unterstützte Versuch Barnims, die Gerichte einer Reihe von Ämtern zusammenzulegen, um die übrige Verwaltung in ihnen

---

[1] Das Bestallungsformular des Landkastenreiters 1633 VIII. 17. St. T. 97 Nr. 115 f. 38 ff. Vgl. Nr. 83 f. 109. Siehe S. 13 Anm. 2.

[2] Barnim schrieb an alle Rentmeister 1539 VIII. 25., St. T. 95 Nr. 1 v. I: Wir begehren, dafs „Du vor Dyn person in dinem namen und nicht von unnsertwegen unnsen buren unsres Ampts N. N. antegest,“ dafs sie ihre Pächte nicht mehr in Mecklenburgischen Witten zahlen dürfen.

[3] Raumer 120 für Entlassung, für Tod Friedeborn II, 158, für Geldstrafe Manuale Barnims XII., B. St. XXVII, 388.

allein dem Rentmeister zu übertragen, scheiterte völlig[1]; das darauf beliebte System, die erledigten Ämter möglichst lange unbesetzt zu lassen, konnte infolge der energischen Opposition des Adels gegen die Ausdehnung der Rechte des Rentmeisters nie zu dem gewünschten Ergebnis gedeihen.

Doch behielt die Regierung, von der Arbeitsscheu der Hauptleute nicht wenig unterstützt, jederzeit ihr Ziel im Auge. Was sie den Ämtern auch immer mitzuteilen hatte, sie schrieb es an Hauptmann und Rentmeister als an die „Amptleute" oder die „Befehlhaber" ihres Bezirkes. Es entsprach ihrer ganzen Weise, daſs sie die Hauptmannsstellen mit groſser Vorliebe als eine Art reichausgestatteter Ehrenämter ansah, mit denen sie ihre vertrautesten, am Hofe nahezu niemals entbehrlichen Räte begabte. Jahre hindurch waltete daher mancher Rentmeister als seines Vorgesetzten Stellvertreter in allen politischen und Verwaltungsangelegenheiten, nur nicht im Gerichte.

Mit den Ergebnissen ihrer Amtsverfassung konnten die Herzöge im groſsen und ganzen zufrieden sein, wenngleich die rasch steigenden Preise und die überaus ungünstige Entwicklung des wirtschaftlichen Lebens in Pommern von 1560 ab die Ämter zu keinem rechten Gedeihen kommen lieſsen. Gar manches trugen freilich auch die schweren, der Landesverwaltung anhaftenden Fehler zu den Miſserfolgen bei.

Der Charakter der in ihr beschäftigten Beamten stand in keiner Weise auf der sittlichen Höhe, welche erforderlich gewesen wäre, um das Beamtentum rein in den Dienst des Ganzen zu stellen. Auch mangelte es an Schranken, welche die Regierung ihm hätte ziehen können. Der natürlich im engen Rahmen gemachte Versuch, die einzelnen Angestellten in ausgedehnterem Maſse auf Geldgehälter anzunehmen, scheiterte ebenso schnell wie an den Höfen, aber mit mehr Berechtigung an dem Widerspruche der davon Betroffenen[2]. Bei der schwachen Entwicklung der Geldwirtschaft auf dem platten Lande und in den kleinen Städten zog es jedermann vor, seinen Bedarf sofort in Naturalien zu empfangen, wodurch er zugleich von den auſserordentlichen Schwankungen der Getreidepreise unabhängig wurde. Auch benahm es den Dienstleuten den Mut, daſs sie die geringen, bisher mit ihnen vereinbarten Geldzuschüsse, deren Auszahlung ihnen für den Schluſs jeder abgemachten Dienstzeit zugesichert war[3], nur unregelmäſsig und teilweise erhielten.

Ihren infolgedessen bestehen bleibenden Anspruch auf

---

[1] Hofordnung 1541: Titel Empter, St. T. 79 Nr. 2 f. 8 ff. Die Ämter Stettin, Satzig, Belgard, Lauenburg und Bütow blieben; Kolbatz, Wollin, Treptow und Rügenwalde verloren den Amtmann, Neustettin und Pyritz sind nicht erwähnt.

[2] Auch die Handwerker und Tagelöhner wollten Essen und Trinken, nicht bloſs Geldlohn; Raumer 84.

[3] Jährlich oder halbjährlich postnumerando.

Sporteln, auf welche auch die Schulzen angewiesen wurden, nutzten einzelne Beamte mit solcher Härte aus, daſs die Herzöge einschreiten muſsten[1]. Doch scheinen die Sporteln nicht immer so bedeutend gewesen zu sein, daſs die Beamten um ihretwillen z. B. eifriger zu Gerichte gesessen hätten; Matthäus Normann klagt wohl einmal, daſs der Adel wegen des Verfalls der Rechtsprechung die Armut aussaugen könne, wie die „Meise die Mohnkörner.“ Die Fürsten waren demgegenüber meist machtlos. Die Amtleute hatten als ihre Gläubiger sie nur zu oft in ihren Händen und konnten sich deshalb getrost am Gut der Unterthanen schadlos halten[2].

Dabei waren die Beamten keineswegs schlecht gestellt. Lautete ihre Bestallung gleich nur auf eine bestimmte Anzahl von Jahren, so wurde dennoch von beiden Seiten meist ein lebenslängliches Verbleiben im Staatsdienste vorausgesetzt; die Regierung kam ihren Amtleuten selbst soweit entgegen, daſs sie ihnen ein Probejahr gestattete, ehe sie sich über die Annahme entscheiden muſsten. Namentlich in Hinterpommern waren die Besoldungen reichlich bemessen[3], doch erreichten die im Orte Wolgast schon bald ihre Höhe. Der Landvogt zu Rügen stand sich auf weit mehr als 1000 Gulden; der Hauptmann von Ueckermünde veranschlagte sein Jahreseinkommen auf nahezu 1000, der in Loitz auf 900 Gulden, gegen die Verchen-Lindenberg und Treptow-Klempenow mit über 800 Gulden kaum zurückstanden. Bei der Verschiedenheit der Einkünfte fand wenigstens in Vorpommern ein allmähliches Aufrücken in die reicher dotierten Ämter statt, wovon wohl nur die Insel Rügen durch ihre Verfassung ausgeschlossen war.

Das Gehalt der Rentmeister schwankte, je nachdem sie selbständig oder bei dem Hauptmann in Kost und Wohnung waren, zwischen etwa 30 bis 70 und 270 bis 320 Gulden. Durch ihre Sporteln mögen sich die Landreiter, welche über ihren Unterhalt nur 25 bis 40 Gulden zu erhalten pflegten, ebenfalls sehr auskömmlich gestanden haben.

Auch waren die Gehälter dort, wo sie dem Durchschnitt nicht entsprachen, wohl meist in raschem Steigen, so daſs der Wolliner Hauptmann, der 1581 321 Gulden 4 Groschen empfangen hatte, einundzwanzig Jahre später 515 Gulden 24 Schillinge bezog[4]. Trotz alledem muſsten sogar den angesehensten Beamten häufig nahmhafte Fehlbeträge nachgesehen werden, denn mag gleich mancher kernige, ehrliche Mann im Dienste des

---

[1] Raumer 120, wo Johann Fr. den Hauptmann daran erinnert, daſs er neben Geld- auch Gefängnisstrafen verhängen dürfe.

[2] Normann Tit. CLX, Landesteilung 1532, Medem 117.

[3] Landesteilung 1532, Medem 114. — Der Pyritzer Hauptmann erhielt 1635 „zum mindesten 1000 Gulden,“ Bohlen, Mscr. 626 f. 57.

[4] Raumer 120 und 155.

Staates seiner Stelle gewaltet haben, die Zeit selbst mit ihrer Gewaltthätigkeit, ihren Leidenschaften und ihrem Hange zum Unrechtthuen war jeder aufrichtigen Pflichterfüllung entgegen.

Nicht minder ungünstig als die sittlichen Mängel des Beamtentums wirkte es, dafs die Amtsverfassung ihren Mittelpunkt in einem Beamten fand, welcher alle seine nicht unmittelbar auf die Domänenwirtschaft bezüglichen Befugnisse nur als Stellvertreter eines anderen übte, und deshalb nicht einmal dort, wo er dazu verfassungsmäfsig berechtigt war, durchgreifende Autorität in die Wagschale zu werfen wagte. Daher hatte der Adel kaum minderen Vorteil von der Kaltstellung der Amtshauptleute als der Herzog. Die Ritterschaft eines Bezirkes bat wohl zuweilen selbst darum, dafs ein so vorzüglicher Staatsdiener wie ihr Hauptmann an den Hof gezogen, und wie bisher üblich, seine Vertretung einem Unterbeamten übertragen werde [1]; bevollmächtigte dann aber der Herzog den Rentmeister zugleich zur Anwendung der Exekutivgewalt gegen die amtsgesessenen Vasallen, so erhielt er die gereizte Antwort, dafs sich derselbe ihrer nur auf besonderen Befehl seines unmittelbaren Vorgesetzten gebrauchen dürfe. Erst der grofse Kurfürst sah das Unerträgliche des Zustandes ein und verzichtete ausdrücklich darauf, die Hauptleute durch andere Aufträge an ihrer regelmäfsigen Pflichterfüllung und dem steten Aufenthalt im Amte zu behindern [2], während Bogislav XIV. noch bis zu seinem Tode in die Bestallungen schrieb, dafs seine Amtleute, auch was er ihnen sonst an Kommissionen oder anderen Verrichtungen auflegen würde, nach bestem Verstande expedieren sollten. Bis zu den Zeiten der brandenburgischen Herrschaft hatte die Übertreibung der finanziellen Aufgaben der Landesverwaltung den Sinn zumal für die Bedeutung ihrer richterlichen Pflichten überhaupt nicht aufkommen lassen; einseitige, fast ausschliefsliche Finanzpolitik in immer schärferer Ausbildung ist es gewesen, durch welche die Herzöge des Greifengeschlechtes, insbesondere seit dem vierten Decennium des sechzehnten Jahrhunderts ihren Staat regieren wollten. Ihr System hat sich darum dennoch bewährt, wenn es auch späterhin eingreifender Verbesserungen bedurft hat.

Die Centralverwaltung im allgemeinen.

Konnten sich die Herzöge in der Landesverwaltung darauf beschränken, die Einrichtungen Bogislavs X. auszubilden, so mufsten sie für die erst jetzt umfangreicher werdende Centralverwaltung von Grund aus neues schaffen. Sie haben sich dabei

---

1 Die Ritterschaft Greifenbergs 1667 XII. 8., St. T. 79 Nr. 7h f. 86.

2 Vgl. die Landvogtsbestallungen St. T. 79 Nr. 96 f. 64 und Bohlen, Mscr. 626.

nicht eben bewährt; aber Not, und wenn man davon sprechen darf, die ganze Entwicklung der Zeit drängte sie vorwärts. Ihre Landstände haben sehr fleifsig und vielleicht tüchtiger noch als sie mitgearbeitet. Daher rührt es, dafs die erhalten gebliebenen Reste der Thätigkeit auf jenem Gebiete nahezu sämtlich Stettin betreffen, weil Philipp I. seine Landschaft nie sonderlich viel bemüht hat[1].

Zu Bogislavs Zeit hatten einige wenige Beamte genügt, um dem Herzog die Erledigung der laufenden Geschäfte zu ermöglichen. Erst die starke Vermehrung der Einkünfte und die glänzendere Gestaltung des Hofhaltes seit der Durchführung der Reformation, vor allem die Einbeziehung mannigfacher, insonderheit socialer und wirtschaftlicher Aufgaben in den Bezirk der staatlichen Gesetzgebung zwangen zur Berufung immer neuer Kräfte, welche geordnet und zusammengefafst werden wollten.

Die häufigen Beratungen, welche die Herzöge von 1540 ab mit ihren Ständen über die Organisation des Hofbeamtentums und der Centralverwaltung pflegten, entbehrten nicht der Einsicht und ernsten Wollens — aber schon in den Motiven, welche bei solchen Erwägungen sehr lebhaft mitwirkten, lag der Grund ihres oft entmutigenden Verlaufes. So glücklich wufsten alle, die da mitzuhelfen berufen waren, den Ton einer warmen Frömmigkeit, von der sie sich erfüllt glaubten, zu treffen; wo immer die Hofordnungen, in denen die Ausschüsse ihre Beschlüsse niederlegten, eine neue Bestimmung einführten, erinnerten sie an die Pflichten eines jeden Beamten gegen Gott, den Herzog und die Stände, aber sehr wenig entsprachen dem ihre Gedanken.

Wie viele Absichten verbargen sich doch hinter den schlichten Worten der pommerschen Räte! Indem die Landschaft ihre Reformvorschläge dem Herzoge unterbreitete, wünschte sie nicht an letzter Stelle, das Anwachsen der Steuerforderungen zu verhüten, sich selbst einen ausschlaggebenden Anteil an der verbesserten Regierung zu sichern und ihre unvermeidlichen Kosten möglichst dadurch in die Hände ihrer Mitglieder zurückzuleiten, dafs sie ihnen die Mehrzahl der Ämter verfassungsmäfsig zuschrieb.

So jedoch war es nicht die Meinung der Fürsten. Weder

[1] Die Hofordnung von 1560 bietet das wichtigste Material, einiges die von 1541, 1624 und 1635; die von 1633 scheint verloren zu sein. Bestallungen sind in gröfserer Anzahl vorhanden aus drei Perioden: a) 1480—1505 im Codex diplom. Bog. X, b) 1560—1573 im St. T. 79 Nr. 7 und den Nebennummern und c) 1634—1636 in Bohlen, Mscr. 626. Die älteste Hofordnung 1487 X. 9. im Cod. dipl. bietet fast nur ein Verzeichnis der Dienerschaft. Die wichtigsten Teile der Hofordnung von 1560, sowie die Gutachten der Land- und Hofräte und der ihnen von Barnim XI. erteilte Bescheid werden in einer voraussichtlich bald erscheinenden Schrift des Dr. Treusch von Buttlar über die Hofordnungen der norddeutschen Territorien wörtlich abgedruckt werden.

wollten sie ernstlich ihren Prunk beschränken noch die Macht der ihnen so lästigen Stände verstärken oder auch nur erhalten. Gewiſs waren sie einer Reform nicht abgeneigt, welche den Ertrag ihrer Einkünfte erhöhen und die Ausgaben vermindern sollte; aber da weder die Stände noch sie daran dachten, den Staatsschatz genügend von der fürstlichen Schatulle zu trennen, so lieſs sie das Bedürfnis des Augenblicks dennoch die für die Beamten und die Verwaltung bestimmten Summen immer wieder für sich selbst behalten, wie denn alle Reformen nicht zuletzt daran gescheitert sind, daſs man Hofdienst und Staatsamt nie völlig auseinanderzuhalten gelernt hat. Kann es ein krasseres Beispiel für die unsittliche Gesinnung der Herzöge geben, als daſs Bogislav XIV. in denselben Jahren, da sein von den Kaiserlichen ausgeraubtes, von den Schweden zertretenes Volk vor Hunger laut aufschrie, einem einzigen Hofmusikus das für jene Zeiten auſserordentliche Jahrgehalt von hundert Reichsthalern nebst freiem Tisch, freier Wohnung und fünfzig Gulden Kleidergeld aussetzte[1]? Nur einer von all diesen Herzögen hat den freien Willen und die Energie zugleich besessen, Wandel zu schaffen[2]; aber Georg I. ist gestorben, um dem elften Barnim die Krone zu überlassen.

Und doch hätte es des selbstlosen und treuen Zusammenarbeitens von Ständen und Regierung so sehr bedurft, um die Beamtenschaft von der einseitigen Verfolgung ihrer eigenen Vorteile abzulenken und in den Dienst des Staatsinteresses zu stellen! Noch Bogislav X. hatte, als er seine durchgreifende Umgestaltung des Staatswesens begann, seine Hilfskräfte namentlich für die Stellungen, welche er nicht unmittelbar überwachen konnte, aus den Reihen seines Klerus nehmen können. Die Geistlichen, welche in ihrem Amte niemals eine dauernde Stellung, oft aber in seiner guten Verwaltung die Empfehlung für ihre kirchliche Laufbahn sahen, bewiesen sich als seine treuen Mitarbeiter. Es kam ein Geist in sein Beamtentum, der auch die Laienelemente mit sich fortriſs, ein Geist, getragen von dem Eindruck, den ein groſser, von sittlichem Wollen erfüllter Charakter in jedem Falle auf seine Genossen ausübt. Aber die kirchliche Umwälzung machte dem vorwiegend geistlichen Beamtentume ein Ende, so daſs die Herzöge gezwungen waren, sich vorerst ein fast völlig neues, weltliches Beamtentum zu schaffen.

Es völlig dem Kreise ihrer Ritterschaft zu entnehmen, verbot ihnen die Staatsraison so gut wie ihr Widerwille gegen die ständische Macht, welche nun, nachdem sie die Gesetzgebung und die Verfassung in ihre Hände gebracht hatte, nach der Verwaltung zu greifen gedachte. Doch muſsten sie billig Rücksicht auf sie nehmen; denn selbst Mitglieder des höchsten Adels

---

[1] 1634 IX. 25., Bohlen, Mscr. 626 f. 54.
[2] Kantzow 1835, 162.

hatten sich damals wissenschaftlichen Studien, so sehr dieselben sonst auch den Pommern zuwider waren, zugewendet, blofs um der aufkommenden Notwendigkeit eines gelehrten Beamtentums Genüge zu thun; nur entschlossen sich die wenigsten, in ihrem Amte ein das Leben erfüllendes Ziel zu sehen. Der Wunsch, die Einnahmen aus ihren ererbten Gütern zu vermehren, hier und da auch ein gewisser Ehrgeiz oder eine Art ständischen Pflichtgefühls bewog sie, ihre Mufsestunden dem Dienste ihres Vaterlandes zu widmen.

Daher riefen die Herzöge, soweit die Verfassung es gestattete, Vertreter des Berufsbeamtentums herbei, welches eben zu entstehen anfing, und dessen gelehrte Vorbildung, dessen Unabhängigkeit von partikulären Gewalten, dessen eigener Vorteil die besten Hoffnungen erweckte. Aber welche Gesinnungen mufsten sie an diesen Fremden wahrnehmen, welche ohne Vaterland und Begeisterung von der Gnade launischer Fürsten abhängig und von dem Hasse des Ständetums täglich bedroht waren und wegen ihrer bürgerlichen Herkunft von dem Hofadel verachtet und verhöhnt wurden. Gesinnungslosigkeit und Habgier hatten sich oft ihrer bemächtigt; trotzdem waren sie der Staatsgewalt unentbehrlich. Ohne ihre Mitwirkung wäre überhaupt nicht daran zu denken gewesen, dafs die fürstliche Macht ihrer ständischen Gegner jemals Herr hätte werden können.

Gewifs war dieses ganze Beamtentum, gleichviel ob es aus dem eigenen Lande oder aus der Fremde stammte, eine Reihe rühmenswerter Ausnahmen vorbehalten, mit unzähligen und häfslichen Mängeln behaftet; gewifs erschienen die Erziehungsversuche, deren Notwendigkeit sich immer wieder aufdrängen mufste, ganz umsonst gemacht zu sein und zu bleiben, und weder Herzöge noch Stände mochten an der Ergebnislosigkeit ihrer unaufhörlichen auf eine Besserung der Zustände hinarbeitenden Bemühungen zweifeln; dennoch war ihr Wirken keineswegs ein so völlig vergebliches, wenn sich auch vorderhand ein Erfolg kaum bemerken liefs. Für den Augenblick zwar waren alle die Vorkehrungen, welche die Regierungen trafen, noch gar zu primitiv und schwankend; noch trieb das Zeitalter, in dem sie schafften, mit seiner alles zerstörenden Eigensucht und seinem Mangel an Ausdauer die Herren so gut wie ihre Beamten in jedem Augenblicke wieder zur Verleugnung des Staatsgedankens, in dessen Dienst sie grade wirken wollten. Dafs sie jedoch durch die stete Erneuerung ihrer Versuche immer aufs neue diesen Staatsgedanken zur Geltung brachten, dafs sie mit der Zeit umfassendere Vorkehrungen anwandten, ihre Bemühungen immer einsichtiger und tiefer eindringend sich gestalteten, war von unermefslicher, bleibender Bedeutung. Sie erhielt ihren Wert vollends dadurch, dafs das Beamtentum selbst, durch die Mischung zweier sich entgegengesetzter Elemente in sich gespalten, zu erfolgreichem Widerstreben

5*

gegen die es beschränkende staatliche Gewalt immer unfähiger wurde.

Von vornherein nicht ernst genommen wurde leider, so viele Worte man auch auf seine Anpreisung verwandte, eines der wichtigsten Erziehungsmittel, ohne dessen Bethätigung alles übrige in Frage gestellt werden mufste und zum mindesten nicht innerlich durchdringen konnte. Die Söhne und Enkel Philipps haben zwar gelobt, dafs einer von ihnen stets am Hofe weilen würde, um strenge Aufsicht zu üben [1], und es an ihrer persönlichen Mitwirkung niemals fehlen sollte; aber sie haben nicht Ernst damit gemacht. Alle Herzöge haben die Hilfe ihrer Prediger aufs eindringlichste in Anspruch genommen; des Sonntags zweimal, dann wieder des Mittwochs und Freitags sollten Räte, Junker und Gesinde der herzoglichen Familie in geordnetem Zuge zur Predigt folgen und häufig das Abendmahl empfangen. Doch wie er es auf der Stelle für angebracht hielt, eine empfindliche Strafe für den Schläfer in der Kirche zu setzen, so mufste Barnim alsbald an den Rand der Hofordnung von 1560 schreiben lassen, dafs er es um vieler Ursachen willen noch nicht gar so strenge mit dem Kirchgange halten wolle [2]. Die Schuld an dem völligen Zurücktreten jedes ethischen Gesichtspunktes trugen aber grade diejenigen, welche durch die Macht des sittlichen Beispiels ihre Beamten mit sich fortzureifsen berufen waren. Seit dem Tode Philipps fanden die Herzöge keine Zeit mehr, an den Regierungsgeschäften beharrlich und in reiner Pflichterfüllung teilzunehmen, so häufig sie auch ihr Versprechen wiederholten; und mochten sie es gleich mit dem Kirchenbesuch eifriger treiben, es blieb dennoch das traurige Loos des herzoglichen Hauses, dafs sich nahezu alle seine Mitglieder durch eine unglaubliche Trunksucht und ihre Sittenlosigkeit in ein frühes Grab gejagt haben.

Weit zahlreicher und erfolgverheifsender waren die praktischen Vorschläge zur Besserung und Ordnung des Amtswesens; aber auch sie sind an dem Widerstreite der mannigfaltigsten Interessen vielfach gescheitert. Es kam vor allem auf die Lösung einer dreifachen Aufgabe an: angesichts der Übergriffe des Ständetums mufsten die Herzöge durch gelehrte ausländische Beamte den Inländern die Wage halten lassen, sodann durch die Regelung der Arbeitsweise die Stetigkeit der Geschäftserledigung bewahren und endlich alles beseitigen, was die Erwerbsgier der Beamten locken und fördern konnte.

Insofern es sich um die Berufung sachkundiger, unabhängiger

[1] 1567 und 1569, Dähnert I, 253 ff. und 522.

[2] Hofordnung 1560, St. T. 79 Nr. 5 f. 171. Radtschlag von wegen aufrichtung einer hoff Ordnung 1559, Nr. 4 f. 182.

Ausländer handelte, haben die pommerschen Stände, weil die Herzöge ihre Forderungen niemals übertrieben, im grofsen und ganzen ein weites Entgegenkommen bewiesen. Es dürfte kein Wunsch der Regierung an die Landschaft übermittelt sein, in die Stellungen, welche dem heimischen Adel von jeher zugesprochen waren, nämlich in die Ämter des eigentlichen Hofhalts und in die höheren Verwaltungsstellen im Lande, Fremde einzuschieben. Sie hat sich damit begnügt, nur insoweit sie Präbenden an den Domkirchen zu vergeben hatte oder hohe Geldgehalte aussetzen konnte, nicht eingeborene Räte zu berufen. Dafür haben sich die Stände erkenntlich gezeigt, so wenig sie sich den Einflufs der Räte, auf deren Vorträge sich der Herzog verlassen mufste, verheimlichen wollten [1]. Sie beschränkten sich darauf, sich ein privilegienmäfsiges Recht zur Mitwirkung bei der Auswahl der Angestellten zu verschaffen, auf das gestützt, sie allerdings nicht einmal die Annahme des untersten Küchenjungen oder der Hilfsschreiber der einzelnen Räte ohne die vorherige Befragung ihres Ausschusses duldeten.

Als in Stettin die Errichtung eines Hofgerichtes mit einem Verwalter und drei Assessoren in Angriff genommen wurde, verschlossen sich die Landräte nicht der Erwägung, dafs es besser sei, den Direktor und einen der Assessoren „vornehmlich der Verwandschaft halben" nicht aus der Mitte der Ritterschaft zu wählen. Sie gewährten dem ersten Verwalter Werner Eiser neben einem überreichen Deputat, freier Wohnung und der Hälfte aller Gerichts- und Prozefsgefälle ein Jahrgehalt von 800 Gulden, nur um ihn zur Annahme des Amtes zu bewegen [2]. Und doch räumten sie mit der Berufung zweier Ausländer dem Fürsten das Übergewicht im Hofgerichte ein; denn wenngleich die Räte von Haus aus zur Entscheidung jeder wichtigeren Rechtssache hinzugezogen werden mufsten, so wird die Entscheidung wohl trotzdem in den meisten Fällen bei den gelehrten ständigen Räten, welche die Sache vorbereiteten und vortrugen, gelegen haben, und unter diesen gaben den Ausschlag die Fremden. Auch ist es demgegenüber kein Zeichen ständischer Übermacht, wenn die Herzöge sogar die Kanzlei und Landrentmeisterei fast stets einem Vasallen anvertrauten; hat doch niemand Philipp I. näher gestanden als Jost von Devitz, niemand ihm treuer gedient als Jakob von Zitzevitz, niemand sich der absolutistischen Politik Johann Friedrichs so eng und erfolgreich verbunden als der angesehenste Adlige seines Landes, Graf Ludwig von Eberstein. Überhaupt ist Pommern, von den letzten fünfzehn Jahren der Regierung Johann Friedrichs abgesehen, kein Land der erbitterten, alles und jedes berührenden Kämpfe zwischen den beiden mafsgebenden Gewalten gewesen; vielmehr lagen die Verhältnisse meist so, dafs keine

[1] Medem 196.
[2] Die Akten Stettin 1569, St. T. 79 Nr. 7g f. 160 und 170 ff.

Partei ihre Ansprüche bis zum Unmöglichwerden jeder Vereinbarung durchzuführen suchte, und der Losbruch eines Prinzipienstreites immer wieder vermieden wurde.

Um so entschiedeneren Widerstand haben die Herzöge bei ihren Versuchen zur Regelung der Arbeitsweise teils bei den Ständen, teils bei den Beamten gefunden, und zwar sowohl in den Fällen, wo sie auf eine klare, genügende Verteilung der Geschäfte hinwirkten, als in denjenigen, welche eine Überwachung der Thätigkeit des einzelnen Angestellten bezweckten.

Gleich einer ausreichenden Vermehrung der in der Centralverwaltung Beschäftigten widersetzten sich die Stände, obwohl die Möglichkeit einer Arbeitsteilung und damit einer fachmännischen, sicheren Geschäftsbehandlung darauf beruhte. Sie wollten nicht einsehen, dafs die alte Zeit gewichen war und die neue für ihren soviel umfassenderen Wirkungskreis einen ungleich gröfseren und regelmäfsiger arbeitenden Beamtenapparat brauchte. Vergeblich hielt die Regierung 1560 der Landschaft vor, dafs von den vielen Räten, welche die Hofordnung aufzählte, auch im günstigsten Falle nur fünf als solche zu verwenden wären, weil vier von den stets im Dienste befindlichen durch den Hofdienst nahezu ganz in Anspruch genommen würden, die Räte von Haus aus aber, je glatter der Gang der Verwaltung sich vollziehen sollte, desto weniger in ihn einzugreifen vermöchten. Die Stände, mifstrauisch gegenüber den Gesinnungen selbst der adligen Hofräte, hielten an den Räten von Haus aus fest, denen sie, um ihre Bedeutungslosigkeit zu verschleiern, jährliche Besoldungen zusicherten [1]. Die Herzöge haben sich freilich ebensowenig um die Landräte als um die Vorschriften der Hofordnungen viel gekümmert und sich häufig dadurch zu helfen gesucht, dafs sie die aus höheren Ämtern ausscheidenden Beamten als einfache Räte weiterführten; aber keineswegs genügte die Anzahl der wirklich im Dienste der Regierung verwendbaren Arbeitskräfte, um die Geschäfte systematisch und mit Sachkenntnis zu erledigen, schon deshalb nicht, weil man aus Rücksicht auf die Qualität der Beamten von dem Kollegialitätssysteme nicht abweichen durfte.

Gar nicht so selten kam es vor, dafs der Herzog nicht an die Steuerregister und seine Kasse gelangen konnte, da sein einziger Finanzbeamter über Land war und die Schlüssel mitgenommen hatte [2]. Oft genug mufste die Regierung völlig ruhen, weil auch nicht ein einziger Rat am Sitze der Kanzlei anwesend war. Wurde sie gleich geführt, so konnten die fünf Räte dennoch unmöglich zugleich die innere und auswärtige Politik leiten und der Kanzlei- und Lehenssachen warten, zugleich sich zur Visitation der Ämter, Kirchen und Schulen schicken und am

[1] Ein Beispiel St. T. 79 Nr. 7 f. 100.

[2] Medem 142 und 205, zweimal in zwei Jahren.

Hofe der fürstlichen Familie und ihren Gästen Ehrendienste leisten; zugleich in dieser prozeſssüchtigen Zeit den schleppenden Gerichtsgang beeilen und mit den Hofbeamten eine haushälterische Verwaltung der zerrütteten Finanzen überlegen.

Es änderte daran auch nichts, daſs jeder Rat seinen „Jungen", die Kanzlei auſserdem eine Anzahl Sekretäre hatte, da der Herzog nicht einmal diesen einen besonderen Verwaltungszweig zur Bearbeitung zuzuweisen vermochte, sodaſs die Neueingetretenen von einem Tisch zum andern „schlungeln gingen", um hier und da ein Brieflein zum Abkopieren zu erhalten [1]. Es lag daher in ihrer Anwesenheit fast allein die Aufforderung an ihre Vorgesetzten, anstatt sie zu der so notwendigen Mitarbeit heranzuziehen, einen möglichst groſsen Teil der eigenen Pflichten auf ihre Schultern abzuwälzen.

Denn faule Patres, wie sie Sastrow nennt, waren die pommerschen Beamten im sechzehnten Jahrhundert nun einmal zum gröſsten Teile; mehr noch als an ihrer geringen Anzahl lag der ungeordnete Geschäftsgang an den Eigenschaften ihres Charakters und Geistes. Der Kanzler Zitzevitz klagte dem pommerschen Sollicitator in Speier recht bitter, daſs er es den Räten schon häufig mit groben Worten gesagt habe, wie nachlässig und unfleiſsig sie mit den Sachen umgingen; und ganz verzweifelt schrieb sein Nachfolger Falk, der Kanzler vermöchte doch unmöglich alles persönlich zu erledigen. Dabei fehlten einzelnen Beamten wie dem Hofmarschall Plate, der schwerhörig war und nur kümmerlich lesen und schreiben konnte, und seinem Untermarschall Datenberg, den Sastrow schlankweg als Idioten charakterisiert, die Fähigkeiten, ihre Stellung auszufüllen, völlig. Auch besaſsen sie ausnahmslos zu wenig Gemeinschaftsgefühl, als daſs sie einander bei Arbeitsüberbürdung ausgeholfen hätten. Vor allem trat da der Gegensatz zwischen Adligen und Bürgerlichen in den Vordergrund; selbst ein so einfacher, bescheidener Mann wie Jakob Zitzevitz fand es unerträglich, eines Bürgerlichen Talente rühmen zu hören; wie so viele pommersche Adlige schrieb auch er Begabung und Leistungsfähigkeit eines Mannes ausschlieſslich der Geburt zu. Ohne Aufhören arbeiteten in diesem Kreise Verleumdung und Lüge gegeneinander. So weit ging die gegenseitige Verachtung sogar unter den niederen Beamten, daſs die beiden ersten Sekretäre der Wolgaster Kanzlei den ebeneingetretenen Valentin von Eickstädt, obwohl er der Sproſs eines der edelsten Geschlechter war, nicht an ihrem Tische speisen lieſsen, und der spätere Kanzler sich zu den Knechten setzen muſste [2].

---

[1] Sastrow II, 5. Bestallung des Kammerschreibers Sellentin 1630 XI. 22., Bohlen, Mscr. 626 f. 18. Derselbe beklagt sich 1635 III. 16.: „Eſs geben mir E. F. G. Herren Räthe fast sämptlich — der andern Furstlichen Hoff Officirern zugeschweigen — zu thun und zu schreiben."

[2] Sastrow II, 619, 655, 632 f., III, 52, II, 95 und 5.

Es scheint fast, als hätten die Stände zunächst, weil die Masse der Geschäfte noch nicht derart war, daſs sie umfangreichere Reformen geradezu erzwang, die Qualität der Beamten für die einzige Ursache aller Mängel in der Amtsführung angesehen; noch hofften sie ihr durch eine scharfe Überwachung der Angestellten wirksam begegnen und kostspieligere Mittel vorläufig auſser Acht lassen zu können. Sie verboten wahrscheinlich schon frühe aufs strengste, Akten in die eigene Wohnung mitzunehmen, das Recht des Siegelns unrechtmäſsig zu gebrauchen, wichtigere Schriftstücke zu erledigen, ehe die vorgesetzten oder beigeordneten Beamten oder der Herzog selbst sie gelesen hatten [1]. Überhaupt hielt man daran fest, daſs die Beschluſsfassung über alle Ein- und Ausläufe nicht einem einzelnen Rate oblag. So oft die Visitation der Ämter oder der Kirchen und Schulen vorgenommen werden sollte, zogen die Räte zu dreien oder zu vieren aus; so oft der zu einem Amt besonders Beauftragte die Vorbereitungen getroffen hatte, traten ihm zur Nachprüfung und Beratung seine sämtlichen oder mehrere Kollegen zur Seite. Nicht genug damit, behielt sich der Herzog das Recht der Exekutive zumal bei Pfändung oder Verhaftung völlig vor, so daſs ohne seinen Sonderbefehl auch der Kanzler nichts zu thun vermochte [2].

Nur fragt es sich, inwieweit die Beamten sich an solcherlei Vorschriften gebunden haben und bei ihrer geringen Anzahl binden konnten; insbesondere zeigte es sich auf der Stelle, daſs die notwendigsten Vorbedingungen einer genügenden Überwachung fehlten. Es hätte doch vor allen Dingen darauf ankommen müssen, den Beamten zur raschen und guten Erledigung seines Arbeitspensums anzuhalten; aber grade davon konnte keine Rede sein, solange er nicht auf eine genau bestimmte Thätigkeit angewiesen und verpflichtet wurde und die Möglichkeit hatte, sich ihr regelmäſsig zu widmen. Dazu hätte es einer weitgehenden Arbeitsteilung bedurft, zu deren Durchführung in der Centralverwaltung es noch an allem mangelte. In dieser Erkenntnis schickte man sich nun doch zu Maſsregeln an, welche sie ermöglichen sollten. Diese gediehen wesentlich, obwohl man noch lange Jahre an der nichtssagenden Allgemeinheit der Bestallungen, welche bei breiterer und klarerer Ausführung den in den fürstlichen Dienst Aufgenommenen als Instruktionen hätten übergeben werden können, nur wenig zu ändern vermochte.

Die bedeutungsvolle Einleitung zur Verwirklichung dieser Pläne dürfte in der Hofordnung von 1541 zu sehen sein. Sie beschäftigte sich allerdings noch vorzugsweise mit der Ordnung des Hofdienstes und schob grade die wichtigsten Regierungsbe-

---

[1] Bestallung des Hofgerichtsverwalters 1636 XII. 13. Bohlen, Mscr. 626 f. 94 ff. Kanzleivorschriften in der Hofordnung 1560 f. 198.

[2] „weil wir nur Diener, das wir der Execution für unſs nicht mechtig sein," Kanzler u. Räte 1595 I. 24., W. T. 35 Nr. 3/4 f. 39.

amten in die Rubriken der Vierrosser, Zweirosser und Einrosser ein; aber sie kannte doch schon Räte, welche nicht in erster Linie zum Hofdienste berufen waren.

Darauf liefs die von den Ständen ausgearbeitete Hofordnung von 1560 den persönlichen Dienst beim Herzog für die in der Verwaltung Angestellten sehr stark zurücktreten und betonte überwiegend ihren Charakter als Staatsbeamte. Dafs sie damit gleichzeitig die hartnäckige Ablehnung jeder Vermehrung des Personals über die unbedingt nötige Anzahl verband, war für die Erprobung der in den nächsten Jahren folgenden Versuche eher segensreich als hinderlich; denn je geringer die Anzahl der verfügbaren Räte war, desto dringender wurden Mittel, welche Zeit und Kräfte sparsamer verwenden lehrten.

Allerdings versuchten es die Stände zunächst noch einmal mit einer Verteilung der Ratssitzungen über die ganze Woche hin in regelmäfsiger Wiederkehr, um dadurch einige Ordnung zu erzielen. Die Herzöge liefsen es sich gefallen, dafs der Montag für die Rechnungsablegung und Finanzsachen sowie für die politischen Angelegenheiten, der Dienstag und Freitag für die Gerichtssitzungen vorbehalten wurden. Nur machten sie darauf aufmerksam, dafs der Montag nicht immer für seine Aufgaben genügen würde; auch seien der Supplikationen gar so viele, dafs der Donnerstag vorzuziehen sei, weil die Predigt am Freitage den Sitzungen, welche von 6 bis 9 1/2 und von 1 bis 4 1/2 Uhr zu dauern pflegten, gar zu starken Abbruch thäte; so es notwendig sei, könne dann der Freitag zu den Gerichtstagen noch hinzugenommen werden[1].

Indem sie sich aber aufserdem vorbehielten, die Räte auch zu jeder anderen Zeit zusammenfordern zu lassen[2], war doch von vornherein an kein Einhalten der Ordnung zu denken, so dafs die Stände schon bald den Anforderungen der Regierung ernstere Zugeständnisse machen mufsten.

Unter Berücksichtigung des durch die Zustände gebotenen Kollegialitätssystemes kamen sie den herzoglichen Wünschen dahin entgegen, dafs sie die Zuweisung eines besonderen Kreises von Geschäften an einzelne Beamte, dessen sich dieselben vorzugsweise befleifsigen sollten, stillschweigend zuliefsen[3]. Es war das ein Schritt von nicht minderem Gewichte als der, welcher das Staatsamt vom Hofdienst getrennt hatte; denn mit ihm wurde der Grund zu den Instituten gelegt, auf denen die gesamte weitere Entwicklung der Arbeitsteilung beruhte. Vorderhand

---

[1] St. T. 79 Nr. 4 f. 30 und Hofordnung 1560 f. 185 f.

[2] Hofordnung 1560 f. 187.

[3] Die Zahl der erhaltenen Ratsbestallungen ist sehr gering (eine St. T. 79 Nr. 7 f. 80, eine Nr. 7g f. 155). Die Anfänge der Entwicklung reichen wohl in die 50ger Jahre des sechzehnten Jahrhunderts; aber greifbare Gestalt dürften die betreffenden Ideen erst in den 60ger Jahren angenommen haben.

schien es freilich, als wollte man beim Begriffe des Amtes, der einfachen und dazu noch sehr unvollkommenen Abgrenzung mehrerer Geschäftsbezirke stehen bleiben. Zugleich aber hielt man an einer Bearbeitung der Gegenstände in Kollegien fest, die ohnehin durch die Menge derselben in steigendem Maſse erzwungen wurde. Dadurch benahm man allerdings für den Augenblick dem Versuche die Möglichkeit seiner vollen Wirkung, bereitete aber dafür die Bildung eines Systemes von Behörden, die Zusammenfassung aller in einem Amte beschäftigten Personen unter allmählich strenger durchgeführter Entbindung derselben von der Mitarbeit in den übrigen Ämtern vor, ohne eine völlige Entfremdung zwischen den einzelnen Mitgliedern der Regierung eintreten zu lassen. Gewiſs lag der Abschluſs dieser Entwicklung noch in sehr weiter Ferne, weil eine Anzahl dem Zeitalter mangelnder geistiger Faktoren zu seiner Erreichung mitwirken muſste; auch zögerten bald die Stände, bald die Herzöge aus Rücksichten auf den Kostenpunkt noch eine Zeitlang, auch nur die allmähliche Weiterbildung des Begonnenen zu fördern. Wie rasch aber jetzt allen Hindernissen zum Trotz ein Schritt den anderen nach sich zog, bewies das Gelingen eines noch im Stadium der bloſs vorzugsweisen Beschäftigung der Beamten in einem Amte gemachten Versuches der Herzöge, rein auf dem Verordnungswege die Landrentmeisterei als selbständige Finanzbehörde zu konstituieren. Er befreite nicht nur den sie leitenden Rat nahezu völlig von allen anderen Aufträgen, sondern stellte auch, was bis dahin niemals auch nur angeregt worden war, einen der Kanzleisekretäre allein zu seiner Verfügung bereit. Schon die Hofordnung von 1560, welche im übrigen von Behörden und selbst von der vorzugsweisen Beschäftigung kaum etwas weiſs, nahm die Einrichtung der Finanzbehörde als eine gleichsam selbstverständliche, nicht abzuändernde Thatsache hin, welche sich möglicherweise noch vor 1550, jedenfalls nicht lange darnach vollzogen hatte.

Ein Jahrzehnt später waren dem Prinzipe der Arbeitsteilung bereits weit durchgreifendere Zugeständnisse gemacht worden. Hatten sich die beiden gesetzgebenden Gewalten dabei gleich ausschlieſslich von selbstsüchtigen Gesichtspunkten bestimmen lassen, so that das der Wirkung wenigstens vorläufig noch keinen Eintrag.

Die Mehrzahl der Steuern nahmen die Stände in ihre eigene Verwaltung. Sie bildeten in jedem Landesteil ein Hofgericht mit eigenen besoldeten Richtern; die kirchlichen Angelegenheiten wiesen sie drei Konsistorien zu, so daſs die Kanzlei mit ihren Räten als Ressort nahezu nur noch die politischen Angelegenheiten behielt, da auch die Kammerverwaltung thatsächlich selbständig war. Nur war von dem Beschlusse noch ein weiter Weg zur Ausführung; mit der vollen Besetzung der verschiedenen Behörden wurde kaum jemals Ernst gemacht. So klar auch die

Gerichtsordnung versprochen hatte, die Beamten des Hofgerichts mit keinen andern Ämtern, Diensten und Geschäften zu beladen, so legte Bogislav XIV. trotzdem selbst dem Hofgerichtsdirektor Matthias Krockow, als er ihn 1636 bestellte, auf zu thun, „auch was wir ihme sonsten in unseren fürfallenden eigenen Kammer-, Judicial- und anderen Sachen befehlen werden“ [1].

Es liegt darin keineswegs ein Vorwurf für Herzöge und Stände; ihren Vorstellungen widersprach es ganz und gar, dafs ihr Kanzler und seine Räte nicht beim Gerichte mitwirken, die Gerichtsbeamten nicht in der Kanzlei aushelfen sollten. Von jeher hatte ihre Centralverwaltung ihren Hauptzweck in der Rechtsprechung gehabt; der anderen staatlichen Aufgaben waren bis tief ins sechzehnte Jahrhundert so wenige gewesen, dafs sie von den Räten des Hofgerichts gleichsam nur mitversehen wurden. Es hatte vor allen Dingen die Kanzlei niemals eine selbständige Bedeutung gehabt, sondern war nur zur Erledigung des rasch anwachsenden Schreibwerks ins Leben gerufen worden; und jetzt war sie in den Mittelpunkt der gesamten Verwaltung gestellt, das Hofgericht und die Landrentmeisterei waren von ihr losgetrennt und als einfache Nebenbehörden konstituiert worden [2].

Eben um dieser Vorstellungen von der Kanzlei willen vollzogen sich die einer späteren Zeit am selbstverständlichsten dünkenden Einrichtungen fast am schwierigsten. Die Trennung der Arbeitsräume und Verteilung der Unterbeamten ist niemals systematisch in Angriff genommen worden; die Landrentmeisterei hatte zwar ihren eigenen, nur in ihr verwendeten Sekretär, teilte aber ihr Arbeitszimmer mit den Kanzleibeamten, während umgekehrt das Hofgericht zwar seine eigene Stube besafs, aber seine Schreiber auch mit anderen Geschäften beladen lassen mufste. Die Fortschritte waren trotzdem so unzweifelhafte, dafs die Bestallungen bis zum dreifsigjährigen Kriege eine wohlbegründete Länge erlangten und eher an zu weitem Verlieren in Einzelheiten als an zu unbestimmtem Ausdruck litten.

Und doch fehlte es überall an einem Abschlufs, an Klarheit wie an der frohen Gewifsheit eines wirklich erreichten Zieles; denn mochten sich gleich die Herzöge und die Stände genügend um es gemüht haben, die gewollte Ausbildung der Ämter konnte doch nicht so sehr von oben herab diktiert werden, sondern wollte von innen heraus errungen und erobert werden. Der Trieb aber, welcher die Behörden hätte beseelen müssen, sich selbst ihren Wirkungskreis zu gestalten, war in dieser trägen und energielosen Beamtenmasse noch nicht erwacht; von irgend welchen Kompetenzkämpfen scheint keine Spur hinterblieben zu sein.

---

[1] Bestallung 1636 XII. 13., Bohlen, Mscr. 626 f. 94.

[2] Die Erbeinigung 1569 scheidet schon zwischen Akten der Kanzlei und der Rentmeisterei; Dähnert I, 306.

Weit greller noch trat der hindernde Einfluſs des Beamtentums in den Fällen hervor, in welchen es sich darum handelte, den Angestellten die Möglichkeit und den Wunsch einer unrechtmäſsigen Bereicherung zu benehmen, um sie durch die Erhebung auf eine sittlich höhere Stufe zur Zurückstellung der egoistischen Motive und zur Wahrung des Staatsinteresses anzueifern. Weil das Schicksal dieser Absichten von der Mitwirkung der Beamten selbst abhing, so kam alles darauf an, ob sie auf ihre niedrige Auffassung von ihrer Stellung als einer reinen Erwerbsquelle verzichten würden oder nicht; eben dazu waren sie nicht zu bringen.

Bei den auf die Berufung unabhängiger Beamter und die Ordnung der Staatsverwaltung zielenden Plänen waren es zuweilen die Stände und der Herzog gewesen, welche sich aus finanziellen Bedenken von der Verwirklichung ihrer Gedanken hatten zurückhalten lassen, wie sie sich denn durch Jahrzehnte unaufhörlich stritten, wer von ihnen den Nutzen einer geregelten Rechtspflege ausgiebiger empfände, damit der Teil ihre Kosten trage. Die Vorschriften dagegen, welche die Möglichkeiten verbotener Selbstbereicherung forträumen sollten, wurden von den Gesetzgebern strenge beobachtet, scheiterten aber an dem erbitterten Widerstande des erwerbsgierigen Beamtentums so vollständig, daſs der in allen Fällen sich mehr oder minder bemerklich machende Gegensatz zwischen der klaren Erkenntnis dessen, was notwendig geschehen muſste, und demjenigen, was wirklich geschah, nirgends so deutlich hervortrat, als bei diesen das Einkommen der Beamten berührenden Absichten.

Solange freilich eine Förderung zu erwarten stand, gedieh alles aufs beste. Sehr häufig machte sich der Wunsch geltend, bewährte Diener möglichst lange an ihr Amt zu fesseln, so daſs nicht wenige als Kanzler und Marschälle gestorben sind, welche in ihrer Jugend als Sekretäre und Edelknaben die niedrigsten Aufträge hatten vollziehen müssen [1]; insbesondere zwangen die Bedürfnisse des Hofgerichtes dazu, eine gewisse Stufenfolge der Amtsstellen auszubilden.

Man sparte nicht am Gelde, um eine Verpflichtung auf zehn oder zwölf Jahre durchzusetzen, nur ungern ging man Verträge auf zwei oder drei Jahre ein, im Durchschnitt wurden sechs bis acht Jahre vereinbart. Während im Laufe der vertragsmäſsig festgelegten Zeit Amtsentsetzung nur bei unchristlichem Leben und Ungehorsam gegen die herzoglichen Befehle [2] und Entlassung nur auf Betreiben der ständischen Reformaus-

---

[1] Es gehörte wohl in die Reihe dieser Bemühungen, daſs die Regierung verheiratete Beamte höher besoldete als unverheiratete, weil die verheirateten seſshafter waren.

[2] Angedroht z. B. in der Erbvereinigung 1569, Dähnert I, 265 f., Hofordnung 1624 IV. 23.

schüsse[1] möglich gewesen zu sein scheint, sollte die Kündigung auch beim Ablauf der Vertragsfrist meist ein halbes, nicht selten ein ganzes Jahr zuvor erfolgen. Nur die unteren Beamten, von deren Wünschen die Regierung unabhängiger war, wurden ohne bestimmte Dauer des Vertrages auf augenblickliche Dienstentlassung angestellt. Vertraute Leute zeichnete die Regierung durch Verleihung von Lehen oder für den Fall, daſs der Vater starb oder arbeitsunfähig wurde, durch die Sicherstellung ihrer Familie aus[2].

Doch setzten sich die Herzöge wie in allem so auch hier keine Grenzen. Wie viele Beamten erhielten ein Gnadengeld, das ihr Gehalt um ein vielfaches überstieg[3]. Über all den zahlreichen und so berechtigten Klagen, daſs sie einer Vermehrung der vorhandenen Amtsstellen bedürften, häuften sie auf ihre Günstlinge um deren Einnahmen willen Amt über Amt. Mit der gröſsten Offenheit sagte es Barnim einmal, daſs er dem Grafen Eberstein das Satziger Amt zur „mehreren Erstattung" seiner am Hofe geleisteten Dienste verleihe[4]. Man erstaunt, daſs Hans Heinrich von Flemming, als er im Jahre 1622 starb, Dekan des Kamminer Domkapitels, Erblandmarschall, Direktor des Landkastens zu Stargard, Hofrat, Landvogt zu Stolp, Schlawe und Greifenberg, Hauptmann zu Kolbatz und Belgard, Oberhauptmann zu Wolgast, daneben auch brandenburgischer Geheim-, Hof-, Kammer- und Konsistorialrat war[5].

Schon 1560 hatte die Landschaft, damit der Amtsträger seine Kraft wenngleich nicht einem einzigen Amte, so doch zum mindesten nur seinem Staate zuwandte, den Hofräten in ihre Pflicht gebunden, daſs sie sich mit fremden oder ihrer Freunde Sachen nicht belüden. Um sie insbesondere am Dienste bei auswärtigen Mächten zu hindern, gebot sie ihnen, nicht ohne Urlaub zu verreisen, und fügte die Warnung hinzu, bei Ausbleiben über die gewährte Zeit hinaus ihnen Gehalt und Futterspesen zu entziehen[6]. Als aber 1570 sogar der Stettiner Kanzler als Rat von Haus aus in den Dienst des polnischen Königs zu treten wünschte, wagte es ihm Barnim dennoch nicht zu verwehren; er legte ihm nur ans Herz, die Sachen, welche das fürstliche Haus zu Pommern und das Reich beträfen, in der Bestallung auszunehmen[7].

---

[1] 1560 verfügten die Stände zahlreiche Entlassungen und Gehaltsbeschränkungen, St. T. 79 Nr. 7[b] v. I.

[2] S. S. 57 Anm. 2.; für Witwenversorgung St. T. 97 Nr. 115 f. 18.

[3] Die Herzöge wurden mit Bittgesuchen derart überlaufen, daſs die Landräte ihre Einreichung 1559 verbieten, höchstens ihren Vortrag in Gegenwart sämtlicher Räte dulden wollten; St. T. 79 Nr. 4 f. 12 u. f. 148.

[4] 1566 VII. 5., St. T. 79 Nr. 7 f. 7.

[5] B. St. XXVIII, 77.

[6] Bedenken St. T. 79 Nr. 4 f. 12, wo genaues Kontrollsystem vorgeschlagen.

[7] St. T. 79 Nr. 7 f. 311 ff.

Ebenso vergeblich hatte die Hofordnung die richterlichen Beamten mit Landesverweisung und Gütereinziehung bedroht, wenn sie zugleich die Geschäfte der Parteien führen oder sich an einer Gerichtsverhandlung, die Verwandte von ihnen belangte, beteiligen würden [1].

Dafs nun die Beamten derartige Vorschriften ihrer Bestallung immer wieder übertraten, lag doch nicht allein an ihrer Gewinnsucht; denn auf der einen Seite stellte die Regierung die Mehrzahl von ihnen nicht so sicher, dafs sie ihr Auskommen haben konnte, auf der anderen reizte sie durch die Art der Besoldung fortwährend zum Betruge.

Die niederen Beamten erhielten ausnahmslos nicht viel festes Gehalt und waren alle auf Gnadengelder oder auf Nebenverdienste, die zumal für die in Küche und Keller Beschäftigten sehr einträglich sein konnten, angewiesen [2], so dafs selbst der Stettiner Landrentmeister noch 1634 nur 25 Gulden bezog. Für die höheren Beamten waren allerdings auch die Geldbesoldungen nicht gering; der Hofgerichtsverwalter hatte 1569 800, einer seiner Assessoren 600 Gulden; dem Kanzler Otto gewährte Johann Friedrich 1572 200 Thaler, den Räten versprach man jährlich 150 bis 200 Gulden; nur wurden sie nicht regelmäfsig ausbezahlt [3].

Der Grund dieser argen Mifsstände darf nicht allein in der mangelhaften Geldwirtschaft und der ungeordneten Kassenverwaltung der deutschen Territorien gesucht werden. Hätte die Regierung dem Sportelwesen ein Ende machen und die Gebühren ganz in ihre Kasse ziehen können, so wäre die Möglichkeit einer weit höheren Geldbesoldung gegeben gewesen; aber ihre Versuche sind am Widerstande der Beamten gescheitert, welche ihrer Einkünfte sicherer waren, wenn sie nicht erst in die Schatulle des Fürsten gingen. Auch haben sich die Herzöge bei dem Ansatz der Abfindungssummen viel zu engherzig bewiesen, um wirklichen Erfolg erhoffen zu dürfen. Der Hausrentmeister im Amte Stettin, welcher nur 15 Gulden Gehalt erhielt, hatte aus dem Verkauf von Accidentalien angeblich in jedem Jahre bis zu 600 Gulden Nebeneinnahmen erzielt. Dafür wollte ihm die Regierung bei der um das Jahr 1600 wahrscheinlich geplanten Beseitigung des Sportelwesens nur 25 Gulden jährliche Entschädigung gewähren [4].

Trotz der bösen Erfahrungen machte die Regierung um 1620

---

[1] Hofordnung 1560 f. 184.

[2] Der Kammerschreiber Sellentin klagt 1635 III. 16.: er habe soviel zu thun, dafs er nur selten „im Fürstlichen Archivo oder in der Hoffgerichts Canzley ein Fürstlich Mandat in Parteyen Sachen schreiben und dafür ein par ß bekommen könne;“ Bohlen, Mscr. 626 f. 16.

[3] Paulus von Rhoda hielt 1535, also in noch wohlfeiler Zeit, ein Stadtgeistlichengehalt von 50—80 Gulden für auskömmlich, Medem 249 ff.

[4] Hausrentmeister Brofs Mandelkow, St. T. 79 Nr. 81 f. 158.

den Versuch, eine feste und genügende Geldbesoldung allgemein einzuführen und die Naturalienlöhnung ganz zu beseitigen, indem sie einen genauen, scheinbar nicht erhaltenen Tarif für Kost-, Wein- und Kleidungsgelder aufstellte, nach welchem sie die einzelnen Bestallungen regulierte [1]. Bogislav XIV. konnte bereits beim Erlafs der Hofordnung vom 23. April 1624 davon sprechen, dafs der Mehrheit seiner Hofdiener ein monatliches Kostgeld gegeben werde, und er nur daran sei, das Begonnene systematisch durchzuführen.

Vordem hatte die Verwaltung, man kann nicht grade sagen, nicht daran gedacht, sondern eher, den Gedanken von vornherein verworfen, ihre Räte und deren Unterbeamte auf bestimmte Deputate zu stellen [2], obwohl sie zu unzähligen Malen versucht hatte, die ins ungeheuerliche wachsenden Kosten des Hofhaltes zu vermindern. Und doch hing das Gelingen der Versuche weit weniger von der Einschränkung des Prunkes selbst, als von der Verringerung der an dem Prunke teilnehmenden Personen ab. Was noch zu Bogislavs X. Zeiten, unter welchem Centralverwaltung und Hofdienst wegen der geringen Anzahl der dazu nötigen Beamten kaum getrennt wurde, angemessen und durchführbar war, behielten seine Nachfolger trotz der den Hofhaushalt zerstörenden Wirkungen bei: all die Räte mit den gesamten Unterbeamten, aber auch all die Handwerker, welche für den herzoglichen Hof arbeiteten, speisten neben den zum persönlichen Dienst bei der herzoglichen Familie befohlenen Adligen und Dienern — oft zweihundert und mehr Personen — am Hofe. Nur die Arbeitsleute und Tagelöhner wollten die Landräte 1560, soviel es geschehen könnte, auf eigene Kost oder gewisse Deputate dingen lassen [3].

Als nun sechs Jahrzehnte später ein Umschwung voll seltener Klarheit und Schärfe des Prinzips in der Regierung zum Durchbruch kam, da waren es wieder die Beamten, welche nach einigen Jahren des Versuchens von dem Verzichte auf ihren freien Tisch am Hofe nichts mehr wissen wollten. Sie zwangen den Herzog nachzugeben, so dafs die Auswahl vorwiegend in das Belieben des Einzelnen gestellt werden mufste, ob er es vorziehe, an der fürstlichen Tafel zu speisen oder die tarifmäfsigen Gelder zu empfangen. Und so erhielt sich denn jenes merkwürdige, ekle Treiben, von welchem die Hofordnungen des sechzehnten und siebzehnten Jahrhunderts ein so anschauliches Bild zu geben vermögen.

Nachdem alle Angestellten im Sommer von sechs, im Winter von sieben Uhr ab in Thätigkeit gewesen waren, nach einer

---

[1] Ausgenommen blieben davon die „Junker," die eigentlichen Hofbeamten.

[2] Randnoten der Hofordnung 1560 deuten darauf hin.

[3] Hofordnung 1560 f. 217.

hartherzigen Bestimmung des siebzehnten Jahrhunderts sogar mit nüchternem Magen, rief sie ein Trompetenstoſs des Vormittags um zehn Uhr zur Hauptmahlzeit und um fünf wieder zum Abendbrote zusammen. Auf ein Zeichen des Hofmarschalls, dessen Befehlen ein jeder am Hofe bei Prügel- oder Gefängnisstrafe gehorchen muſste, sprach der Hofprediger oder sein Gehilfe das Tischgebet. Ruhig sollte der einzelne seinen Platz einnehmen, gebührlich essen und nach erneutem Gebete sich wieder an sein Geschäft begeben. Je nach der Anzahl der Gänge, welche einem jeden serviert wurden, waren die Mitspeisenden an die Tische des Herzogs, der Frauenzimmer, der Kanzlei, der Junker und der Knechte verteilt, welche in verschiedenen Sälen gedeckt waren.

Doch war von Ruhe und gebührlichem Benehmen nicht die Rede. Immer wieder erhob sich die Klage, daſs die Herren ihre Hunde mitbrächten und das Bier auf dem Boden vergössen, daſs die Jungen mit den Fleischknochen nacheinander würfen, und ein gar so groſs Schreien und Raufen bei der Mahlzeit wäre. Es wird wohl nur selten bei den drei Bechern Weines geblieben sein, welche die Hofordnungen des noch wein- und geldreicheren sechzehnten Jahrhunderts ohne nähere Angaben über die Gröſse der Trinkgefäſse den herzoglichen Räten beim Speisen gestatteten. Auch dürfte es nicht allein an dem Mangel der Messer und Gabeln gelegen haben, daſs der Silberknecht für die Räte Mund- und Tischtücher zum mindesten dreimal in der Woche wechseln muſste, und selbst für die anderen Tische ihm ein einmaliger Wechsel freigestellt wurde. Mit tiefer Betrübnis führten die Landräte 1559 Barnim zu Gemüte, daſs die entsetzlichsten Laster grade an den Höfen überhand nähmen, und daſs die Missethäter sich ihrer Schandthaten gar noch rühmten und sie eines sonderlichen Lobes wert erachteten.

Entschiedenen Widerstand fanden die Herzöge, als sie befahlen, die Entnahme von Eſswaren und Getränken aus der fürstlichen Wirtschaft auf die vorgeschriebenen Mahlzeiten und den eigenen Hunger zu beschränken. Vielleicht noch die meiste Aussicht auf Erfolg hatte das Verbot, fremde Personen nicht ohne die Erlaubnis des Oberhofmarschalls an den herzoglichen Tisch zu laden; ganz vergeblich aber war es, das Mitnehmen von Lebensmitteln in die eigenen Wohnungen zu verbieten. In der Küche wurden immer wieder „Winkelspinde“ entdeckt. Mochten die Thore der Hofburg während der Mahlzeiten gleich noch so fest verrammelt und ihre Schlüssel unterdessen von dem Hofmarschall noch so sicher verwahrt werden, des „Abschleppens“ der Speisen und des Hereinlassens „verdächtiger“ Personen war dennoch kein Ende. So hohe Deputate auch die verheirateten Beamten über ihr vereinbartes Gehalt hinaus für ihre Familien erhielten, so hohe Besoldungen man auch einzelnen bewilligte, sie miſsbrauchten trotzdem ihr Hausrecht am Hofe aufs ärgste. Es ist hier nicht die Frage, ob diese Männer nun auch ausnahmslos aufs schimpflichste als unmoralisch verurteilt werden sollen; denn darüber können auch die im Predigertone des sechzehnten Jahrhunderts gehaltenen Hofordnungen nicht hinwegtäuschen, dafs der allseitige, zum Nutzen von Familie und Freundschaft mehr oder minder offen geübte Diebstahl an dem herzoglichen Gute von niemandem als ein besonders schweres Unrecht empfunden wurde, vielmehr, um das Wort eines späteren Historikers zu gebrauchen, ein gut Stück ordentlichen Weltlaufes dabei war. Nur darauf kommt es an, dafs ein derartiges System, mochte es gedacht sein, wie immer es wollte, den Ruin der Staatsfinanzen und damit des gesamten Staatswesens herbeiführen mufste. Es kann kein Zweifel sein: solange nicht durch die Beseitigung des Sportelwesens und des freien Tisches den Beamten die Möglichkeit ihres vom Standpunkte des Staatsinteresses aus unbedingt verwerflichen Egoismus unterbunden war, konnten auch all die kleinen Mittel, welche durch Herbeiziehung sachkundiger Berufsbeamter und Erleichterung und planmäfsigere Erledigung der Arbeitsmasse die Verwaltung auf eine höhere Stufe heben sollten, den erhofften Erfolg nicht erreichen.

Vielleicht dürfte daher eine auf Grund der Bestallungen und Hofordnungen entworfene Skizze der Zusammensetzung und des Pflichtenkreises der einzelnen Behörden, wie sie nunmehr versucht werden soll, die Vorstellungen von dem Zustande der Centralverwaltung jener Jahre eher verwirren als fördern, weil sie die Linien notgedrungen schärfer ziehen mufs, als sie thatsächlich waren. Immerhin mag der Versuch insofern von Interesse sein, als in der mit der Zeit eingehender gewordenen Fassung der Formulare eine Vorarbeit geliefert wurde, auf welcher ein späteres Jahrhundert sein System mit Glück erbauen konnte.

Die einzelnen Centralbehörden.

Ursprünglich gab es am pommerschen Hofe in der Theorie nur ein grofses, vorerst zur Rechtsprechung berufenes Ratskollegium, dessen Gesamtheit alle Regierungsgeschäfte unterstellt waren. In der That hatten sich aber schon unter Bogislav X. zwei Behörden, die Hof- sowie die Gerichts- und Kanzleiverwaltung mehr und mehr vorbereitet, neben die wahrscheinlich von 1535 ab durch Teilung der Kanzleiverwaltung allmählich eine neue dritte Behörde für die Finanzen trat; in diese drei Behörden wurden die Räte zwar noch nicht zur ausschliefslichen, aber doch zur vorzugsweisen Thätigkeit in einer von ihnen verteilt. Daneben errichtete die Landschaft die Landkasten der Steuerverwaltung, welche als vornehmlich ständische Behörden aus der Regierung ausschieden. In den sechziger Jahren vollzog sich auch die Scheidung zwischen Kanzlei und Hofgericht und damit die Entwicklung der Kanzlei zu einer eigenen, mit einem selbständigen Geschäftskreise ausgestatteten Behörde, infolgedessen 1569 besondere Hofgerichte und im Anschlusse an sie die seit 1563 geplanten Konsistorien eingerichtet wurden. So bestand um das Jahr 1570 die Centralverwaltung eines jeden Ortes aus fünf Behörden: aus der Hofverwaltung, der Kanzlei, dem Hofgericht, dem oder den Konsistorien und der Landrentmeisterei, von welcher als ständische sechste Behörde der Landkasten abgezweigt war.

Bei dem Umfange, welchen der fürstliche Hofhalt angenommen hatte, war eine Teilung der wichtigsten Hofämter von nöten gewesen, ohne daſs an der alten Sitte, alle Ämter des Hofhalts mit dem einheimischen Adel zu besetzen, gerüttelt worden wäre. Die Erbämter, welche Karl IV. Barnim dem Groſsen gestattet hatte, traten natürlich nur bei besonderen Gelegenheiten in Wirksamkeit [1].

Der Hofmarschall war zum Oberhofmarschall geworden, welcher mit der Gesamtaufsicht über den Haushalt und das Ceremoniell die Fürsorge für den herzoglichen und den Tisch der Räte und für die Gäste verband; auch hatte er, was ihm bei den ungünstigen Verkehrsverhältnissen eine der schwersten Sorgen war, den Vorratsbedarf der Ständetage zu berechnen und zusammen zu bringen [2]. Nicht weniger stark wurde er zu politischen Geschäften herangezogen, wie er denn der Leiter der Landtage und der landschaftlichen Ausschüsse war. Die Scheidung von Hof- und Regierungsdienst wurde an seinem Amte vielleicht am langsamsten und unvollkommensten bewirkt. Es blieb noch lange Jahrzehnte hindurch das politisch bedeutendste Amt, dem gegenüber das Kanzleramt eine mehr untergeordnete Stellung einnahm. Daher ruhte die Hauptlast der Verwaltung wahrscheinlich auf den Schultern des Hausmarschalls, welcher als besonderes Decernat den Rittertisch und den Marstall unter sich hatte. Des öfteren half wohl auch der Schloſshauptmann aus. Der Futtermeister, des Hausmarschalls Vertreter, so oft er abwesend war, und der Stallmeister unterstützten ihn bei der Aufsicht über den stets sehr umfangreichen Marstall. In den herzoglichen Wirtschaftsräumen traten ihm der Küchenmeister, welcher mit der Leitung des auſserordentlich zahlreichen Küchenpersonals und der eigentlichen Wirtschaftsführung betraut war, aber nicht selbst kochte [3], sowie der Kellermeister zur Seite, welcher bei der starken Vorliebe jener Zeiten für einen guten Trunk kein müheloses Amt verwaltete und trotz aller Vorschriften der Hofordnungen gewiſs

---

[1] Levezow: Von den Erbhofämtern in Pommern, Stettin 1784 bringt unvollständige Nachrichten.

[2] Uekermündischer Abscheid 1549 I. 14., St. T. 94 Nr. 13 f. 47.

[3] Eine Mundkochsbestallung 1636 VIII. 8., Bohlen, Mscr. 626 f. 90 verrät groſse Furcht vor Giften.

nur selten des Abends um neun Uhr zum Schliefsen seines Herrschaftsgebietes kam. Die Zahl der ihm und dem Küchenmeister Unterstellten, der Köche und Köchinnen, der Schlächter und Bratenwender und Küchenjungen, der Müller und Bäcker, der Brauer und Kellerknechte war, so häufig sie auch wieder eingeschränkt wurde, in beständigem Steigen. Über die Mägde gebot die Hofmeisterin, neben welcher die Altfrau für Wäsche und Leinen sorgte.

Dem persönlichen Dienste des Herzogs hatten sich der Oberkämmerer und Kämmerer zu widmen, denen der Landrentmeister die Schatullverwaltung und besondere Hofmeister die Sorge für den Hofhalt der Herzogin[1] und der herzoglichen Kinder abgenommen hatten. So einflufsreich ihre Stellung sein konnte, so viele Unannehmlichkeiten bot sie zugleich; denn aufser der Erziehung der auf dem Lande aufgewachsenen Edelknaben sollten sie den Verkehr der Aufsenwelt mit dem Herzoge regeln. Aber nicht einmal daran wollten sich die Räte, die Bedienten und die Leute aus dem Volke gewöhnen, wenigstens an die Thüre des herzoglichen Zimmers anzuklopfen, ehe sie es betraten, so eifrig auch die Landräte einschärften, welche Mifsachtung vor dem fürstlichen Stande in diesem Ein- und Auslaufen in die fürstliche Kammer läge. Wahrscheinlich konnte erst der vornehm gesinnte, aber auch durchgreifende Johann Friedrich erreichen, dafs die Audienzsuchenden sich anmelden liefsen und die Stunde des Empfanges geduldig erwarteten. Vorher dürfte der Kämmerer, wenn er nicht gar selbst in den Urkunden unter einem solchen Titel versteckt ist, so manchesmal die Hilfe eines kräftigen Thürknechtes in Anspruch haben nehmen müssen[2].

Der geplagteste Beamte in allen politischen Angelegenheiten war der Kanzler. Je mehr mit der Zeit sein Ressort eingeschränkt wurde, desto inhaltreicher wurde seine Thätigkeit und desto gröfser seine Verantwortlichkeit; denn desto mehr verdrängte er den Hofmarschall. Noch als die Hofordnung von 1560 erging, umfafste sein Amt die Summe aller Geschäfte. Unter Hinzuziehung des Hofmarschalls, Hofmeisters und Landrentmeisters sollte er die Rechenschafts- und Gerichtssitzungen vorbereiten, die Einläufe und Referate über die einzelnen Sitzungen verteilen und die Parteien bescheiden, wofür ihm selten mehr als vier bis fünf Stunden Zeit gegönnt wurden; den Sitzungen selbst sollte er in Vertretung des Herzogs präsidieren. Die Ausfertigung, Registrierung und Expedition der Antworten und Urteile hatte er zu überwachen und die Räte bei der Arbeit und vom Trunke zu halten. Vorzüglich sollte er die ganzen politischen Geschäfte

---

[1] Der Hofmeister der Herzogin vertrat den Oberhofmarschall, insoweit derselbe Ceremonienmeister war.

[2] 1524 heifst ein Adliger Thürknecht, Dähnert VII, 425.

rechtzeitig erledigen, wichtigere Gesandtschaften möglichst selbst übernehmen und die Verhandlungen mit den Ständen führen.

Trotzdem waren ihm nur zwei bis vier Sekretäre, welche überdies häufig in Aufträgen aufser Landes weilten, zwei Gerichtsschreiber und ein Kopist beigegeben. Ein Botenmeister mit drei Boten für den gewöhnlichen Dienst und zwei Einspännige für besondere Aufgaben, aber auch für das Geleit hoher Gäste, von denen einer des Polnischen mächtig sein mufste, hatten die Expedition der Briefsachen zu besorgen; zur Aushilfe durfte der Kanzler die Edelknaben des Herzogs verwenden, damit sie später nicht unbekannt mit Land und Leuten in die Beamtenlaufbahn einträten. Ein Famulus sorgte für die Ordnung und Reinlichkeit in der Kanzlei und das Fernhalten unbefugter Personen, was um so nötiger erschien, als sich jede Partei für berechtigt hielt, selbst in den Aktenstöfsen herumzuwühlen und sich zu suchen, was sie grade brauchte oder zu brauchen vorgab.

Bei einem derart umfangreichen Arbeitsgebiete, der nicht zuletzt durch das Steuerverfahren verursachten Ausdehnung des Schreibwerkes und so wenigen Hilfskräften entlastete die Abzweigung eines eigenen Hofgerichtes den Kanzler keineswegs durchgreifend. Sie entband ihn noch nicht von jeglicher Teilnahme am Urteilsprechen[1], nur von der Leitung der Sitzungen und dem Urteilsvollzug. Auch die Übertragung der Schul- und geistlichen Angelegenheiten auf andere Beamte und die Konsistorien genügte noch nicht. Der Kanzler Otto mufste schon im Jahre 1571 sein Verbleiben im Dienste davon abhängig machen, dafs er der täglichen Aufwartung in dem Gerichte und der Legationen aufserhalb Deutschlands beurlaubt werde[2]. Die Regierung hat dann noch im Laufe der Zeit die Zahl der Kanzleisekretäre vermehrt, ein eigenes Archiv geschaffen, an dessen Spitze einen Archivar gestellt, diesem wieder für die Registrierung und Aufbewahrung der Akten einen Registrator zugesellt[3], ohne endgültig das gewünschte Ziel einer glatten Geschäftserledigung in der Kanzlei zu erreichen.

Am auffälligsten traten die Fehler des pommerschen Beamtenwesens Jahrzehnte hindurch an den beiden Hofgerichten hervor, den obersten Instanzen für alle Rechtshändel des Landes sowie den ersten Instanzen für die Eximierten, für Lehnsachen und eine Reihe schwerer Verbrechen. Seit Philipps I. Regierungsantritt hatten sie ihren ständigen Sitz in den Hauptstädten erhalten. Ihre Überlastung wurde mit der Zeit eine aufserordentliche.

---

[1] Noch ein Visitationsbericht von 1569 schreibt ihm vor: „dafs er auch fsoviell sein kan, dem gemeinen Stettinschen hoffgerichte beywohne." St. T. 79 Nr. 7 f. 259.

[2] Lorenz Ottos Erklärung 1571 IX. St. T. 79 Nr. 7a f. 2 ff.

[3] Bestallungen Bohlen, Mscr. 626 f. 31 u. f. 42. Anfänge eines besonderen Archivs sind vielleicht 1569, Dähnert I, 306 angedeutet.

Vergebens suchten sich die am stärksten bedrängten Stettiner Herzöge teils durch Bildung neuer Instanzen für den in vielen Ämtern dem Hofgericht unmittelbar unterstellten Adel, teils durch Einschiebung einer Zwischeninstanz für die entlegenen Landesteile zu helfen. Zu dem Zweck bedienten sie sich der mittelalterlichen Landvogteiverfassung, die bei der wachsenden Zahl der vom gewöhnlichen Gericht Eximierten überflüssig geworden und von Bogislav X. nahezu beseitigt worden war. Im Jahre 1560 entschlossen sie sich, Greifenberg-Wollin, Belgard, Neustettin und das Pyritzer Burggericht als neue erste Instanzen einzurichten, indem sie dem Landvogte oder Amtshauptmanne vier bis sechs Beisitzer auf Grund ritterschaftlicher Vorschläge mit wahrscheinlich allgemein einjähriger Amtsdauer zuordneten; Lauenburg und Bütow besafsen eine entsprechende, nur von polnischem Einflufs noch nicht freie Gerichtsverfassung. Aufserdem schlugen sie, wohl nach dem Vorbilde der rügianischen Landvogtei, welche von jeher Appellationsinstanz für die Gardgerichte der Insel gewesen war, die Pflegen Schlawe und Stolp in eins und wiesen an ihr Landgericht die Ritterschaften der Ämter Lauenburg, Bütow und Rügenwalde zur Berufung, so dafs der Ort Stettin in zwei grofse, durch das Stift getrennte Appellationsbezirke, den westlichen des Hofgerichtes und den östlichen Schlawe-Stolp, zerfiel[1]. Jedoch scheint es nicht, als ob dadurch an der Obergerichtsbarkeit des Hofgerichtes über das ganze Land gerüttelt worden wäre, so dafs es fortan zugleich höchstes Gericht und Zwischeninstanz sein sollte. Übrigens ist es zweifelhaft, ob dieser Plan je verwirklicht worden ist; denn schon um 1570 treten Lauenburg und Bütow wieder als dem Hofgerichte unmittelbar untergeordnet auf.

Dafür machte Johann Friedrich 1579 den Versuch, für seine polnischen Ämter, denen die Appellation an das Kaiserliche Kammergericht nicht freistand, und denen er die Berufung an das Polnische Hofgericht nicht gestatten wollte, eine Instanz noch über seinem Hofgerichte zu bilden. Sie sollte für den einzelnen Fall aus herzoglichen Räten zusammengesetzt werden, die bei dem Urteilfinden der Vorinstanz, also des Hofgerichtes, nicht mitgewirkt hatten[2].

Während alle diese Bestrebungen sich schnell als wertlos oder unzulänglich erwiesen, haben die Stände durch mehr als dreizehnjähriges Drängen erreicht, dafs die Hofgerichte von der übrigen Verwaltung getrennt und mit besoldeten, nur in ihnen beschäftigten Beamten besetzt wurden; erst damit war ein dauerndes Ergebnis erzielt.

Schon im Jahre 1556 hatte Philipp davon sprechen zu

---

[1] Hofordnung 1560 f. 192.

[2] Cramer I, 186, 194 u. 204; abermals Abschied Stettin 1616 III. 18., Dähnert IV, 581.

können geglaubt, dafs eine auf einem Wolgaster Landtage beschlossene Hofgerichtsordnung nur noch der rein formellen Annahme durch die Stettiner Stände bedürfe, um in beiden Orten Gesetz zu werden[1]. Aber erst 1563 konnte Heinrich Normann seinem Herzoge melden, dafs er, der den wesentlichsten Anteil an der Arbeit der Kommission getragen hatte, nunmehr mit dem Entwurfe völlig fertig sei[2]. Darauf brachten die Stände ihre Herzöge, welche die Kosten der neuen Gerichtsverfassung fürchteten, endlich im Jahre 1569 zur Verwirklichung des so lange gehegten Planes[3].

In Stettin wie in Wolgast sollte ein Hofgerichtsverwalter mit je drei Assessoren die laufenden Gerichtssachen bearbeiten; weil sie nicht genügten, traten für die Vorbereitung und Referate je zwei Referendare oder Extraordinarräte und in Stettin aufserdem noch ein Assessor hinzu[4]. Da der Herzog oder der Kanzler nur sehr selten noch an den Gerichtssitzungen teilnahm, hatte der Verwalter meist auch die Verhandlungen zu leiten. Desgleichen lag bei ihm die Aufsicht über die Ausfertigung und Expedition der Erkenntnisse, welche vordem der Kanzler geübt hatte. Die Schreibereien selbst erledigte mit Unterstützung eines Sekretärs und eines Substituten der Protonotar, welcher auch die Verhandlungen protokollierte, während die Expedition durch einen Botenmeister und zwei Boten, also ganz wie in der Kanzlei, geschah. Der Fiskal trieb oder klagte die Strafen ein. Fünf bis sechs vereidigte Advokaten und eine Anzahl geprüfter Notare sollten den Parteien Rechtsbeistand leisten[5].

Für die Endurteile in den dem Hofgericht vorbehaltenen Rechtssachen traten die Landräte zu den ordentlichen Richtern hinzu; auch der Herzog und die Räte der Kanzlei werden sich an solchen Gerichtstagungen lebhafter als für gewöhnlich beteiligt haben.

Nach Einführung der Gerichtsordnung wurde der gesamte Prozefsgang mit der Zeit wirklich ein anderer, so dafs die Stände noch unter den Wirrnissen des dreifsigjährigen Krieges ihren

---

[1] Vorverhandlungen 1556 I. 24.—27., St. T. 94 Nr. 21.

[2] 1563 II. 6. schreibt er, dafs er dem „Mynsnigerus, der die Braunschweigische Gerichtsordnung gefafst, gefolgt und nach dessen Buche das Koncept reguliert und gekürzt habe, sei doch zu vermuten, dafs von alters die art der braunschweigischen diesen gerichten nit fast ungleich gewesen“; St. T. 94 Nr. 34 v. I.

[3] Ältester Druck der Ordnung Stettin 1569.

[4] Gerichtsordnung f. 7 ff., Micrälius VI, 433; vgl. die Bestallungen des Hofgerichtsverwalters 1636 XII. 13. und eines Referendars 1635 IX. 29., Bohlen, Mscr. 626 f. 94 ff. u. 33.

[5] Die Herzöge bemerken 1538 in ihrer Antwort auf des Adels Beschwerungen: es sei vordem nicht üblich gewesen, ordinarios advocatos oder procuratores an unserm Gerichte zu haben; jede Partei habe sich die ihren mitgebracht; erst durch sie sei darin Wandel geschaffen worden; St. T. 94 Nr. 24 v. III.

Landesherren das Zeugnis ausstellten, dafs in Pommern ein jeder zu seinem Rechte gelangen könnte [1].

Gleichzeitig wurde auch mit der Errichtung gesonderter Konsistorien für die kirchlichen und Schulangelegenheiten in Greifswald, Stettin und Kolberg Ernst gemacht [2]. Je einer der juristischen Beisitzer der Hofgerichte sollte die Leitung und den Vollzug der Konsistorialgeschäfte übernehmen. Er liefs nach Vereinbarung mit dem zuständigen Generalsuperintendenten, so oft es nötig war, die Konsistorialräte zusammen bescheiden. Ein Notarius, ein geschworener Bote und ein Famulus vervollständigten das Personal. Exekutivgewalt besafsen die Konsistorien nicht; die Ausführung ihrer Urteile stand bei den Amtshauptleuten und Landvögten.

Das sorgenvollste Amt am Hofe bekleidete der Landrentmeister [3], obwohl ein grofser Teil der Steuereinziehung und -verrechnung mehr und mehr an einen ständischen Ausschufs überging. Es blieb der Landrentmeisterei oder Kämmerei [4], welche aus ihrem Leiter, seinem Jungen und einem Kanzleisekretär gebildet war, die Domänen-, Regal- und Zoll-, sowie der Rest der Steuerverwaltung. Inanbetracht des grofsen Umfanges der so wie so schwer zu erledigenden Geschäfte war es nur eine gerechte Würdigung der Verdienste des Landrentmeisters, als die Regierungen ihn um 1550 in die Rangstufe der Räte erhoben [5], nachdem schon der erste Wolgaster Landrentmeister Nikolaus von Klemptzen 1543 nach dem Ausscheiden aus seinem Amte herzoglicher Rat geworden war.

Der Landrentmeister hatte die Einkünfte zur richtigen Zeit einzufordern [6], das Verzeichnis der Einnahmen und Ausgaben sorgfältig zu führen, den Hofbeamten und Räten von Haus aus ihr Gehalt zu zahlen, die Lebensmittel für den Hofhalt herbeischaffen zu lassen, ihre Verwendung zu überwachen und die wöchentliche Abrechnung der Küchen-, Keller- und Marstallbeamten entgegenzunehmen. Er hatte auch die Tucheinkäufe für die den Beamten jährlich zu stellende Kleidung abzuschliefsen, für die auf Gesandtschaften Ausziehenden die nötigen Reisevor-

---

[1] Resolution der Stände, Stettin 1634 VII. W. T. 39 Nr. 125; ebenso Sastrow III, 48. Dort 46 ff. die köstliche Schilderung der Prokuratoren vor Beginn der Reformen.

[2] Konsistorialinstruktion 1569, Dähnert III, 124 ff.

[3] Ich finde den Titel urkundlich zuerst 1530 IV. 28., St. T. 94 Nr. 24 v. III f. 303.

[4] Eine Trennung fand nicht statt, St. T. 79 Nr. 7 f. 260.

[5] 1545 I. 2. heifst es noch „zwei unfsrer schreiber, nemblich der Landrenthmeister und Er Caspar Brot", St. T. 94 Nr. 9 f. 13.

[6] Die folgende Skizze beruht im wesentlichen auf der Bestallung des Landrentmeisters, wie sie zu Anfang des siebzehnten Jahrhunderts gebraucht wurde, Bohlen, Mscr. f. 25 ff. Es hatte sich seit dem sechzehnten Jahrhundert nur weniges geändert.

bereitungen zu treffen[1], nicht zuletzt den Privatbesitz, zumal die Schatulle und Silberkammer des Herzogs im Auge zu behalten.

Seine Arbeit wurde ihm dadurch erschwert, dafs die Geldwirtschaft erst in geringem Mafse durchgedrungen war, und die „Intraden, welche auf dem jährlichen Getreideeinkommen beruhten,“ dauernd die vornehmste Klasse der Einkünfte bildeten[2]. Die Verwaltung wurde dadurch sehr unübersichtlich, vor allem die Höhe der verfügbaren Mittel sehr schwankend[3], so dafs sich Unordnungen überhaupt nicht vermeiden liefsen.

Zu Hilfe kam dem Landrentmeister die frühzeitige Einführung einer Art von Etatsjahr, welches von Ostern bis zu Ostern lief. Auf Michaelis hatten alle Finanzbeamten im Lande ihre Register zu schliefsen[4], welche der Landrentmeister in Gegenwart ihrer Verfasser von Martini bis Weihnachten prüfte, soweit es die Pflichterfüllung seiner Unterbeamten und die unsägliche Münzverwirrung gestatteten. Waren Anlage und Inhalt richtig gestellt, vornehmlich auch die Aufzeichnungen der Hofbeamten über Naturalienlieferungen von den Ämtern mit den Angaben der Rentmeister verglichen, so überlegte er schliefslich den Jahresabschlufs der Hausrentmeister zu Stettin oder Wolgast, denen in erster Linie die Versorgung der Hofhalte zukam. Von Weihnachten bis Dreikönigsoktav verarbeitete er darauf die Ergebnisse seiner Revision, indem er die Art der Verwaltung darlegte, über die wirtschaftlichen Fort- oder Rückschritte der Ämter berichtete, auch die Quellen nachwies, wo die einzelnen Ämter am billigsten ihren Bedarf entnehmen und ihren Überschufs, soweit er nicht zur Vervollständigung der Vorräte des Stettiner und Wolgaster Amtes an den Hof kam, am vorteilhaftesten verkaufen würden. Damit er in seinem Voranschlage des voraussichtlichen Ertrages der Ämter um so sicherer ging, mufsten ihm dieHauptleute alljährlich einen Probedrusch des neuen Getreides einsenden, welchen sie aus „unterschiedlichen und nicht blofs den geringsten Stiegen“ herzustellen hatten[5]. Mehrere Räte, insbesondere die Beamten des Hofhaltes, berieten den Bericht bis spätestens zu den Fasten und versuchten mit dem Landrentmeister gemeinschaftlich das Budget des Hofhalts für das kommende Jahr aufzusetzen, nach welchem die aufzubringenden Lieferungen auf die einzelnen Ämter verteilt wurden. Den Abschlufs bildete die Auszahlung der von den Beamten nach Ablauf jedes Dienstjahres zu beanspruchenden Gehälter.

Während des Sommers sollte der Landrentmeister mit einigen Kollegen die Ämter bereisen, um sich von ihrem Zustande durch

---

[1] Barnim, Rügenwalde 1557 St. T. 2 Nr. 38.

[2] Proposition 1588 VIII. Kurtzer Bericht, B. Rot. 30 Nr. 239.

[3] Siehe die Tabelle auf Seite 89.

[4] So schon zu Zeiten der Landesteilung, Medem 96 und 131. Über die Rechnungslegung und -verabschiedung die Hofordnung 1560 f. 152 f.

[5] Visitationserlafs 1624 VII., St. T. 94 Nr. 99 f. 90.

Bericht des Stettiner Landrentmeisters[1] über die

Einnahmen	Okt. 1620 bis Okt. 1621	Okt. 1621 bis Okt. 1622	Okt. 1622 bis Okt. 1623	Okt. 1623 bis Okt. 1624
Aus Ämtern (einschlieſslich Getreide)	25 461 fl. 20 ſsl — ₰	18 163 fl. 18 ſsl $1^1/_2$ ₰	28 381 fl. 41 ſsl — ₰	13 830 fl. — ſsl
Aus Klöstern	12 850 „ 4 „ 3 „	7 593 „ 13 „ 9 „	8 891 „ 6 „ 10 „	4 313 „ 16 „
Aus Zöllen	10 798 „ 1 „ 3 „	10 957 „ 22 „ $9^1/_2$ „	11 468 „ 36 „ 8 „	9 100 „ — „
Aus Kiepereien	1 158 „ 36 „ 8 „	937 „ 2 „ — „	1 244 „ — „ — „	1 100 „ — „
Gunstgeld	74 „ 47 „ 8 „	66 „ 21 „ — „	26 „ — „ — „	30 „ — „
Orbör	1 101 „ — „ 8 „	909 „ — „ — „	909 „ — „ — „	1 000 „ — „
Gerichtsgeld	198 „ 12 „ — „	200 „ — „ — „	{ 250 „ — „ — „ { 3 000 „ (Bruch v. Adel)	250 „ — „
Wollerlös	7 504 „ 13 „ 6 „	6 724 „ 26 „ 2 „	5 815 „ 16 ſsl — ₰	5 000 „ — „
Gemeine Einnahmen (einschlieſslich Münze; sind viel zu hoch berechnet)	26 178 „ 38 „ 10 „	20 758 „ 32 „ — „	11 226 „ — „ — „	3 100 „ — „
Landschoſs	8 318 „ 26 „ 6 „	6 150 „ — „ — „	6 150 „ — „ — „	6 150 „ — „

[1] St. T. 94 Nr. 99.

Augenschein zu unterrichten. Er hat da manchmal hart durchgegriffen, aber im grofsen und ganzen nicht viel erreicht.

Diese Behörden und Ämter also bildeten die Grundlage der fürstlichen Wirksamkeit. Mochten sie gleich noch so langsam und unsicher heranwachsen, so war ihr Fortschritt doch unverkennbar. Mit ihm hielt, wie es in der Natur der Sache lag, das Erstarken der herzoglichen Gewalt gleichen Schritt, kaum erkennbar, unter den bedrohlichsten Rückfällen, dennoch stetig und entschieden.

Vierter Abschnitt.

Wiederemporkommen der ständischen Macht.

1541—1555.

Wie mannigfache Machtmittel auch die Ausbildung der Central- und Landesverwaltung den Herzögen mit der Zeit an die Hand gab, so kamen ihre Wirkungen doch nicht ausschliefslich der Regierung zugute. Die Beamtenhierarchie, welche durch sie entstand, verursachte ungewöhnliche Kosten, die sich nur mit Mühe oder gar nicht aus dem Ertrage der laufenden Einkünfte decken liefsen. Es trat hinzu, dafs der Hofhalt gemäfs der begründeten Steigerung der fürstlichen Ansprüche seine alte, sparsame Einfachheit verlor, leider auch, dafs in Stettin ein Mann regierte, dessen ungerechtfertigte Bedürfnisse aufser allem Verhältnis zu denen sich befanden, welche der pommerschen Kammer angemessen waren. Das läfst Barnim XI. vor allem so unsympathisch erscheinen, dafs er, der ohnehin nicht sonderlich begabte Fürst, aus Leichtsinn und lasterhaftem Hange seine eigene Sache preisgab, welche, an sich selbst schon des Opfermutes wert, durch die begeisterte Arbeit seines Vaters, Bruders und Neffen für sie ihm doppelt hätte anliegen sollen, um so mehr als sie grade damals auf einer ihrer entscheidendsten Entwicklungsstufen stand.

Mit diesem persönlichen Momente und jenen in dem inneren Werden des Landes gegebenen Gründen wirkte endlich zusammen, dafs auch das Reich in dem Jahrzehnte nach der Durchführung der kirchlichen Umwälzung, nicht zuletzt durch die Schuld der Fürsten, sehr hohe Anforderungen an die Steuerkraft des Herzogtums stellte.

All das zwang die Regierung, ihre Unterthanen von 1541 ab nahezu alljährlich um Geldhilfe anzugehen, damit aber auch die im Augenblick ohnmächtige Landschaft zu frischer Kraft zu wecken, wenn nicht vorher durch eine rasche Vervollkommnung des Ausschusses der Landräte im Sinne Bogislavs bewirkt werden konnte, dafs sie schwerem Siechtume zum Opfer fiel.

Die Jahre 1541—1544.

Die Aussichten der Regierung waren günstig. Sie hatte es seit dem Scheitern der Versammlung zu Treptow im Jahre 1534 verstanden, die Einberufung gemeiner Landtage zu verhindern, und sogar die nötigen Steuern auf kleinen Deputationstagen durchzusetzen gewufst [1]. Philipp konnte auch noch zu Beginn der 40er Jahre die Beratung mit den Gesamtständen umgehen: dagegen mufste der von Schulden erdrückte Barnim im September 1541 den gefährlichen Versuch mit einem Landtag wagen. Der Verlauf der Stettiner Versammlung zeigte die fürstliche Macht auf ihrem Höhepunkte. Noch stand die Landschaft so völlig unter dem Eindrucke ihrer Niederlage, dafs sie weder jetzt noch auf den Tagen der zwei nächsten Jahre ihr Recht auf Ladung der gesamtpommerschen Stände geltend machte, und überhaupt kein Widerwort dem Herzog sagte.

Die am 5. September verlesene Proposition beklagte die mannigfachen Ausgaben der Regierung und bat den bereits für 1539 bewilligten und von den Herzögen vorgestreckten Türkenschofs auf Michaelis endlich einzubringen und aufserdem an den Martinitagen des laufenden und folgenden Jahres je eine Steuer zu reichen [2]. Es wurde durch den Herzog mit Nachdruck betont, dafs die Kosten der Regierung, soweit sie nicht aus den laufenden Einkünften bestritten werden könnten, durch die Landschaft getragen werden müfsten; „wenn die Landschaft der Kammer Beschwerung nicht zu tragen schuldig wäre, könnte und möchte die fürstliche Macht nicht bestehen.“ Die Stände genehmigten, statt gegen eine derartige, die Grundlage ihrer Rechte verneinende Forderung Einspruch zu erheben, anstandslos die Türkensteuer und vorläufig eine auf zwei Jahre zu verteilende Landsteuer. Doch liefs der Adel sofort „einhelliglich“ seine Geneigtheit zu weiterem Entgegenkommen durchblicken, so dafs schliefslich aufser der Türkensteuer je eine Landsteuer für Martini 42 und 43 zugestanden wurde. Es war zum ersten Male, dafs die städtischen Gesandten ohne Hinterspruch auf eine so umfassende Steuerforderung eingingen, deren Annahme sie sonst auf den „unverständigen“, jeder Steuer abgeneigten „gemeinen Mann“ zu schieben pflegten [3].

---

[1] Die 1538 VII. 29. geforderte Türkensteuer (Gadebusch II, 76) ward 23. Oktober durch die „gesandten aller Stendt“ bewilligt; Barnim 1539 II. 9., St. T. 95 Nr. 1 v. I. Pyl III, 131.

[2] Die Akten St. T. 94 Nr. 2 und 7; falsch datierter Auszug Gadebusch II, 79.

[3] Die Instruktionen der städtischen Gesandten wurden auf Bürgerversammlungen beschlossen und auch von den Alterleuten und Kaufleuten gesiegelt; St. T. 94 Nr. 17 f. 47; vgl. Klempin L.

Um die Städte nicht unnötig zu reizen, erfüllte Barnim auf dem Landtage stillschweigend eines ihrer Begehren, welches er für bedeutungslos gehalten zu haben scheint, das aber wenige Jahre darauf dazu beigetragen hat, das Ständewesen vor dem Untergange zu bewahren. Die am 10. August zu Wollin versammelt gewesenen Städte hatten geklagt, daſs niemand von ihren Ältesten zur Mitberatung der zu erlassenden fürstlichen Anordnungen und Mandate herangezogen würde. Ohne Gegenrede berief die Regierung Stettin und Stargard in den auf dem Landtage beschlossenen Ausschuſs für Münz- und Wirtschaftsbeschwerden [1].

Im Lande begann die gedrückte Stimmung bereits sich zu verlieren; die Gesandten des dritten Standes fielen trotz ihres Erfolges ebenso wie die Adligen in „viel beschwerliche Nachrede" wegen ihrer Nachgiebigkeit. Daher wich der nächste, im Dezember zusammentretende Gesamtlandtag festen Versprechungen aus und versicherte nur, daſs man sich in die Beschlüsse des einberufenen Reichstags, um dessentwillen man zusammengekommen war, nach Gebühr schicken werde [2]. Da auch die folgenden Verhandlungen nicht mehr so glatt verliefen wie die im September 1541, beschloſs Barnim 1543, mit dem Hauptschlag gegen die ständischen Ansprüche nicht länger zu zögern.

Seit dem Tode des groſsen Herzogs hatte das Kollegium der Landräte an innerer Festigkeit bereits beträchtlich gewonnen. Der Brauch, stets dieselben angesehensten und vertrautesten Männer in dem Ausschusse zu vereinigen, war infolge der fürstlichen Taktik, vorzuschützen, daſs es sich um die Berufung der Räte von Haus aus handele, unabänderlich geworden. Daſs die zwölf Vornehmsten der Landschaft neben dem Bischofe eingeladen werden müſsten, war daher 1532 bei der Erbteilung so über allen Zweifel erhaben, daſs die Herzöge die jetzt für jeden Ort zu bildenden Landratskollegien auf der Stelle bis zur Zwölfzahl ergänzten und nie darunter herabsinken lieſsen. Schon hatte der Ausschuſs sich auch einige der Vorrechte des früheren gemeinen Rates angeeignet, wie er denn 1532 die Landesteilung für sich beansprucht und unbestritten durchgeführt hatte, auf welche die Städte ehedem einen weittragenden Einfluſs hatten ausüben dürfen.

Auch schien das Kollegium bereit, auf die Bestrebungen der Herzöge einzugehen. Die kirchlichen Wirren mit ihrer Entfachung der selbstsüchtigen Triebe veranlaſsten ihn 1539 einseitig Fragen zu regeln, welche wie die Verwendung der Jungfrauenklöster ihrer allgemeinen Bedeutung wegen vor den Landtag gehörten. Daher glaubte sich Barnim nunmehr im Jahre 1543

[1] St. T. 94 Nr. 2 und 7.

[2] Summarisches Verzeichnis St. T. 94 Nr. 2 f. 35 ff.; Barthold IV², 311; Gadebusch II, 82 f. Betr. der Vorberatung des Verhaltens auf Reichstagen vgl. Bedenken 1576 IX., W. T. 39 Nr. 30.

fähig, auf das einzige Ziel, auf welches es ihm ankam, zuzugehen und dem unter der Herrschaft der Städte stehenden Gesamtlandtage zugunsten des Landratskollegiums das alleinige Steuerbewilligungs- und -verteilungsrecht zu entreifsen.

Sein Plan war aufs beste durchdacht. Da seine Stände es bereits 1538 geduldet hatten, dafs nicht ein gemeiner Landtag, sondern ein Deputiertentag eine Reichssteuer annahm und veranlagte, so konnten sie ihm jetzt das Gleiche kaum verweigern, wo er sie wiederum eines Türkenschatzes wegen anging[1]. Um aber zu seinem Ziele zu gelangen, hatte er eine sehr wesentliche Änderung an dem Beschickungsrecht der Landschaft vorgenommen, indem er ausschliefslich die Gesandten der führenden Städte berief. Weil das Ausschreiben für jeden Stand einzeln erging und nur die ihn betreffenden Bestimmungen enthielt, so konnte die Überrumpelung gelingen. Waren die ständischen Vertreter erst versammelt, so hatte der Herzog guten Grund zu hoffen, dafs er sie über das Abweichen von der alten Ordnung werde beruhigen können; denn er wollte sich darauf berufen, dafs er gar nicht das Steuerbewilligungsrecht des Gesamtlandtages in Frage stelle, weil es sich im vorliegenden Falle nur um die Veranlagung einer nicht ablehnbaren Reichssteuer handele.

Ging die Versammlung auf diese Deutung ein, so liefs der Gang der Entwicklung sich leicht übersehen. Indem man der Ritterschaft auftrug, ämterweise zwei bis drei Vertreter zu wählen, zweifelte man nicht, dafs sie niemand anders als die „vornehmsten und tapfersten" schicken würde, welche jetzt das Kollegium der Landräte, vordem auch den ritterschaftlichen Teil des gemeinen Rates bildeten. Wie nahe lag es da, bei der nächsten Gelegenheit den Vasallen das Recht der freien Wahl nicht mehr zuzugestehen und ohne weiteres die vornehmsten zu berufen! Entscheidend fiel aber ins Gewicht, dafs nur die leitenden Städte verschrieben waren, so dafs man den angeblichen Deputationslandtag auch aus diesem Grunde späterhin für einen Tag des gemeinen Rates, die Teilnahme der Städte als einen Gnadenerweis der Krone, nicht für einen berechtigten Anspruch des dritten Standes auszugeben vermochte.

Es war vorläufig die Erneuerung des gemeinen Rates unter der täuschenden Form eines Landtages; sehr bald sollte es vermutlich ganz wie zu Bogislavs Zeiten nicht mehr der gemeine Rat, sondern das adlige Landratskollegium sein, dessen Hilfe man suchte, dem man das Steuerbewilligungsrecht aufdrängen wollte. Drang Barnim mit seiner Absicht auf dem Ausschufstage durch, so vermochte er es ohne Frage auch, die einem dauernden Ansturm niemals gewachsene, politische Urteilslosigkeit und Unfähigkeit seiner Vasallen seinen letzten Plänen zu unterwerfen, und so die

[1] St. T. 94 Nr. 7 f. 1—9 die Verhandlungen der „furnemisten von der Ritterschafft unnd stedten."

ständische Macht in dem Augenblick zu brechen, als sie unter dem Schutze seiner Verschwendungssucht ihren kühnsten Aufschwung zu nehmen sich anschickte.

So geschickt der Plan aber auch ersonnen war, es blieb die Möglichkeit des Mifslingens, weil die Regierung — vielleicht infolge ihres Zugeständnisses auf dem Landtage von 1541 — dieses eine Mal noch die Städte hinzuziehen zu müssen geglaubt und dadurch in ihre Hand die Entscheidung gelegt hatte. Allmählich hatte sich das Selbstbewufstsein in dem Bürgertume wieder aufzurichten begonnen; es war durch Philipps unverständiges Benehmen gegen Stralsund und Barnims Streit mit Stolp auf die Endziele der Herzöge aufmerksam geworden. Unter den Umständen mufsten die Städte gesonnen sein, ihr 1541 wiedererworbenes Recht der Teilnahme an den das Land betreffenden Ausschufstagen wirkungsvoll zur Geltung zu bringen; zudem war ihren Gesandten die üble Aufnahme, welche ihre regierungsfreundlichen Vorgänger daheim gefunden hatten, eine eindringliche Warnung. In der That hat die Frage der Vertretung der Städte in erster Linie die Verhandlungen zum Scheitern gebracht.

Als der auf den 31. Dezember 1543 nach Stettin einberufene Ausschufstag[1] kaum eröffnet war, traten die Gesandten damit hervor, es als eine nicht zu duldende Neuerung zu bezeichnen, dafs nicht die Gesamtheit des dritten Standes um die Geldbewilligung angegangen worden sei. Es mochten sich bei solch schroffer Zurückweisung zwar sehr viele von der Ritterschaft daran erinnern[2]: „das gott frevel und ungehorsam der unterthanen straffet, so sich frommer obrigkeit ohne grofse Noth und ursache wiedersetzen, und übermütigen Zanckhummeln zuviel folgen; dann ob wir gleich noch so edel, reich und gewaltig und Herren sein, auch des Teuffels, ist dennoch Gottes Wille, das wir uns demütigen vor unserer Herrschaft und Obrigkeit" — dazu jedoch waren sie zu mattherzig, um die Verantwortung für einen derart wichtigen Beschlufs allein zu tragen, und lehnten daher mit dem Beruf auf das Votum der Städte alle weiteren Verhandlungen ab.

Seitdem haben die Herzöge ein halbes Jahrhundert hindurch ihren Zweck zwar nicht aus dem Auge verloren, aber auch keinen entschlossenen Vorstofs mehr gewagt. Ihre wesentlichste Absicht wurde bald nachher, durch die Einführung der Accise die Steuereinkünfte von der ständischen Bewilligung unabhängig zu machen. Doch haben sie es verstanden, um die Landräte wenigstens Schritt für Schritt weiter zu drängen, ihre Befugnisse allmählich auszudehnen[3], und insbesondere auch die Vorberatung der Landtage von dem gesamtständischen verordneten Ausschusse

---

[1] Das Ausschreiben 1543 XII. 4., St. T. 95 Nr. 1 v. I.
[2] Wedel 17.
[3] 1547 widerstanden die Stände dem siegreich, Gadebusch II, 88.

auf die Landräte zu übertragen [1]. Ehe ihnen jedoch dieses Verfahren Erfolg versprechen durfte, veranlafste ihre eigene Schuldenwirtschaft eine folgenschwere Stärkung der ständischen Macht; von dem Augenblicke an, wo das aus allen Ständen zusammengesetzte Kollegium der Obereinnehmer die Landkastenverwaltung dauernd übernahm, sah sich das Landratskollegium aus der kaum gewonnenen Stellung täglich mehr verdrängt.

Ob es den Ständen gelingen werde, gefördert durch die Reichssteuergesetzgebung, diesen Anteil an der Landkastenverwaltung zu erringen, war die Frage, welche die Landtage der nächsten zwei Jahrzehnte von 1544 ab vornehmlich beschäftigte, bis sie im Jahre 1563 zu Gunsten der Stände gelöst wurde. Darin liegt nämlich die andere Seite der Bedeutung der Januarzusammenkunft zu Stettin, dafs Barnim, statt sich ein Präjudiz für die Beseitigung der gemeinen Landtage zu schaffen, thatsächlich der Landschaft einen Stützpunkt für den Anspruch auf die umfassendste Ausdehnung ihrer Rechte, welche sie je erlangte, gab. Obwohl es sich um eine seines Erachtens nicht wohl anders als nach dem gewöhnlichen Modus zu erhebende Reichssteuer und nicht um einen gemeinen Pfennig handelte, trug er den Abgeordneten an, dafs ein oder zwei Einnehmer bestimmt würden, damit sie zusähen, dafs das Geld nicht in J. F. G. Nutzen käme [2].

Für den Augenblick freilich blieb dieses Anerbieten ohne Wirkung, um so rascher traten die Folgen des Scheiterns der Bogislavschen Pläne auf Beiseiteschiebung der Landtage in die Erscheinung. Die gemeinständischen Versammlungen erlangten ihre alte Bedeutung auf der Stelle wieder. Sie gaben sich eine so wohl durchdachte Organisation, dafs sie mit ihrer Hilfe ihren Zweck, die Förderung der landschaftlichen Bestrebungen, wesentlich leichter erfüllen konnten, und dafs manche Seite der nunmehr beginnenden Entwicklung demjenigen, welchem es an der Kenntnis der Landtagsorganisation gebricht, unerklärlich bleibt.

Die Organisation der Landtage.

Philipp hat einmal in einem ratlosen Schreiben an seinen Oheim das Für und Wider aller Beratung mit den Ständen, sei es mit ihrer Gesamtheit, sei es mit ihren Vertretern, entwickelt [3]; aber wieviele Wege er auch aufzuzählen wufste — dafs von ihnen allen seit 1544 nur der eine, welcher die Niederwerfung der ständischen Gewalt in immer weitere Fernen rückte, die Verhandlung mit den Gesamtständen, gangbar sei, konnte er sich nicht verhehlen.

---

[1] Scheinbar zuerst 1557 IV. 1., *St. T. 94 Nr. 23. Als stehendes Recht galt es bereits 1569, s. unten. Vgl. Dähnert I, 524.

[2] St. T. 94 Nr. 7 f. 6.

[3] Wolgast 1550 I. 16., St. T. 95 Nr. 1. v. I.

Im Anfange ihrer Regierung hatten Barnim und Philipp die sogenannten Deputationstage vor den gemeinen Tagen bevorzugt; aber diese Nebenform bewährte sich nicht einmal in den Fällen, wo die Herzöge Vertreter der Stände beschieden, welche auf Grund eingehender Ausschreiben von den Geschlechtern, Ämtern und Städten mit unbedingter Vollmacht ausgestattet worden waren. Denn einmal war die sonst von der Regierung mit gutem Grunde vermiedene Ankündigung der Vorlagen im Ausschreiben Vorbedingung; sodann überwog auf den Deputationstagen das städtische Element bedeutend. Während nämlich aus jedem Amte nur ein bis zwei ritterschaftliche Abgeordnete erschienen, waren alle zur Teilnahme an den gemeinen Landtagen berechtigten Gemeinden auch hier vertreten. Die Regierung zog es daher schon bald vor, diese Form der Deputationstage nur als Ergänzung der gemeinen Landtage zu benutzen, indem sie dem Adel freistellte, entweder samt und sonderlich zu kommen oder ämter- und geschlechterweise bevollmächtigte Verordnete zu schicken; namentlich die hinterpommersche Ritterschaft hat sich das zu Nutzen gemacht.

Sahen die Herzöge gar von der Mitteilung ihrer Forderungen im Ausschreiben ab, so spottete die Unbehilflichkeit des dann nötig werdenden Verfahrens jedes Versuches der Durchführung. Wenn man zuerst die Hauptleute und etliche Vornehme aus den Ämtern, sowie die angesehensten unter den Schlofsgesessenen zusammenbescheiden mufste, um mit ihnen zu verhandeln, dann warten durfte, bis sie ihren Bezirksinsassen und Auftraggebern Bericht erstattet, und neue Abgesandte Instruktionen erhalten hatten, um schliefslich einen Kreis von Männern um sich zu sehen, von denen vielleicht jeder einen andern Auftrag bei sich führte: so war allerdings zu befürchten, dafs dies Verfahren, wie Philipp schrieb, „neben dem Verzuge allerlei Unrichtigkeit in sich haben konnte."

Schwerer aber als solche geschäftliche Bedenken fiel zu Gunsten der gemeinen Landtage in die Wagschale, dafs die Stände von 1544 ab durch nahezu drei Vierteljahrhunderte darauf beharrten, dafs ihre Rechte einzig durch die Gesamtheit aller zur Standschaft Berechtigten auf gemeinen Landtagen und nicht durch kleine Vertreterausschüsse wie etwa das Landratskollegium oder durch Deputationstage ausgeübt wurden.

Es hing damit zusammen, wenn die Landschaft der Erbteilung so entschieden zu widersprechen suchte und in der Trennung des Herzogtums immer aufs neue die Ursache seiner Schwäche betonte; sicherlich waren es ihre eigensten, aber darum nicht minder edle Interessen, welche sie auch fernerhin in den Landtagen die Einheit der Orte verkörpern liefsen. Sie behielt insbesondere die Kirchen-, Gerichts-, Polizei-, Münz- und Bauernordnungen der Zustimmung der Gesamtheit vor; wieder und wieder erbat sie die Vertröstung, dafs sie jederzeit ein Corpus bleiben sollte, und zumal für ihre freien Zusammenkünfte beanspruchte sie das Recht, gemeinsam ihren Vorteil zu beraten. Daſs das Vaterland dem Reiche und dem märkischen Erbfeinde gegenüber als ein geschlossenes Ganzes handele, obwohl es auf den Reichs- und Kreistagen zwei Stimmen führte, begehrte ihr erwachender Patriotismus. Aber am wichtigsten galt es den Ständen doch, seitdem sie sich von der Niederlage in den Reformationsjahren zu erholen begannen, daſs auch keine Landessteuer ohne die Einwilligung beider Orte eingezogen werden durfte. Mochte Barnim gleich noch so oft beteuern, daſs die Regierung durch die gemeinsamen Landtage aufgelöst und die Fortbildung der Verfassung auf unmögliche Wege gewiesen würde, so wuſsten seine Stände doch zu wohl, wie ungern die Angehörigen des andern Ortes zur Tilgung von Schulden beitrugen, welche nicht ihre eigene Regierung gemacht hatte. Sie beharrten im Einverständnis mit den Wolgastern und nicht ohne Philipps und später Ernst Ludwigs Unterstützung dabei, daſs ihnen ihre Nachgiebigkeit nichts als Schimpf und Spott bescheren würde[1].

Erfolg haben die Landschaften mit ihrem Drängen nur in den 50er Jahren des sechzehnten Jahrhunderts gehabt; die Idee der Zusammengehörigkeit ist aber selbst dann noch nicht in ihnen erstorben, als die Stettiner nach mehr als vierzigjährigem Widerstreite in den Riſs und die Trennung willigten[2]. Noch in einer Zeit, da sie gemeinsame Landtage kaum mehr von Hörensagen kannten, wollten Vasallen wie Städte wenigstens die Prälaten auf allen Landtagen anwesend wissen, damit die Korrespondenz zwischen beiden Landschaften soviel fester, und dem Vorgreifen des einzelnen Ortes um so viel leichter vorzubeugen sei[3].

Es hatte in der Natur der Sache gelegen, daſs die Bemühungen der Herzöge um die Trennung der Landschaften nicht vergeblich geblieben waren; um so glücklicher wiesen die Stände nahezu jeden Versuch, den Klassengegensatz in sie hineinzutragen, von sich. Freilich hat es wegen der zunehmenden Verschlechterung der wirtschaftlichen Lage an Streitigkeiten und gegenseitiger Erbitterung zwischen Adel und Bürgertum so wenig gefehlt, daſs den Herzögen auf jedem Landtage „ezliche Gravamina der Stände unter sich“ zur Entscheidung vorgelegt wurden; auch waren die Stände aus Brotneid in sich gespalten, ohne Einigkeit, Hilfe und Beistand von auſsen her, so daſs die Regierung den einzelnen mannigfachen Abbruch thun konnte; aber sobald die Grundlage ihrer Macht, die ständische Verfassung,

[1] Verhandlungen 1552 XII. 12., St. T. 94 Nr. 18. 1554 IX. 4. wagte Barnim den Vergleich: „es sein im reich auch unterscheiden stende, seind auch der Landsteuer und andre pflichten gesondert,“ Nr. 20.

[2] Wedel 298 datiert den Riſs vom Treptower Landtag 1585 IX. 30 (bei Bohlen falsch X.) Vgl. Dähnert IV, 539.

[3] Stettiner Ort 1623 X. 20/25., St. T. 94 Nr. 98.

bedroht war, erwarben sich die um ihren wirtschaftlichen Fortbestand ringenden Städte selbst von ihrem bittersten Feinde das ehrenvolle Zeugnis: daſs sie lieber auf ihre egoistischen Vorteile als auf die altbewährte Einigkeit verzichteten. Nur dem verdanken es die Stände, daſs sie allen Intriguen ihrer Herzöge zum Trotz mehr als eine Steuerverteilungsmaschine blieben[1], daſs sie ihre Bitten und Klagen nicht nur vorzutragen, sondern auch durchzusetzen vermochten, und daſs das ganze pommersche Verfassungsleben mehr und mehr in den Ständetagen gipfelte[2]. Es konnte nicht anders sein, als daſs diese Grundsätze des einmütigen Handelns und der Abwehr gegen die Fürsten auch dem ganzen Geschäftsgange der Landtage sein eigentliches Gepräge verliehen.

Nur ausnahmsweise haben es die Herzöge gewagt, ohne Rücksicht auf die persönlichen Interessen ihrer Stände Zeit und Ort der Zusammenkünfte auszuwählen. Im Prinzipe hielten sie allerdings daran fest, daſs es den Unterthanen „nicht gebüren wolle, J. F. G. derhalben Stelle oder Zeit anzusetzen“[3], beschieden aber dennoch die beiden Orte möglichst im Winter, vorzüglich in den Jahreszeiten, wenn die Arbeit auf dem Felde und der Handel ruhten[4]. Die Stätte der Zusammenkünfte war, solange es noch keine Sonderlandtage gab, das für die deutschen Landesteile so wohl gelegene Stettin, hin und wieder das kleinere Wollin, vielfach auch Treptow a. R., sofern die Hoffnung auf die Teilnahme Lauenburgs und Bütows, überhaupt der östlich von Kammin gelegenen Landesteile die Bedenken der Wolgastischen Regierung überwog; später kamen Anklam und Wolgast hinzu. Schon der eigene Vorteil wirkte hier bestimmend ein, weil jeder Fürst den zur Bewirtung seiner Junker nötigen Mundvorrat selbst zur Stelle schaffen lassen muſste, und überdies das Gelingen jedes Landtages verfassungsmäſsig von der Zahl der Erschienenen abhing. Erst der nie um Mittel verlegene Johann Friedrich hat sich nicht gescheut, um die Stände mit Gewalt zu trennen, einen so weltverlorenen Ort wie Rügenwalde auszusuchen.

Ein Zwang zur regelmäſsigen Einberufung der Stände bestand im sechzehnten Jahrhundert in keiner Weise; es bedurfte seiner auch nicht, da die Schuldenwirtschaft der Herzöge sowie die Türkennot des Reichs alle zwei bis drei Jahre, oft sogar jährlich dazu nötigte, die Unterthanen zur Bewilligung von Steuern zusammen zu bescheiden. Nur muſsten die Stände an der

---

[1] Wedel 230 (auch 364); Cramer I, 189.
[2] Vgl. Zitelmann, B. St. IV^a, 30.
[3] 1545 I. St. T. 94 Nr. 7 f. 7; 1559 X. 22., Nr. 24 v. III f. 226.
[4] Von den 76 Abschieden im Dähnert fallen 47 auf Dezember bis Anfang April.

Wahl eines Steuersystems festhalten, das Bewilligungen für den einzelnen Fall nötig machte.

Hatten sich die Herzöge über Zeit und Ort des Landtags geeinigt, so luden sie ihre Unterthanen ein, am Abend vor dem Eröffnungstage einzutreffen, damit die Verhandlungen in der Frühe des nächsten Morgens nicht später als acht Uhr beginnen könnten. Nur an die Schloſsgesessenen und Städte ergingen besondere Ausschreiben, die ihnen unmittelbar vom Hofe aus zugestellt wurden; die amtsgesessene Ritterschaft forderten die Hauptleute oder Landvögte durch den Landreiter an einen gelegenen, wohl meist denselben Ort zusammen, um sie dort von der fürstlichen Berufung zu benachrichtigen. Wie die Einladung an alle zur Standschaft Berechtigten erging, so verpflichtete sie auch alle, die nicht Leibesschwachheit ferne hielt, zu persönlichem Erscheinen.

Die Herzöge beschieden die vornehmsten Mitglieder der Landschaft gerne schon einen oder mehrere Tage früher, um sich über die Aussichten ihrer Vorlagen zu unterrichten und mit dem Rate auch die Zustimmung und das Fürwort der einfluſsreichen Männer zu gewinnen[1]. Indessen wollten sich die Stände an einer solchen Vorberatung nicht genügen lassen, sondern begehrten immer aufs neue, daſs die Herzöge ihnen durch Ankündigung ihrer Vorlagen im Ausschreiben eine allseitige, auch dem Willen der Daheimgehaltenen gerecht werdende Vorbesprechung ermöglichten. Das aber war es eben, was die Herzöge nach Möglichkeit verhindern wollten.

Nicht ohne Geschick, selbst unter zeitweiligem Entgegenkommen sind sie der Entscheidung ausgewichen; denn da es nach der Verfassung nicht sowohl auf die Annahme der Gesetze durch die zufällig Anwesenden, als durch die Mehrheit der einer Kurie Angehörenden ankam, besaſs die Landschaft ohne Frage die Mittel, ihren Willen durchzusetzen. Aber mit gutem Grunde haben doch nur die Städte von ihrem Rechte des öfteren Gebrauch gemacht, während die Vasallen sich in der Regel unterwarfen. Indem die Herzöge zuweilen nicht alle Vorlagen verschwiegen, zuweilen auch die Anwendung ihrer Strafgewalt gegen die zu Unrecht Ausbleibenden in Aussicht stellten, wurde es scheinbar mit der Zeit ein stillschweigendes Übereinkommen[2], daſs die Ferngebliebenen den Landtagsbeschlüssen sich unterwarfen, wofern die Regierung sie nur in Ruhe lieſs. Überhaupt war man auf beiden Seiten bereit, den rechtlichen Zwang zum persönlichen Erscheinen zu lockern. Stimmten die

[1] Die Zahl schwankte ursprünglich; 1549 nur 2, *St T. 94 Nr. 13 f. 47, 1569 waren es schon verfassungsmäſsig die 12 Landräte, Dähnert I, 519.

[2] Ausnahme z. B. Dähnert IV, 456. Verbindlichkeit der Beschlüsse für alle im voraus beschlossen 1598 XII. 14. zuerst, St. T. 94 Nr. 51c.

Schwierigkeiten der Reise, die Arbeit auf dem Gute und der häufige Mangel an Interesse insbesondere die Vasallen günstig, so bewog die Fürsten dazu ihre kostspielige Pflicht[1], für die Dauer des ständischen Beirats einer Ritterschaft Futter und Mahl zu stellen, welche in den Landtagen weit mehr die mannigfachste Gelegenheit zu Wiedersehensfesten als die Stätte ernster Beratung zu finden gewohnt war.

Die Regierung begnügte sich deshalb schon frühzeitig damit, dafs die Daheimbleibenden einem der zum Landtage Reisenden neben der ausdrücklichen Entschuldigung eine unbedingte und in der fürstlichen Kanzlei zu hinterlegende Vollmacht übergaben; doch äufserte sie den Wunsch, wenigstens jedes Geschlecht und jedes Amt durch ein oder zwei Abgesandte vertreten zu sehen. Sie räumte dem Adel dieses System der Stellvertretung um so leichteren Herzens ein, als sie es bei den Städten, welche den häufigsten Mifsbrauch damit trieben, auf keine Weise umgehen konnte.

Infolgedessen versammelten sich auf dem Stettiner Landtage vom 5. September 1541 aufser elf Schlofsgesessenen nur zweiundvierzig von der Ritterschaft, während zehn Jahre später zweiundvierzig Adlige vierzehn Geschlechter und achtundsechzig Personen zu vertreten hatten[2]. Mit Vorliebe pflegten sich die Ämter Lauenburg und Bütow zu entschuldigen, weil sie bei ihrer entfernten Lage die Ausschreiben zuweilen erst zwei oder drei Tage vor dem Beginn des Landtages erhielten. Und da selbst die Städte in diesen Bezirken nichts gegen ihre Vertretung durch die fürstlichen Amtshauptleute einzuwenden hatten[3], die Ämter aber im Falle des dringenden Wunsches wohl auch eigene Gesandte schickten oder dem Herzoge ihre Anerkennung des Abschiedes nicht selten schon im voraus übersandten, so liefs es die Regierung geschehen, dafs ihre polnischen Gebiete in steigendem Mafse die Fühlung mit den andern Ständen verloren. Sie liefs sie sogar, als wenn sie mit dem übrigen Lande nur durch die Person des Fürsten vereinigt wären, auf Sonderlandtagen ihre Wünsche und Meinungen vortragen.

Unter den Erschienenen überliefs man willig den Prälaten den ihnen aus der katholischen Zeit her gebührenden Vorrang, so wenig er auch der Mehrzahl dieser adligen Sinekureninhaber zukam; nur mufste die Landschaft in späterer Zeit es wieder und wieder beklagen, wie selten sie, seit Heinrich Normann nicht mehr der Statthalter des Stiftes war, den Eifer der alten Bischöfe, eines Erasmus von Manteuffel und Bartholomäus Suave, bewiesen.

---

[1] Fälle der Selbstbeköstigung der Stände seit 1599 mehrfach.
[2] *St. T. 94 Nr. 2 und Nr. 17 f. 14.
[3] Ritterschaft 1553 V. 11., Städte 1554 VIII. 15., *St. T. 94 Nr. 18 und 19.

Bei der Bedeutung der Stimme der Prälaten wünschten auch die Herzöge, so oft sie mit ihrem bischöflichen Bruder im Einvernehmen standen, auf ihren Landtagen Männer nicht zu entbehren, welche sie an die Instruktion ihres Auftraggebers gebunden wufsten [1]. Aber weder sie noch ihre Stände konnten erreichen, dafs die Kamminer Prälaten dem Jasenitzer Erbvertrage von 1569 gemäfs zu jeder Tagung aufser dem Vertreter des Bischofs wenigstens zwei Stiftsherren sandten; und selbst der letzte regelmäfsig erscheinende Prälat, der Wildenbrucher Komptur [2], verschwand als solcher, als seine Würde an die Freiherren von Putbus überging.

Die Hauptmasse der Teilnehmer stellte der adlige Grofsgrundbesitz [3]. Er erscheint in Pommern nahezu als ein geschlossenes Ganzes, weil sich der bevorrechtigte Herrenstand nur aus zwei Geschlechtern, den Stettinischen Grafen von Eberstein und den Wolgaster Freiherren von Putbus, zusammensetzte [4], und die der Ritterschaft entnommenen Prälaten den Landtagen fernblieben. Die dem Herrenstande an Rang und Ansehen nahestehenden Schlofsgesessenen sind über Ansätze zu einer Sonderstellung nicht hinausgekommen.

Dem Stande der Schlofsgesessenen [5] als einem bevorzugten Stande hat die Veräufserung einer Anzahl von Burgen als erblicher Lehne an edle Geschlechter seinen Ursprung gegeben. Nur in der älteren Zeit bedeutete die Schlofsgesessenheit zugleich die erbliche Übergabe des der Burg zugelegten Landes, da die Herzöge seit der Erhebung auch blofs rittermäfsiger Vasallen in sie die Lehnsherrlichkeit und die Gerichtsbarkeit über die im Burgbezirke wohnenden Mannen meist sich selbst vorbehielten. Als diese bevorrechtigte Adelsklasse im Jahre 1539 zum ersten Male als schlofsgesessen bezeichnet wurde, waren ihre [6] wichtigsten Vorrechte im Stettiner Orte entsprechend ihrer Entstehung die Befreiung von der Unterordnung unter die Hauptleute und Landvögte, insbesondere von der Justizpflege derselben und der Exekution durch ihre Landreiter, sowie die Exemtion von der Ablieferung der Kontributionen an die Ämter, überhaupt der unmittelbare Verkehr mit dem Hofe, welcher den anderen Vasallen nur durch das Mittel der Beamten zustand. Die Schlofsgesessenheit bedeutete ursprünglich keinen Rechtsbegriff, sondern einen faktischen Zustand, und später, als sie zum Rechtsbegriff geworden, nicht ein persönliches, sondern ein dingliches Recht.

---

1 Philipp d. J. 1604 XII. 29. an Franz, W. T. 39 Nr. 44 v. I.
2 Hohenstein an Putbus 1576 XI. 23., W. T. 39 Nr. 30.
3 Wichtige Stelle Dähnert I, 513, darnach Schwartz 808.
4 Nur Ansätze zur Bildung einer Herrenkurie sind vorhanden.
5 Angaben aus Kratz: D. pomm. Schlofsgesessenen 1865.
6 Noch nicht die Manteuffel und Glasenapp St. T. 94 Nr. 7 f. 35 und 9 f. 14.

Als die Geschlechter endlich dahin strebten, das dingliche Recht zum erblichen Familienrechte umzugestalten, wurden von gewissen Geschlechtern schon einzelne erbliche Berechtigungen, welche nur einen Teil des Rechtsbegriffes ausmachten, als Schlofsgesessenheit oder Schlofsgerechtigkeit in Anspruch genommen [1]. Am deutlichsten vollzog sich diese Entwicklung in Wolgast, wo es von vornherein mehr Schlofsgesessene gegeben hatte. Weil sie hier nicht von den Ämtern abgesondert waren, blieben der unmittelbare Gerichtsstand vor dem Hofgerichte, die Einladung zum Landtage durch eigene Briefe und dergleichen nahezu ihre einzigen Kennzeichen, bis im Laufe des siebzehnten Jahrhunderts jeder auch nur für seine Person Eximierte, wahrscheinlich auch jeder Landrat und Hauptmann schlofsgesessen hiefs, und ihre Bedeutung damit zurücktrat. In der Zeit freilich, da der Ursprung ihrer Rechte noch nicht verblafst war, garantierte ihnen ihr Reichtum, ihr Besitz der Landesburgen und ihr Ansehen gegenüber dem Hofe wie in der Mitte der Stände eine bevorzugte Stellung; und oft genug haben sich die Fürsten so gut wie der Adel und die Städte je nach der augenblicklichen Lage darauf berufen, dafs die Zustimmung der vornehmsten, verständigsten und tapfersten unter den Vasallen zur Gültigkeit eines jeden Beschlusses von nöten sei. Da sie sich aber nur gleich Freiherren achteten, nicht auch so nannten, so konnten sie im Ceremoniell der Landtage keine äufseren Ehrenzeichen in Anspruch nehmen, vor allen Dingen nicht mit dem Herrenstande zusammen eine eigene Kurie bilden [2].

Die thätigste Rolle auf den Landesversammlungen spielten die meist zu zweien erscheinenden Vertreter der Städte, deren Auswahl den Magistraten zwar freistand, zu denen sie aber in der Regel einen ihrer Bürgermeister und ihren den Herzögen meist verhafsten Syndikus erkoren. Die Bauerschaft blieb völlig unvertreten. Die in Lauenburg und Bütow vorkommenden Freien dürften wenigstens das Recht, Beschwerden einzureichen, gehabt haben.

Besonderen Wert legten die Stände auf die Teilnahme der höheren Beamten; für ausgeschlossen galten dagegen alle Ausländer. Diese Bestimmung ist aber bei der steigenden Überhandnahme des Beamtentums sowohl von den Städten, denen man mit Rücksicht darauf die Besetzung ihrer Syndikate mit Ausländern verbieten wollte, als auch im siebzehnten Jahrhundert wenigstens einmal von den Herzögen durchbrochen worden, als

---

[1] Betr. dadurch entstehender Unklarheiten vgl. St. T. 97 Nr. 77 f. 97 f.

[2] Kantzow, hochdeutsch 1841, 365. Doch nennen die Abschiede sie zuweilen besonders (1556 III. 25. als viri nobiles Bohlen, Mscr. III, 29 f. 34); umgekehrt zählen nicht einmal die Präsenzlisten sie gesondert.

ihnen die Stände die Genehmigung für die Annahme eines fremdländischen Sprechers abtrotzten[1].

War die Landschaft zur gegebenen Zeit versammelt, so luden die herzoglichen Räte wohl auch die Städte freundlich ein, gleich den Prälaten und den Rittern Platz zu nehmen, aber so oft die Fürsten zugegen waren, blieben die bürgerlichen Gesandten dennoch ehrerbietig stehen. Sobald die Vollmachten geprüft worden waren, die Räte auch für den Fall, dafs die Herzöge den Landtag nicht persönlich leiteten, den Ständen ihre Beglaubigungsschreiben vorgelegt hatten, übernahm die Regierung, in deren Bezirk die Zusammenkunft tagte, den Vorsitz. Ihr Kanzler eröffnete die Sitzung mit dem Vortrage der Proposition, deren Wortlaut von den Hof- und Landräten jedes Ortes sowohl gesondert als gemeinschaftlich vorher durchberaten worden war und deren Begründung dem Kanzler des anderen Ortes zukam[2]. Hatte die Regierung darauf den Ständen insgesamt oder bei Angelegenheiten von politischer Bedeutung einem engeren Ausschusse genügende Erklärungen gegeben[3] und hatte der Hofmarschall als Präsident der Versammlung noch die eine oder andere angesehene Persönlichkeit um ihre Meinungsäufserung gebeten, so zogen sich die Stände zur geheimen, kurienweisen Verhandlung zurück[4]. Die Reihenfolge, in welcher die proponierten Punkte und die Gravamina der Stände oder einzelner Personen beraten wurden, war nicht immer dieselbe, weil die Herzöge ihre Steuerforderungen, die Stände ihre Gravamina bevorzugt zu sehen wünschten; nur darüber war man sich einig, dafs die geistlichen Sachen allewege den Vorrang hatten.

Nachdem sich der oppositionelle Trotz der Stände hinter verschlossenen Thüren, durch welche der Regierung kein Eintritt zustand, seinen Weg aufs freieste gebahnt hatte, besafsen von Jahrzehnt zu Jahrzehnt weniger Leute den Mut, in der Gegenwart der Herzöge dem Willen des einzelnen Standes oder selbst der gesamten Landschaft einen noch so gewählten Ausdruck zu verleihen. Während es noch in den vierziger und fünfziger Jahren für die altüberkommene Pflicht der Prälaten oder an ihrer Statt des Adels galt[5], die Antwort aller Stände auf die Proposition vorzutragen, erwies sich von da ab die Suche nach einem Orator als so ergebnislos und die seit 1568 geplante Anstellung eines

---

[1] Briefe und Verhandlungen 1612 VI. u. VII., W. T. 39 Nr. 53 v. I—III.

[2] Instruktionen 1619 VI. 5. u. 1620 IV. 22., W. T. 39 Nr. 63 u. St. T. 94 Nr. 96 v. I.

[3] Lehneide Cramer I, 190, Dähnert IV, 942.

[4] Ein Beispiel dafür Gadebusch II, 94.

[5] St. T. 94 Nr. 7 f. 22. Nach Dähnert IV, 491 — 1578 VIII. 30. — wechselten die Stände vor alters. Friedeborn II, 45, 47, 48.

ständischen Syndikus als so unmöglich[1], daſs man gezwungen war, die Erwiderung auf jede regierungsseitige Erklärung schriftlich auszuarbeiten. Da die Stände bald auch die Herzöge zur schriftlichen Überreichung ihrer Mitteilungen aus Miſstrauen anhielten, muſste man sich auf einen sehr lästigen, oft sechs- oder siebenmal notwendig werdenden schriftlichen Verkehr beschränken, an welchem die Thatsache nichts änderte, daſs die fertigen Noten von den Parteien in gemeinschaftlicher Sitzung verlesen zu werden pflegten.

Für die Regierung kam es ebenso darauf an, dieses langwierige Verfahren zu verkürzen, wie es der ständischen Politik entsprach, die Verhandlungen hinauszuzögern, weil die Unterhaltskosten der Vasallen den Unterschied zwischen der herzoglichen Steuerforderung und dem Angebot der Landschaft sehr bald auszugleichen drohten.

Von vornherein gingen die Stände darauf ein, alle gröſseren Fragen der Landesgesetzgebung Ausschüssen zu überlassen, deren Kern die angesehensten Schloſsgesessenen zu bilden pflegten. Sie billigten es auch in der Regel, daſs die Herzöge die Zahl der Teilnehmer, diese selbst und den Tag der Zusammenkunft bestimmten[2], und waren es zufrieden, sofern sie insgesamt nur die Grundzüge genehmigt hatten, daſs die Beschlüsse der Ausschüsse, ohne noch einmal an den Landtag zurückzugehen, nur durch eine verstärkte Kommission verabschiedet wurden. In diesen verordneten Ausschüssen war eine Einrichtung von auſserordentlicher Bedeutung geschaffen; denn aus ihrer Mitte sind alle die Gesetze hervorgegangen, in denen sich das staatliche Leben Pommerns während eines Jahrhunderts darlegte; weder der Gegenstand der Freundschaftsbezeugungen noch der Feindseligkeiten der Regierung, haben sie sich unbehindert ihren Aufgaben widmen können und ungleich mehr geleistet als das immer währende Kollegium der Landräte.

Dagegen haben sich die Herzöge im groſsen und ganzen vergebens bemüht, ihre Städte zur Ausstellung unbedingter Vollmachten für ihre Gesandten ohne vorherige Kundgebung der Proposition zu nötigen[3], so daſs die Bürgersprachen noch um die Mitte des siebzehnten Jahrhunderts ihr Begehren zurückzu-

---

[1] Abschied 1585 X. 9., St. T. 94 Nr. 59 v. I. Um keinem Fremden die Geheimnisse in den Mund stecken zu müssen, wünschten die Obereinnehmer 1592 XII. 2. einen Hofgerichtsprokurator zum Orator, Nr. 72.

[2] 1544 III. 12. läſst der Herzog den Ständen die Verordnung in den Polizeiausschuſs, „auf das nicht angesehn wurde, als wolthe m. g. H. einem teil mher dan dem andern beipflichten,“ St. T. 94 Nr. 9 f. 34, ähnlich 1568 Nr. 44. Eine hübsche Schilderung der Ausschuſsthätigkeit bei Gentzkow, B. St. XX a, 7. Vgl. S. 25.

[3] Sehr scharf forderte Johann Fr. 1588 VI. 7. die commissio generalis nach gleich beigelegtem Wortlaut, damit pariert werde, St. T. 94 Nr. 66 v. I.

weisen vermochten [1]. Die Deputierten haben dementsprechend, namentlich seit der Verschärfung der Gegensätze, die Steuervorlagen nur auf Hinterbringung angenommen.

Noch viel weniger haben sich die städtischen Vertreter dazu verstanden, ihre Instruktionen bei Beginn des Landtages der Regierung auszuhändigen, damit dieselbe bei den Verhandlungen im wesentlichen dort anfangen konnte, wo sie meistens aufzuhören gezwungen war [2].

Kaum minder als die Städte rechnete die Ritterschaft auf die Dauer der Versammlungen, wenn sie sich trotz aller Vollmachten der Daheimgebliebenen Tag auf Tag ihrer Verantwortung nicht gewachsen fühlte. Immer waren ihr gar zu wenige da, so daſs ihr der erzürnte Herzog endlich einmal zum Beweise des Gegenteils die Futterlisten früherer Landtage vorzulegen befahl [3]. Diesmal behauptete sie, es wären keine oder zu wenige Landräte anwesend; dann wieder lehnte sie jede Beratung ab, solange die Prälaten an ihnen nicht teilnähmen [4]; und half dann gar kein Mittel mehr, so verritt sie insgemein oder in genügender Anzahl. Aber immerhin bewies sich ihr Widerspruch doch nur selten so beharrlich, daſs die städtischen Vertreter sich leider nach den Vorderständen richten zu müssen erklärten.

In richtiger Erkenntnis hat daher der dritte Stand seinen Einfluſs weit weniger zu Gunsten einer bedingungslosen Oppositionspolitik der Landschaft als auf ein engeres Zusammenwirken und geschlosseneres Auftreten der Stände unter steigendem Ausschluſs der Regierung von den Verhandlungen [5] geltend gemacht. Die Herzöge muſsten sich daher immer mehr unter den ihnen zunächst stehenden Ständen nach Bundesgenossen und Geschäftsträgern umsehen.

Es war das von um so gröſserem Werte, als das erste Votum, welches die Prälaten, und falls sie fehlten, die adligen Landstände [6] abgaben von ausschlaggebender Bedeutung werden konnte; denn kaum anders als auf den Reichstagen wird sich der Geschäftsgang geregelt haben, indem die endliche Antwort auf die fürstliche Proposition zuerst von den Prälaten entworfen und dann den beiden andern Kurien zur Entscheidung vorgelegt wurde. Die Städte nennen es gelegentlich einen alten Gebrauch, daſs der vornehmste der anwesenden Stände „etwas“ vor den anderen abstimme und darauf die Antwort der ganzen Landschaft zum

---

1 Pyl II, 58; Gadebusch II, 83.

2 St. T. 94 No. 17 f. 39.

3 Wolgast 1571 W. T. 39 Nr. 26.

4 1623 X. 20/25. St. T. 94 Nr. 98; 1630 IX. W. T. 39 Nr. 98 v. I.

5 Philipp instruiert 1560 I. die Räte, daſs sie „bej beider orter gemeiner Landtschaft von unserntwegen umb Audientz anhalten“ sollen; St. T. 94 Nr. 28 f. 120.

6 Landtag 1623 X. 20/25., St. T. 94 Nr. 98, Resolution 1626 VI. 27., Nr. 100.

Vortrag bringe. Beschlufsvorbereitung und Entschliefsung der Stände vollzog sich demnach in Abwesenheit der Regierung, deren Versuche, die Leitung der Vorabstimmung an sich zu ziehen, scheiterten [1].

Sehr unangenehm für die Herzöge war die Notwendigkeit der einstimmigen Annahme jedes Gesetzes durch die Landschaft. Sie machten vergebens geltend, dafs der Ungehorsam eines Standes den Ungehorsam der anderen billigerweise nicht entschuldigen könnte. Die Ritterschaft hätte allerdings nachgegeben; aber die Städte beharrten darauf, dafs alle Stände für ein Korpus erachtet würden, und nur diejenigen Vorlagen Gesetzeskraft erlangten, welche die Zustimmung aller vertretenen Kurien gefunden hätten. Erst zu Beginn des 17. Jahrhunderts und wirkungsvoller unter den alles umstürzenden Wirrnissen des dreifsigjährigen Krieges gelang es der Regierung, den Zwang der Einstimmigkeit in einzelnen Fällen zu durchbrechen und durch den Mehrheitsbeschlufs zu ersetzen. So sehr auch infolgedessen der Einflufs des Bürgertums geschwächt wurde, scheint doch der dafür gezahlte Preis, dafs das Fürstenhaus fortan als ein einfacher, gleich den andern Ständen abstimmender Stand in die Landschaft eintrat, ein gar zu hoher [2].

Ihre gesetzmäfsige Geltung erhielten die Landtagsbeschlüsse durch ihre feierliche Publikation in Gegenwart der Herzöge und der Landschaft [3]. Sie wurden meist sofort, nur im Notfalle nachträglich, in dem durch Übereinkunft der Räte und Stände begriffenen Landtagsabschiede niedergelegt, auf Grund dessen die Ausführungsbefehle an die Ämter, Städte und Schlofsgesessenen, wo es angebracht, in pommerscher Sprache, d. h. plattdeutscher Mundart ergingen. Wie wenig seine schriftliche Feststellung in Gegenwart der Stände vor Irrtümern bewahrte, beweist 1541 die Bitte der Städte um nochmalige Mitteilung des vorigen Landtagsabschiedes und die Erklärung der Schlofsgesessenen vom Jahre 1549, dafs der ihrem Erbmarschall ausgehändigte Abschied in vielen Punkten abgeändert sei. Da auch der Beschlufs von 1563, zum Protokollieren und Kopieren der Verhandlungen fortan eigene Schreiber mitzubringen, dem Adel bald nicht mehr genügte, so einigten sich die Stände 1568, zur besseren Wahrung und Ausnutzung ihrer Rechte wie zum Vortrage ihrer Notdurft gemeinsam einen Syndikus zu bestellen. Sie wufsten freilich bei ihrer mangelhaften Organisation, die zu der dadurch nötig werdenden Selbstbesteurung ungeeignet war, den Entschlufs vorerst nicht aus- und nachher nicht durchzuführen [4].

---

1 Grav. 1610 IV. 3., W. T. 39 Nr. 48, bewilligt 1614, Dähnert I, 628.

2 „Drei Vota, nämlich des Landesfürsten, der Prälaten und Ritterschaft, machen unzweifentlich die maiora“; 1633 XI. 30., W. T. 39 Nr. 122.

3 Dähnert I, 628 f. Vgl. Abschied 1544 III. 16. *St. T. 94 Nr. 7.

4 Dähnert I, 512, IV, 501; B. St. IV[a], 42. Schwartz 809. Noch

Die Landtage der Jahre 1544—1555.

Unter den eben geschilderten Formen vollzogen sich die Landtage, sei es allein in Wolgast oder allein in Stettin oder für beide Orte gemeinsam, seit 1544 fast Jahr für Jahr. Diejenigen der ersten zwölf Jahre lassen sich schlechthin als Steuerbewilligungstage kennzeichnen, weil sie alle anderen, das politische und sociale Leben berührenden Fragen vernachlässigten.

Als der so bedeutungsvoll gewordene Ausschufstag im Januar 1544 zusammentrat, war die Einsammlung der im September 1541 von dem Stettiner Orte zugesagten Steuern soeben beendigt. Sie war drei Jahre vorher unter gröblichen Rechtsverletzungen von seiten der Regierung begonnen worden. Während Barnim von den mächtigen Städten und Landvogteiadligen einfach die Zahlung der einzelnen, von der Türkensteuer möglicherweise noch ausstehenden Beträge erbeten hatte, hatte er der politisch schwächeren, polnischen Ritterschaft Lauenburgs und Bütows die nochmalige Reichung des gesamten Schosses drohend nahegelegt, geradezu brutal aber den rechtlosen Bauern, die ihren Anteil längst entrichtet hatten, erklären lassen, dafs es ihm nicht passe, sie von der erneuten Zahlung zu befreien [1].

Philipp, der es stets vorzog, durch sparsame Wirtschaft die Kosten seines Haushalts und der Regierung zu decken, dürfte unterdessen nur einmal, im Jahre 1542 oder 1543, einen aufserordentlichen Landschatz begehrt haben; doch die häufigen Reichssteuern zwangen auch ihn zur jährlichen Einberufung der Stände.

Der Speirer Reichstag hatte 1542 eine umfassende Forderung des Kaisers bewilligt. Neue Geldnöte Karls veranlafsten den mifslungenen Ausschufstag zu Treptow und einen nicht weniger erfolglosen gemeinen Landtag im März 1544. Die Härte und der Eifer, mit denen der gemeine Pfennig von 1542 durch die Herzöge eingetrieben worden war, hatten vielleicht nicht nur den boshaften Berckmann auf den Gedanken gebracht, dafs von den Reichssteuern nicht allzu viel bis in des Kaisers Kasse dringe. Auch den im Juni zu Speier angenommenen gemeinen Pfennig reichte die Landschaft nur mit so zähem Widerwillen, dafs die Herzöge sich veranlafst sahen, die Herabsetzung der pommerschen Reichssteuerquote zu betreiben. Auf dem Wormser Reichstag gelang 1545 die Minderung des herzoglichen Anteils um $1/4$, des stiftischen um $1/3$; langwierige weitere Verhandlungen wurden begonnen, dürften aber ergebnislos geblieben sein [2].

Der vorsichtige Barnim hatte sich auf die erste Kunde von dem Speierer Pfennig zunächst am 10. IX. 1544 einen Fräulein-

---

im sechzehnten Jahrhundert wurde ein Syndikus für alle Stände ernannt; ca. 1620 erhielt jeder Stand seinen eigenen.

[1] St. T. 94 Nr. 2 f. 12—17.

[2] St. T. 28 Nr. 28 v. II; vgl. 1585 Dähnert I, 564 f.

schofs zur Ausstattung seiner Tochter Maria für Lichtmefs 1545 versprechen lassen, worauf er im Januar die widerspenstigen Stände ohne weiteres zur Einlieferung der Reichssteuer zwang[1]. Philipp dagegen war sofort an die Ausführung des Reichsabschiedes gegangen, mit der er die Erhebung der Fräuleinsteuer und der noch ausstehenden Hälfte des Türkenschatzes von 1543 verband[2]. Dennoch wurde es 1546, ohne dafs der gemeine Pfennig völlig eingebracht war. Erst der schmalkaldische Krieg spornte den Eifer der Herzöge aufs neue an, für den es bezeichnend ist, dafs Philipp sich noch am 19. Juli 1546 mit seinem fürstlichen Einkommen an der Spitze der Rückständigen befand[3].

Alle von 1542 bis 1546 gereichten Schösse standen untereinander im Zusammenhang und haben in wichtiger, wenngleich in mancher Hinsicht wenig nachhaltiger Weise auf die Entwicklung des pommerschen Steuerwesens eingewirkt.

Die Teilungsverträge von 1532 und 1541 hatten nur die Verteilung der Steuern auf die einzelnen Landesbezirke in Angriff genommen. Jeder von den Gesamtständen bewilligte Schofs sollte auf das ganze Herzogtum gleichmäfsig verrechnet, seine Erhebung jedoch der zuständigen Landrenterei überlassen werden. Die Fräuleinsteuer sollte darauf der Brautvater an sich nehmen, die Reichssteuer gemeinsam an die kaiserliche Kasse abgeführt und ein etwa sich ergebender Überschufs ebenso wie jeder Landschatz unter die beiden Herzöge ohne Rücksicht darauf, dafs Wolgast weniger beitrug als Stettin, verteilt werden. Freigestellt war den Regierungen, von ihren Sonderlandtagen nur für ihren Ort auszuschreibende Steuern „durch Bitte oder andere Wege“ zu erlangen und für sich zu verwenden. Das Kamminer Domkapitel wurde zu den Steuern des ganzen Landes voll, in halber Höhe zu allen anderen herangezogen.

In das Steuerverfahren griffen erst die gemeinen Pfennige von 1542 und 1544 ein. Sie hatten vor dem ortsüblichen Hufen- und Häuserschosse voraus, dafs sie viel weitere Kreise trafen und eine gerechtere Verteilung der Lasten ermöglichten. Die Stände hatten schon 1531 einmal einen gemeinen Pfennig beschlossen, sich jedoch damals nur den ersten Vorzug zu Nutzen gemacht und auch ihn nur insofern, als er ihren persönlichen Vorrechten keinen Eintrag that. Für die bis dahin schon Steuerzahlenden behielten sie die alte Schofsweise und für die Ritterschaft die Steuerfreiheit bei, veranlagten aber neu die Dienstboten und Tagelöhner, alle zur Miete Wohnenden, die ledigen Frauen und die Spinnerinnen[4].

---

[1] St. T. 94 Nr. 9 (das Jahr beginnt Weihnachten! Dähnert I, 511 f.)

[2] Für Wolgaster Steuern Pyl III, 132, dazu W. T. 35 Nr. 1 f. 4.

[3] St. T. 3 Nr. 10 f. 272; W. T. 35 Nr. 1 f. 30 und 69. Abgeführt wurde der Pfennig vermutlich erst 1548 zwischen III. 1. und X. 6., W. T. 25 Nr. 3 f. 6 und 205.

[4] Anlage der Städte 1531 St. T. 95 Nr. 1 v. I.

1542 fügte man die Geistlichen ein. Vielleicht ist man aber auch schon zur Verwirklichung der Vermögenssteuer übergegangen, indem man den Adel, welcher von da ab der bitterste Gegner aller gemeinen Pfennige wurde, zum Verzichte auf sein Vorrecht bewog und das von ihnen selbst einzuschätzende bewegliche Vermögen der privilegierten Klassen mit heranzog [1].

Bereits begannen auch die Landschösse sich nach der Richtung der gemeinen Pfennige hin weiter zu bilden; denn damals zuerst wurden auf dem platten Lande Leute ohne jeglichen immobilen Besitz wie die Mühlenkostknechte und Kuhhirten mitveranlagt [2].

Doch die Ungunst der Zeit hat diese Neuerungen, welche dem gemeinen Nutzen und dem Fürstenhause dienten, wieder vernichtet und von den Einrichtungen des Reichssteuersystems nur jene erhalten, welche die Landschaft zu stärken vermochten.

Noch im Jahre 1539 hatten die Herzöge jegliche Teilnahme der Stände auch nur an der Aufbewahrung der Steuererträge bis zum Verbrauche als unerträglich abgelehnt [3]. 1542 aber liefsen sie die Schlofsgesessenen und vielleicht auch den gemeinen Adel einen Obereinnehmer wählen, gesellten ihm einen Hofrat als Regierungsvertreter und einige Bürger der Stadt, welche den Steuerkasten bei sich beherbergte, hinzu und überwiesen dem so zusammengesetzten Ausschusse die ganze Verwaltung und Überwachung des gereichten Pfennigs. Dieses Obereinnehmerkolleg nahm 1544 bestimmte Formen an, indem jeder Stand und die Regierung je einen Vertreter in es sandte. In den folgenden Jahren wurde es trotz der Unannehmlichkeiten, die damit verbunden waren, auch für andere als Vermögens- und Reichssteuern berufen. Verzögernd wirkte vorzüglich, dafs die Steuertruhe, da jeder Obereinnehmer einen der Schlüssel zu ihren vier Schlössern besafs, nur in Gegenwart des ganzen Ausschusses geöffnet werden konnte. Weil nun stete Anwesenheit am Orte von rein ehrenamtlich thätigen Männern nicht Jahre hindurch verlangt werden durfte, so mufste mancher Steuerpflichtige wieder umkehren, ohne sein Geld losgeworden zu sein [4].

Der gemeine Pfennig von 1544 hat der Landschaft auch einen Anteil an der Steuereinsammlung in den Ämtern verschafft, wo dem Rentmeister ein Adliger beigegeben wurde. Doch wurde die Ernennung von Untereinnehmern nicht regelmäfsig wiederholt.

Zu Beginn des Jahres 1547 machte sich das Land auf kriegerische Verwicklungen gefafst; der Schmalkaldische Bund

---

[1] St. T. 94 Nr. 7 und 9; Güter, so nit leicht zu schätzen (unbewegliche), andere, so zu schätzen (Barschaft und Vorrat).

[2] Philipp an das Domkapitel 1546 XI. 16., W. T. 39 Nr. 9.

[3] Instruktion 1539 XII. 8., Bohlen, Mscr. 99.

[4] Notizen namentlich W. T. 35 Nr. 1.

war geschlagen, und Kurfürst Joachim von Brandenburg, dessen Vorteile die Festsetzung der Habsburger an der Ostsee zuwider war, dem Kaiser auf die Dauer nicht gewachsen. Es ereignete sich nun das für jene Zeit bezeichnende Schauspiel, dafs diese Monate der höchsten Gefahr für das Herrscherhaus, in denen man alle Aufmerksamkeit auf das Ausland hätte gerichtet glauben sollen, zugleich Monate der angestrengtesten innerpolitischen Thätigkeit waren. Die Stände begriffen, dafs die Regierung wenn je, jetzt in ihrer Herzensangst mit ihren Versprechungen Ernst machen würde, und behandelten alle noch nicht abgestellten Beschwerden mit dem höchsten Nachdruck. Wie richtig sie gerechnet hatten, bewies insbesondere der kräftige Anlauf, der 1547 zur Abstellung der kirchlichen Meinungsverschiedenheiten genommen wurde.

Mit den geistlichen Gütern war seit 12 Jahren arg gehaust worden, wobei Fürstenhaus und Städte den Löwenanteil, der Adel und die junge Kirche wenig davongetragen hatten. Die Warnung Barnims vor Entfremdung des Kirchenbesitzes erwies sich als so vergeblich, dafs sich schon 1544, vier Jahre später, niemand mehr zur Verwaltung der Kirchkasten bereit fand, weil ihnen fast alles Eigentum abhanden gekommen war [1]. Auf den Landtagen sahen die Herzöge die Angelegenheit, in welcher sie am wenigsten Grund zu einem guten Gewissen hatten, lieber unbesprochen [2]; denn die heikle Frage der Verwendung der Klöster war 1539 nur vertagt, nicht verabschiedet worden. Als sich eine Auseinandersetzung darüber nun nicht mehr vermeiden liefs, setzte die Regierung ihre Hoffnung darauf, dafs sich die Stände untereinander über die Aufteilung des Klostergutes nicht würden einigen können, weil der Adel es, als von seinen Ahnen gestiftet, für sich allein beanspruchte, was die Städte nicht zugeben wollten.

Die Herzöge schlugen auf dem Landtage im März 1547 vor, die Nonnenklöster zugunsten armer Mädchen zu erhalten, die Feldklöster in Erziehungsanstalten umzuwandeln und zur Oberaufsicht über sie wie über alle kirchlichen Angelegenheiten ein Konsistorium zu begründen; bereits im Jahre 1539 hatten sie von der Errichtung eines solchen als festbeschlossener Thatsache gesprochen. Aber die Ordnung des Punktes, an welchem schon 1544 alle Verhandlungen gescheitert waren: ob nur Töchter adliger oder auch bürgerlicher Familien Aufnahme finden sollten, wurde einer späteren Zeit überlassen, womit die ganze Reform in sich zusammenfiel [3].

---

[1] Dähnert II, 575. Verhandlungen 1544 III. St. T. 94 Nr. 7 f 73.

[2] Die Worte: „auch des kirchenguts inn ferner schutz und hanthabung zu bringen“ sind im Ausschreiben 1541 VII. 20., St. T. 94 Nr. 2 f. 3, nachträglich gestrichen.

[3] St. T. 94 Nr. 12 f. 87 f., Nr. 24 v. III f. 170, auch Nr. 7 f. 72. Cramer III, 116.

Das eben war die Absicht der Regierung, welche ebenso, wie die Landschaft auf die Dauer der Gefahr, auf ihr Vorübergehen rechnete. Ehe sie aber aufatmen durfte, war ihr noch eine schwere Demütigung beschieden. Während bei der allgemeinen Kriegsfurcht sogar Adel und Städte gemeinsam Schutzwälle aufwarfen, fand Philipp die Thore des kraftvoll rüstenden Stralsund, hinter denen er Sicherheit suchte, für sich verschlossen; der Hafs Bogislavs X. gegen die mächtige Stadt trug zum ersten Male bittere Früchte.

Bald darauf trat die Aufgabe an die Regierung heran, auf dem Septemberlandtage 1548 ihr Volk für die Unterwerfungsbedingungen Karls V. zu gewinnen. Die Einführung des Interims wurde allerdings kaum bekämpft; vielmehr wünschte jede Partei die Verantwortung auf die anderen abzuwälzen und in kluger Berechnung gegenüber den Reden der heifsblütigen Prädikanten sich taube Ohren zu bewahren. Aber ernstliches Kopfzerbrechen bereitete allen die auferlegte Bufse von 200000 Gulden. Ihre Aufbringung durchzusetzen waren die Herzöge entschlossen, gleichviel ob sie dieselbe wirklich an die kaiserliche Kammer abführen mufsten, oder sich selbst dadurch in den Besitz reicher Geldmittel setzten[1]. Eine ähnlich hohe Steuerforderung war noch niemals an das Land herangetreten, und es war nicht abzusehen, wie sie nach dem üblichen, ungelenken und ungerechten Verfahren aufgebracht werden sollte.

Dafs es im vollen Umfang zu geschehen hätte, selbst wenn der Kaiser sich zu einer ansehnlichen Linderung bewegen liefse, darüber wurde man sich schon in den Vorverhandlungen einig, weil Stände wie Regierung damals die Bildung eines grofsen Steuervorrats lebhaft ins Auge gefafst hatten. Bereits eine im Herbste 1546 bewilligte Steuer zur Abwendung der Kriegsnot war ein Versuch dazu im kleinen gewesen. Es war die Hoffnung der Herzöge, dafs die Landschaft sich fortan, wenn das nötige Geld bereits vorhanden, leichter zu Schuldentilgungen entschliefsen möchte; die Stände dagegen überlegten, dafs sie mit Hilfe des Vorrats die Errichtung eines dauernden ständischen Steuerverwaltungsausschusses erzwingen könnten, weil das Amt der von ihnen zur Einnahme der Steuer beauftragten Obereinnehmer erst mit der Verausgabung des Vorrates erlöschen sollte.

Wie sehr man aber auch darin übereinstimmte, dafs die 200000 Gulden zu reichen seien, so gingen doch die Ansichten über das Wie des Aufbringens auseinander. Herzöge und Städte planten eine Umwälzung des alten Landschofssystems. Sie entlehnten von dem gemeinen Pfennig die Verbindung von Hufen- und Haus- mit der das Einkommen aus der gegenwärtigen Arbeit wie dem Kapital treffenden Vermögenssteuer und aufserdem eine

---

[1] Deklaration St. T. 94 Nr. 13. Abschied Dähnert IV, 444.

tief einschneidende, wenngleich noch etwas mechanische Aufhebung des adligen Steuerprivilegs. Sie sollte den Anteil des platten Landes an der Gesamtsumme zur Hälfte auf die Schultern der Gutsherrn legen[1]. Dieser Vorschlag stiefs aber auf den erbitterten Widerspruch der Prälaten und Ritter, welche ihn zwar „an im selbst nicht ungleich“, aber dem Brauche des eigenen und der Nachbarländer durchaus zuwider fanden. Sie nahmen Anstofs daran, dafs sie gleich ihren Bauern tragen sollten, und die Bestimmung ihres Anteils nicht dem guten Herzen des einzelnen überlassen wurde. Ebensowenig gefiel ihnen die Zumutung einer wahrheitsgetreuen Selbsteinschätzung, weil ohne Zweifel niemand von den immer klagenden Gutsherren sich seines Vermögens gern entblöfsen würde; doch wollten sie auch von einer amtlichen Einschätzung nichts wissen, weil das ganze Erhebungsgeschäft infolge des Widerspruchs der ungerecht Taxierten rasch ins Stocken geraten müfste. Unbedingt hielten sie an dem Hufen- und Häuserschosse fest. Dagegen nun wehrten sich die Städte aufs heftigste, wenn nicht die Grundtaxe des Schosses für sie soweit herabgemindert würde, dafs sie, wie sie nur einer der drei Stände seien, auch nur ein Drittel des Steuerbetrages aufzubringen hätten.

Es kam zu derart ernstlichen Auseinandersetzungen, dafs an ein Einvernehmen so bald nicht mehr zu denken war, und die Herzöge anfingen, mit jeder Partei einzeln zu verhandeln und ihre Hoffnung auf ein gut durchgeführtes Doppelspiel zu bauen.

Obwohl die Forderung des Bürgertums, dafs ihm nur ein Drittel der Gesamtsumme zugewiesen werde, unbillig war, und die Regierung mit der Einwilligung in die Zahlung eines Fixums durch die Städte auf nahezu jede Möglichkeit eines Einblickes in die Gemeindeverwaltungen verzichten mufste, zeigten sich Barnim und Philipp bereit, auf den Vorschlag einzugehen; nur stellten sie eine Bedingung, welche den Städten den durch die Herabsetzung ihres Anteils auf ein Drittel erzielten Gewinn auf ein gerechtes Mafs zu beschränken geeignet war. Sie verlangten, dafs der Landschofs der Dörfer und Bauern, welche den Städten auf irgend einen Titel hin zugehörten, nicht in das Drittel eingeschlossen, vielmehr gesondert von dem Schofs der Bürger in die Ämter gereicht werden sollte. Die bürgerlichen Abgeordneten bezeichneten das mit Recht als eine Neuerung; denn sowohl 1541 wie 1545 hatte Barnim zugelassen, dafs nicht nur die Haussteuern, sondern auch von „den Dörfern ihres Eigentums“ die Hufensteuern unmittelbar in die fürstliche Kammer entrichtet wurden[2]. Jahrelanger Streit entspann sich darüber.

Indem die Herzöge aber den Städten soweit entgegenkamen, sahen sie ein, dafs sie auch dem platten Lande gegenüber ihre

---

[1] 2. und 3. Antwort, St. T. 94 Nr. 13; Abschied Dähnert IV, 444.
[2] Herzöge 1548 IX. 13., St. T. 95 Nr. 2, 1541 T. 94 Nr. 2, 1545 Nr. 9.

Forderungen ermäfsigen mufsten, und setzten deshalb den Anteil der beiden Vorderstände an der Steuer soweit herunter, dafs er zu der mit den Gemeinden verabredeten Quote wieder im altgewohnten, unbilligen Verhältnisse stand. Sie wollten sich mit der Einsammlung einer achtfachen Steuer in zwei Zielen, von denen das eine Dreikönigstag 1549 gereicht, das andere möglichst lange hinausgezögert werden sollte, begnügen und verhiefsen auch die Heranziehung des fürstlichen Besitzes, worauf man den Adel noch weit sicherer gewonnen glaubte als das Bürgertum[1]. Als aber der Landtagsabschied am 16. September den Ständen zur Unterzeichnung vorgelegt wurde, waren, durch des Hofmarschalls Massow Versprechungen sorglos gemacht, alle Adligen mit Ausnahme von vieren, welche ihn nicht allein anzunehmen wagten, verritten.

Nichtsdestoweniger wurde der Abschied publiziert, und das Steuerausschreiben mit Beruf auf ihn erlassen. Die Neigung zur Nachgiebigkeit mochte im Lande zunächst überwiegen; erst als die Schlofsgesessenen durch die Mitveranlagung ihrer bis dahin unbestritten steuerfreien Städtlein und Flecken sich ungerecht behandelt glaubten, begann sich ein Widerspruch zu regen. Er scheint auf dem zur endgültigen Annahme des Interims zusammenberufenen Februarlandtage 1549 so stark geworden zu sein, dafs die ganze Ritterschaft am 5. April von Borkenhagen aus behaupten konnte, von der Bewilligung einer achtfachen Steuer nichts zu wissen. Länger als anderthalb Jahre und selbst in der Pestzeit des Winters 1549/50, wo „alle der sterblichen leufte halben sorglich" waren, wagten die Herzöge in keine neuen Verhandlungen mit den Adligen einzutreten, welche unterdessen in eifriger Verbindung blieben und gar nicht oder nur mühevoll zum Bezahlen ihrer Steuern zu bewegen waren[2].

Endlich jedoch wurde die Notwendigkeit, den mächtigen Kaiser zu befriedigen, gar zu drängend. Wie sich Stralsund 1550 zum Ausschreiben der hohen Steuer entschlofs, mochte das Schreien und Fluchen gleich noch so grofs sein, so fügte sich auch der Adel. Kaum aber war die Regierung im Besitze der Bewilligungen vom Jahre 1548, als sie auf den Dezember 1550 einen neuen Landtag berief, um neben mehreren anderen Steuern die Aufbringung des an den 200 000 Gulden gebliebenen Restes von den Ständen insgesamt zu erbitten.

---

[1] Die Rechnung war vermutlich folgende. Ein Landschatz trug im

Ort Stettin 1547 nach St. T. 95 Nr. 1 v. I	10 228	Gulden
davon die Städte	4 156	„
M. g. H. Empter und geistl. gueter, der gemeine Adel ock	5 016	„
Herren und Schlofsgesessene	1 054	„

Die Steuern der Städte × 8 = 33 248 × 2 [Wolgast] = 66 496 Gulden, also etwa = 1/3 der 200 000 Gulden. Doch ist dieser Bericht im Vergleich zu einem anderen St. T. 94 Nr. 94 v. I erhaltenen den Städten ungünstig.

[2] Die Schriften meist St. T. 95 Nr. 1 v. I.

Davon wollten nun die Städte ganz und gar nichts wissen und drängten nur um so entschiedener auf die Lösung der von ihnen aufgeworfenen Prinzipienfragen. Die Begriffe ordentlicher und aufserordentlicher Landschatz waren trotz des häufigen Gebrauchs noch völlig unklar. Die Vertreter des Bürgertums, welches sehr wohl fühlte, dafs der Unterschied nur zu seiner Schädigung erfunden worden war, haben bis 1571 häufig gebeten, die Bezeichnung fallen zu lassen; sie gaben nicht zu, dafs die Grundtaxe der aufserordentlichen Steuern eine andere sein dürfe als die der ordentlichen, und beharrten darauf, dafs der dritte Stand von allen Steuern gleichmäfsig nur ein Drittel zu tragen habe. Auf eine Ordnung dieser Frage vermochten sie 1550 um so eher zu drängen, als der Landtag auch über eine Fräuleinsteuer für Philipps Schwester zu beschliefsen hatte. Sie schieden aus Stettin mit dem Gedanken, einen vollen Sieg davongetragen zu haben; doch war es nicht daran, obwohl ihr Erfolg sehr ansehnlich genannt werden konnte.

Lange Jahrzehnte hatte die Höhe der Fräuleinsteuer geschwankt, bis sie in den vierziger Jahren, wie es scheint, zu Ungunsten der Städte geregelt wurde. Das Land entschied sich, da es von nun ab die Töchter zweier Herzöge auszustatten hatte, gemäfs der Vorschrift des Landesteilungsvertrages dahin, dafs es zwar der Gleichheit halber zu jeder Hochzeit insgesamt, aber nur mehr einen Teil der bisherigen Summe beisteuern wollte. Weil indessen dieser Beschlufs allein der Ritterschaft zugute gekommen sein dürfte, welche ihren Anteil an jeder Steuer um die Hälfte herabsetzte, während den Städten die alte Last blieb, ward er 1550 ein für allemal geändert. Die Landschaft erklärte, dafs sie nicht mehr insgesamt zu jeder Fräuleinsteuer beitragen, sondern dem einzelnen Orte die Sorge für die weiblichen Verwandten seines Fürsten überlassen werde. Es solle aber von nun ab das platte Land von der Hegerhufe je zwei Jahre lang einen Gulden auf und ab, die städtische Bevölkerung dagegen nur je einmal einen Gulden vom Giebelhause bezahlen. Damit die Städte jedoch nicht gar zu sehr bevorzugt würden, hätten sie nicht einen gewöhnlichen, sondern einen Goldgulden oder aufser dem gewöhnlichen ein entsprechendes Aufgeld zu erlegen [1].

Wenn der dritte Stand aber im Verlaufe eines sich an den

[1] Für die fürstlichen und geistlichen Bauern trat zu der Fräuleinsteuer die nicht geringe Küchen- oder Heimfahrtssteuer, welche in Naturalien geleistet wurde. Erst gegen Ende des Jahrhunderts wurde auch Geld genommen; nur Hafer ward nicht abgelöst (1588 IX. 7., St. T. 76 Nr. 7). Sie wurde nicht als Staatssteuer betrachtet, weil auch Adlige sie mit Erlaubnis des Herzogs erheben durften, und sie nicht von der gemeinen Landschaft bewilligt und getragen wurde (Barnims Instruktion 1558 III. 17., W. T. 35 Nr. 34). Sie war wohl nach Ämtern verschieden (Rügenwalde und Satzig 1557 VIII. 31., St. T. 76 Nr. 3, Alten-Stettin 1557 VIII. 31. Nr. 2, Jasenitz 1588 Nr. 7).

Landtag anschliefsenden „spitzigen und ungebührlichen“ Briefwechsels behauptete, dafs ihm die gleiche Begünstigung von den Fürsten für alle Steuern zugestanden worden sei, so konnte die Regierung das mit einem gewissen Rechte als eine frevelhafte und ungereimte Deutung ihrer Erklärung bezeichnen, weil es mit ihrer auf dem Landtage vollzogenen völligen Rückschwenkung ins Lager der Vorderstände unvereinbar war. Die Unterscheidung zwischen ordentlichen und aufserordentlichen Schössen wurde erst jetzt eine klare und dauernde und jeder Ausgleich mit den städtischen Ansprüchen zurückgewiesen.

Wie es nicht ausbleiben konnte, überspannten die Städte im Ärger ihre Forderungen in den nächsten Jahren immer mehr, indem sie Bevorzugung in jedem Falle verlangten. Bald wollten sie nicht einmal mehr ein Drittel, sondern nur noch ein starkes Viertel der Steuern aufbringen; denn darauf zielte es hinaus, wenn sie ihre Grundtaxe blofs halb so hoch als die ritterschaftliche angesetzt zu sehen wünschten. Auch dachten sie damals daran, die Verwaltung ihres Steueranteils nach märkischem Vorbilde in die eigene Hand zu nehmen und von der der übrigen völlig zu trennen.

Das Jahr 1551 hindurch schien es, als sollten sie ihren Willen erreichen. Von der Einrichtung eines besonderen Städtekastens war freilich keine Rede; wohl aber setzten die Gemeinden zweimal die Beschränkung der Grundtaxe durch. Die Regierungen hatten auf der Versammlung im Dezember 1550 von ihnen eine Nachzahlung von 9000 Gulden zur Tilgung des Restes der „Kaiserlichen Verehrung“ begehrt; sie haben es sich nie beifallen lassen, dem Folge zu leisten. Man wechselte darüber noch heftige Briefe, als Barnim am 14. September und Philipp am 11. Oktober 1551 ihren Ständen eine neue, nicht unerhebliche Reichsforderung für die Exekution gegen Magdeburg unterbreiten mufsten. Die Ritterschaft war wie gewöhnlich zur Zahlung nach dem alten Verfahren bis Andreas bereit; die Städte hingegen, welche aus Furcht vor ihren lutherischen Nachbaren zunächst überhaupt ablehnten, beharrten auf dem niedrigen Angebote eines halben Guldens vom Hause so trotzig, dafs die Herzöge nachgeben mufsten.

Im Verlaufe der Verhandlungen bewahrten die Städte einen ruhig kräftigen Ton. Sie wünschten die Einsicht in den Reichsabschied, um ihre Quote mitbestimmen zu können, hüteten sich jedoch vor zu weit gehenden Behauptungen, so dafs sie z. B. die Steuerfreiheit der Vorderstände nur für die Reichssteuern bestritten, während die Herzöge noch 1550 sie überhaupt angegriffen hatten, weil wie die Wohlthaten, so auch die Lasten der Schösse allen Unterthanen in gleicher Weise zuerteilt werden müfsten. Sehr wirkungsvoll steiften sich die städtischen Vertreter darauf, dafs das, was die Lande zugleich anginge, auch zugleich auf Gesamtlandtagen zur Beratung zu stellen sei. Von den

Fürsten bewies sich darin der sonst so vorsichtige Philipp in dem Grade entgegenkommend, daſs er, der 1535 das freie Versammlungsrecht der Stände nur gezwungen zugegeben hatte, jetzt selbst eine gemeinsame Vorberatung der Städte beider Orte anregte. Barnim, welcher sich davon keinen Erfolg versprach und stets das Gefühl der Zusammengehörigkeit der Lande zu unterdrücken suchte, schlug die Zusammenkunft ab, obwohl er 1549 und 1550 gegen die alle Augenblicke stattfindenden Versammlungen seiner Ritterschaft keinen Widerspruch erhoben hatte. Seine Erbitterung wuchs schlieſslich so sehr, daſs er auch häſsliche Mittel nicht scheute, um die Gesandten einzuschüchtern; dennoch beharrten die Städte auf ihrem Vorsatz. Indem sie mit ihm durchdrangen, brachten sie die Kämpfe, welche 1548 ihren Anfang genommen hatten, zum Abschluſs [1].

Im groſsen und ganzen bietet diese Periode der pommerschen Steuergeschichte von 1546 bis 1551 einen unerquicklichen Anblick. Gegenüber der unverkennbaren Entwicklung, welche sich unter dem Einfluſs der Reichsgesetzgebung in den Jahren 1542—1546 vollzogen hatte, sind starke Rückschritte nicht zu verkennen. Beibehalten und ausgedehnt wurde die ständische Steuerverwaltung; aber der Versuch, durch Bildung eines Steuervorrates den der Regierung zugefügten Schaden in etwa auszugleichen, kam nicht zur Verwirklichung. Die angestrengten Anläufe, die unbillige Verteilung der Lasten im Interesse des Bürgertums zu ändern, thaten doch nur, indem sie einseitig dessen Vorteil bedachten, die Ohnmacht der Herzöge, den allgemeinen Nutzen wahrzunehmen, kund. Und selbst die geringen, aber bedeutsamen Absichten, welche den allzu mechanischen und plumpen Hufen- und Häuserschoſs durch Mitveranlagung neuer, nicht grundbesitzender Klassen der Landbevölkerung hatten weiterbilden wollen, gerieten in so völlige Vergessenheit, daſs 1550 in den „alten" Registern keine Nachricht über sie zu finden war.

Von 1552 ab gelang es dem platten Lande wieder, seine Rechte zu einer stärkeren Geltung zu bringen und das Steuerverfahren auf den Stand der letzten Regierungsjahre Bogislavs X. zurückzuführen, womit das Scheitern der städtischen Forderungen entschieden war. Die Jahre 1552—1555 leiteten bereits zu den Bestrebungen der folgenden Jahrzehnte über, welche die Niederlage des bürgerlichen und das Emporkommen des adligen Elementes zum Gegenstande hatten. Für die Entwicklung des Steuerwesens besaſsen sie keinen Wert, so daſs die anderthalb Jahrzehnte seit 1540 in dieser Hinsicht, trotzdem sie von Steuerverhandlungen erfüllt waren, bis zum Schlusse fruchtlos verliefen.

Sehr starke Schoſsforderungen brachte die zweite Hälfte des

---

[1] Belege St. T. 94 Nr. 15 und 17 u. Dähnert IV, 446 ff. S. S. 106.

Jahres 1552. Der dem Kaiser 1548 bewilligte, aber bis Ende 1551 noch nicht erlegte gemeine Pfennig wurde nunmehr verhältnismäſsig rasch und vollständig eingesammelt, so daſs Claus Puttkamer schon am 16. November dem pommerschen Vertreter bei der Kreiskriegskasse zu Leipzig, Author Schwalenberg, die Absendung des Stettinischen Anteils im Betrage von 3452 Thalern in Aussicht stellen konnte[1].

Um so weniger Beifall fand Barnim, als er die wenigen erschienenen Stände am 12. Dezember um eine in zwei kurz aufeinanderfolgenden Terminen zahlbare, vierfache Steuer anging. Sie würdigten seine stark betonten Verdienste um die Herstellung des Landfriedens sehr wenig, machten ihm statt dessen klar, daſs er mit den 1541 bewilligten drei Landschössen die Regierung hätte in Stand setzen können, und verweigerten im übrigen jede Beratung, weil nur durch Beschluſs des gesamten Landes zustande gekommene „Neuerungen" rechtsverbindlich seien, ihre einseitige Zustimmung also gar keinen Zweck habe. Indem Barnim sich fügen muſste, hatte der stets stärker gewordene Einheitsgedanke einen noch Jahrzehnte nachwirkenden Sieg erfochten.

Der Landtag ist nach einer anderen Richtung hin nicht minder bedeutsam, da der geldbedürftige Herzog sich im Verlaufe der Verhandlungen erbot, etlichen vornehmen Personen über die Führung seiner Hof- und Haushaltung Rechenschaft abzulegen. Mutmaſslich verfing die Lockung deshalb nicht, weil unter den vornehmen Personen die Landräte, kaum aber die städtischen Gesandten gemeint gewesen sein dürften.

Während Barnim nach dem Auseinandergehen des „fruchtlosen" Landtages über die Abstellung seiner Geldnot weiter nachsann, führten die Obereinnehmer des gemeinen Pfennigs ihren Auftrag mit der Überweisung des Ertrages nach Leipzig in den ersten Monaten des Jahres 1553 zu Ende; sie muſsten bei der Gelegenheit ihre Fürsten mit der Nachricht überraschen, daſs der neue Bischof von Kammin, welcher den Pommern so manche Sorge bereitete, den Anteil des Stiftes unmittelbar nach Nürnberg abgeführt habe.

Als die Stettiner Stände am 28. Mai 1553 abermals zusammentraten, fanden sie zum ersten Male nach sechs Jahren wieder Zeit, auch mit anderen als Steuerfragen sich ernstlich zu beschäftigen. Leider verstand es ihr Herzog nicht, die angeregten wirtschaftlichen Erörterungen zu einem praktischen Ziele zu fördern; weit geschickter wuſste er die Landschaft zu bereden, daſs sie auch ohne die Zustimmung des anderen Ortes zwei zwischen Galli und Martini fällige Landschösse bewilligte. Für den Ausfall gegenüber seinen früheren Forderungen entschädigte er sich in etwa dadurch, daſs er die vollen vordem verlangten

---

[1] Die Akten St. T. 3 Nr. 17/18 u. W. T. 39 Nr. 14.

vier Steuern von seinen eigenen und der Jungfrauenklöster Bauern eintrieb.

Die Erregung des Landes konnte sich nunmehr langsam legen und einer Stimmung Platz machen, welche zur Lösung der drängenden Verfassungs- und wirtschaftlichen Aufgaben befähigter war. Nur einmal in einem Zeitraum von drei Jahren — im September 1554 — begehrte Barnim eine Reichs- und eine Fräuleinsteuer. Während die Fräuleinsteuer angenommen wurde, lehnten die Versammelten die Beschlufsfassung über die andere Forderung auf einem Sonderlandtage wiederum ab. Die Protokolle erwecken zwar den Anschein, als hätte der Herzog seinen Willen schliefslich durchgesetzt; aber es ist weder ein Abschied noch irgend ein Hinweis auf die Einbringung des Reichsschosses vorhanden [1].

[1] Landtagsakten 1552—54 St. T. 94 Nr. 18—20.

Fünfter Abschnitt.

Adelsherrschaft in Wolgast und Stettin.
1556—1570.

Die Ordnungen der Jahre 1556—1569.

Wäre es nach Barnims Wunsch gegangen, so hätte die seit 1553 eingetretene Ruhepause nur das Atemholen des Sturmes vor seinem ärgsten Toben bedeutet; durch Philipps Verdienst verzog sich aber die schwere Krisis, welche das Land im Jahre 1557 durchmachen mufste[1], rasch und ohne Folgen. Schon 1556 eröffnete der Wolgaster Herzog eine Periode der eifrigsten innerpolitischen Thätigkeit, welche den Abschlufs seines stillen, wackeren Wirkens bildete. Es war ihm beschieden, den Erfolg seiner Arbeit verbürgt zu sehen, obwohl er starb, ehe seine Gedanken zum Gesetz erhoben worden waren.

Philipp hat zwar bei der Durchführung der Reformation das Staatsinteresse mehr als billig wahrgenommen, aber es darum nicht an sich fehlen lassen, wo er die Entwicklung der neuen Kirche zu fördern vermochte. Kaum neigten die widrigen Zeitverhältnisse ihrem Ende zu, so bemühte er sich ernstlich um eine Durchsicht der Kirchenordnung von 1535 und die Errichtung der versprochenen Superintendentur- und Konsistorialverfassung durch ganz Pommern hin, in welche auch Kammin einzugliedern war. Gleich zu Beginn der Reform verzichtete er auf die Alleinherrschaft im kirchlichen Gebiete und billigte die Bildung eines geistlichen Gerichtes, welches aus dem ältesten Landessuperintendenten und sechs oder sieben anderen Predigern zusammengesetzt werden und die höchste, auch über den Herzögen stehende Instanz in Personen- wie Sachfragen darstellen sollte[2].

---

[1] Über sie unten S. 140 ff.

[2] Greifswalder Vergleich 1553 III. 16., Dähnert II, 256 ff.; Geistliche absetzbar wegen falscher Lehren.

Doch war der Herzog nicht gemeint, sich dadurch seine Rechte wesentlich schmälern zu lassen. Sobald der Augsburger Reichstag die Zukunft des Protestantismus und der Tod des Bischofs Weiher die Zugehörigkeit Kammins zu Pommern gesichert hatte, holte Philipp auf einer Greifswalder Synode im Februar 1556 den Rat seiner Geistlichen ein. Auf ihn wie auf die Erfahrungen der neuen, nur langsam sich vollziehenden Kirchenvisitation gestützt, bereitete er für den Landtag des Jahres 1560 eine umfassende Kirchenordnung vor. Aber der am 1. Februar 1560 gewählte Ausschufs erachtete sie für allzusehr unter dem Einflufs der Theologen verfafst, weshalb er sie durch Valentin von Eickstedt umarbeiten und durch einige Mitglieder nochmals durchsehen liefs [1]. Der Landtag im März 1563 mufste sich fast nur mit ihr beschäftigen, da Stralsund die gröfsten Schwierigkeiten erhob, und Greifswald Miene machte, sich ihm anzuschliefsen.

Die Stadträte erklärten, dafs die Pfaffen durch die Kirchenordnung mehr Gewalt über sie erhielten, als je im Papsttum, was die Bürgerschaften nun und nimmer dulden würden. Auch müfsten sie darauf bestehen, dafs sie ihre Prediger selbst zu berufen hätten und Streitigkeiten innerhalb der Geistlichkeit nicht durch den nächsten fürstlichen Hauptmann und den Superintendenten entschieden würden. Infolgedessen wurde die allgemeine Publikation der fertigen, von allen anderen Ständen gutgeheifsenen Kirchenordnung noch jahrelang verhindert, bis die Magistrate allmählich nachgaben, obschon es zu einer formellen Anerkennung des neugeschaffenen Zustandes durch sie nicht gekommen zu sein scheint [2]. Schon 1566 wurden die Konsistorien eingerichtet, zwei Jahre später der Neudruck der Ordnung beschlossen und schleunigste Vollendung der Agende zugesagt. Das 1534 begründete Kirchenregiment der Fürsten wurde durch die neue Ordnung in keiner Weise erschüttert [3].

Nicht minder als der Kirche hat Philipp der Greifswalder Universität gedacht, deren Wiedererstehung im Jahre 1539 nach stürmischer Zeit seinem guten Willen und seiner treuen Sorgfalt zu danken war [4]. 1526 hatten die Vorlesungen aufgehört, weil die im Katholizismus ausharrenden Professoren keine Schüler mehr fanden. Es galt nun in den folgenden Jahrzehnten, nicht nur neue Lehrer zu berufen, sondern die Universität auch auf eine neue finanzielle Grundlage zu stellen, weil einerseits die an

---

[1] Abschied, Stettin 1560 IX. 15., St. T. 94 Nr. 29.

[2] Gentzkow B. St. XIX[b] und XX[a], Cramer III, 180. Schon Abschied 1561 III. 28., St. T. 94 Nr. 33. „Weil den Deputirten von stedten in angeregte Ordnung zu willigen bedenklich gefallen.“

[3] Dazu namentlich Dähnert IV, 454 f.

[4] Vgl. Kosegarten, Gesch. der Universität Greifswald, und Barthold IV², 356 ff. Das Volksschulwesen blieb den Städten überlassen, welche keine allzu grofsen Kosten auf es verwandt zu haben scheinen, 1569 Dähnert I, 533.

die Stelle der Mönche berufenen Lehrer bis dahin unbekannte Gehaltsansprüche machten, andrerseits die alte Kirche mit ihren reichen bereitwillig gespendeten Geldmitteln und die Gebefreudigkeit des täglich mehr mit Nahrungssorgen ringenden Bürgertums erstorben waren. Die Güter der Kirche waren zum gröfsten Teile auf den Staat übergegangen; der aber sah sich damals vor die Lösung so vieler notwendiger Aufgaben gestellt, dafs er mit seinen Mitteln haushälterisch umgehen mufste. Philipp, welcher hier wie in allen Dingen bei Barnim geringe Unterstützung fand, hat das Seinige im grofsen und ganzen gethan, wenn er es auch rascher ins Werk hätte setzen können, so dafs das Verdienst der Ausführung nicht erst Ernst Ludwig zukäme[1]. Er wies der Universität die Einkünfte des Nonnenklosters Crummin und einige Abgaben Rügianischer Kirchen zu und zog mit einem gewissen Freimute tüchtige Professoren herbei. In die Oberaufsicht mufste er sich mit der Landschaft teilen.

Mehr Kopfzerbrechen bereitete den Herzögen der Erlafs der dringend notwendigen Polizeiordnung. Die Stände hatten seit der Beilegung der kirchlichen Angelegenheit im Jahre 1539 auf jedem Landtage heftiger auf eine gute Polizeiordnung gedrungen, deren Bedürfnis Philipp sich schon 1534 nicht verhehlt hatte. Wenn die Herzöge zu Anfang der vierziger Jahre, als sie auch für die Regelung anderer als religiöser Streitigkeiten Zeit erhielten, der Landschaft nur ungern die Mitberatung der schwierigen Frage gestattet hatten, so war das nicht blofs in Verfolgung eines unberechtigten Anspruches, sondern auch in dem richtigen Gefühle geschehen, dafs die Stände bereits in einen viel zu starken wirtschaftlichen Interessengegensatz geraten waren, um sich noch anders als gezwungen über die Grundfragen ihrer wirtschaftlichen Entwicklung verständigen zu können. Mit gradezu fanatischem Hasse erklärte die Ritterschaft 1546: es liege am Tage und sei unvermeidlich, weil in den Städten kein Regiment oder Ordnung gehalten werde, dafs alles zu ihrer Erhaltung Unternommene nicht verfange und fruchtlos bleibe, dafs auch die Götter selbst denjenigen nicht zu helfen vermöchten, welche durch ihren besonderen Eigennutz das allgemeine Beste verhinderten; wo kein Rat, keine Fürsorge und Ordnung sei, da sei auch aller Dinge Fülle unerspriefslich[2].

Dennoch war ein Ausschufs von 14 Adligen und 5 städtischen Abgeordneten auf dem Märzlandtage 1544 zusammengetreten. Zum Teil lag es an der Schuld der kriegerischen Verwicklungen

---

[1] Ernst L. erhöhte gleichzeitig das Geldeinkommen der Universität von 1000 auf 1300 Gulden. Dafs die Einkünfte nicht regelmäfsig ausgezahlt wurden, ist nicht blofs auf den bösen Willen der Herzöge, sondern auch auf die Unordnung der damaligen Finanzwirtschaft zurückzuführen.

[2] W. T. 39 N. 7 mit Bezug auf den „Fürgang guter Polizei.“

und des pommerschen Nationalcharakters, der die Pommern immer noch backen und brauen liefs, wenn entschlossene Menschen längst fertig waren, mehr noch an der Schuld der Regierung und der Stände, dafs es diesem Ausschusse nicht beschieden war, ein Ende seiner Arbeiten zu erzielen.

So hatte denn die Landschaft im Jahre 1550 mit der Prüfung des von der Regierung vorzulegenden Entwurfs einen neuen Ausschufs betraut, welcher sich aber gleich dem vorigen bei seinem Zusammentritt am 5. März 1551 sofort auf unbestimmte Zeit vertagen mufste, weil die Vorarbeiten noch nicht zur Vollendung gediehen waren. Im Herbste darauf hatten die Städte noch nicht einmal mit dem Einschicken der von ihnen erbetenen Verzeichnisse ihrer Mafse und Gewichte begonnen.

Auch 1556 verliefen Philipps Bemühungen um den endlichen Abschlufs der Polizeiordnung ergebnislos, da sein Vorhaben, dem Landtage durch Jakob Zitzevitz einen fertigen Entwurf unterbreiten zu lassen, nicht gelang; denn Zitzevitz, der treue und eifrige Berater seines Herzogs, besafs mehr noch als die anderen einheimischen Räte den zaudernden, aus übergrofser Gewissenhaftigkeit und gemütlicher Nachlässigkeit gemischten Charakter seines Stammes. Der Abschied vom 25. März ging allerdings darauf ein, dafs die Ordnung nach der Feststellung ihres Wortlautes in dem längst ernannten kleinen Ausschusse noch vor dem nächsten Landtage durch einen grofsen Ausschufs, dessen Einberufung den Herzögen überlassen blieb, erledigt werden sollte; aber die Verordneten brachten bei dem Umfange ihres Auftrages [1] ebenso wenig jetzt wie vordem etwas zu stande, so dafs Barnims 1558 zuerst gemachter Vorschlag aufgenommen wurde, die dringendsten Punkte durch Einzelerlafs zu ordnen. Die Landschaft selbst sah 1569 ein, dafs die Vollendung des Ganzen ihre Kräfte übersteige.

Von all dem, was Barnim aufgezählt hatte, war, mit so grofsem Rechte er auch den überhandnehmenden Luxus in der Kleidung, bei Gastereien [2] und der Aussteuer der Töchter sowie die betrügerischen Übersetzungen der Fremden durch die Herbergswirte getadelt hatte, die Unsicherheit im Lande unbezweifelt die schrecklichste Plage.

Um das Überhandnehmen dieser Gefahr gegen die Mitte des sechzehnten Jahrhunderts, welche von der Plage der früheren Jahrhunderte, den Fehden und Überfällen des Raubritter-

---

[1] Nach dem Abschiede 1560 IX. 15., St. T. 94 Nr. 29, standen in dem Augenblick noch gar nicht reife Fragen wie die Berechtigung zum Brauen oder zum Handwerksbetrieb zur Debatte. Die Verdächtigung, als ob die Herzöge allein schuld an dem Fehlschlag gewesen wären, die Wedel 229 f. ausspricht, trifft nicht zu.

[2] Dagegen die Herzöge schon 1534, Medem 174 f., ferner die Mandate Barnims 1540 III. 8., Dähnert II, 577, und 1541 IX. 26. sowie der Specialerlafs Philipps für die Rügianischen Bauern, Berckmann 89.

tums, grundverschieden war, zu verstehen, bedarf es eines Einblickes in die revolutionäre Umwandlung der Lage des Bauernstandes, die sich damals vollzog.

Wenngleich der Bauernstand im Mittelalter nicht so bevorrechtigt gewesen ist, wie man oft gesagt hat, so waren seine Fesseln und Lasten doch wenig drückend und hinderten vor allem nicht das Aufblühen eines behaglichen Wohlstandes. Als der Adel sich aber von der Wegelagerei ab- und der Landwirtschaft zuwandte, trat naturgemäfs eine völlige Umwälzung ein, weil die wenigen Hufen, die der Rittergutsbesitzer bis dahin im eigenen Betrieb gehabt hatte, ihm sehr bald nicht mehr genügten. Er suchte einmal ihre Zahl zu vergröfsern und dann ihren Ertrag zu steigern. Jenes Ziel konnte er nur dadurch erreichen, dafs er Hintersassen abmeierte, dieses, indem er einerseits die sociale Lage und die Rechte seiner Bauern immer tiefer herabdrückte, andererseits selbst Kaufmann wurde. Heftige Streitigkeiten mit Bürger- und Bauerntum waren die Folge, in deren Verlauf die politisch rechtlose, niedere Landbevölkerung dem Grofsgrundbesitz schneller erlag als das ständisch gegliederte, hochentwickelte Städtewesen. Es kam hinzu, dafs nach dem Siege der Reformation die jüngeren Söhne des Adels nicht mehr durch Verleihung von Pfründen versorgt werden konnten, infolgedessen neue Rittergüter für sie in grofser Zahl auf Kosten der Bauern gebildet werden mufsten. Dafs das Junkertum bei dieser raschen wirtschaftlichen Entwicklung sich mannigfache Übergriffe erlaubt hat, wäre als das notwendige Kennzeichen jedes lebenskräftigen und selbstbewufsten Emporblühens zu rechtfertigen, wenn nicht das Ausgeartete das Gesunde weit überwogen hätte. Die furchtbare Folge war eine überrasche Proletarisierung der Bauern, welche notwendig zur Verwilderung führte, und das Entstehen einer Masse von arbeits- und brotlosen Leuten, welche Hunger und Hafs zu Räubern machten. Doch darf man nicht die ganze Schuld dem Adel zuschieben[1]; denn einmal verursachten die Bauern selbst einen guten Teil ihres Niederganges durch ein ihrem Stande nicht entsprechendes Leben, sodann wirkten die zahlreichen schlechten Ernten des sechzehnten Jahrhunderts um so schädlicher, als die Löhne stiegen.

Die Herabdrückung der socialen Lage des Bauernstandes beschäftigte den Adel auf den Landtagen bis zum Jahre 1616 hin, wo das zögernde Fürstentum den ritterschaftlichen Bestrebungen zum Siege verhalf. Es nahm sich solange der bäuerlichen Rechte nicht sowohl aus landesväterlichen, als finanziellen Rücksichten an. Trotz einiger hier und da zerstreuter, widersprechender Äufserungen bleibt der Eindruck vorwiegend, dafs,

---

[1] Weitverbreitet mufs noch 1569 VII. 27. das von da ab aufgehobene Recht der Bauern gewesen sein, ihre Äcker ganz oder teilweise andern zu verhäuern, Dähnert I, 322.

wenn die Stände von den durch sie in Eigenbetrieb genommenen Bauernhufen Landschofs gereicht haben würden, die Herzöge kaum etwas gegen das Abmeiern der Bauern zu erinnern gehabt hätten. Denn wenn auch nicht das Fortjagen, so doch die Aussaugung des Landvolkes wurde vielleicht nirgendwo rücksichtsloser als auf den fürstlichen Domänen gefördert.

Weil aber mit dem Einziehen der kleinen Güter ein empfindlicher Steuerausfall verbunden war, darum kam es den Fürsten gelegentlich zum Bewufstsein, dafs sie „den geringsten Stand ihrer Landschaft“ vor dem „eigennützigen, ungebührlichen Auskaufen“ bewahren müfsten. Der Adel beharrte demgegenüber 1556 darauf, dafs jeder Bauer seinen Besitz unweigerlich zu räumen habe, wenn ihm der Herr, dem er zuständig, einen billigen Preis zahle[1]. Schon 1546 hatte er das Gesindezwangsrecht gefordert. Zumeist ärgerte ihn, dafs die herzoglichen Gerichte Beschwerden allzu geplagter Bauern entgegennahmen[2], und einen der seinen sogar einmal straften, wenn er aus grober Ursache einen Hintersassen an den Kopf oder auch gar zu Tode geschlagen hatte. Es stimmt mit solcher Rohheit die Klage der Städte überein, dafs die Gutsherren ihnen die jungen, starken Männer als Knechte entzögen, um ihre alten, kranken, schwachen Bauern aus den Dörfern vertreiben und ihnen auf den Hals schicken zu können.

Eine Bauernordnung, welche unter den Umständen sehr nötig war, kam nicht zustande, obwohl schon im März 1546 von ihr gesprochen wurde[3]. Die Versuche des Jahres 1569 und 1582 berührten das Verhältnis des Gutsherrn zum Bauern nicht[4]; denn die Fürsten wichen einer gesetzmäfsigen Regelung der bäuerlichen Rechte vor allem deshalb aus, weil sie freie Hand behalten wollten, um den Adel durch Drohungen im Schach zu halten, und eine endgültige Entscheidung nur noch im Sinne der ritterschaftlichen Bestrebungen möglich war.

Zuweilen haben sie sich eingestanden, dafs ein kräftiger Bauernschutz ihrem Lande die Ruhe, deren seine wirtschaftliche Entwicklung bedurfte, gewähren konnte. Als der Adel 1539 um eine Mordbrennerordnung bat, verpflichteten sie ihn, seine

---

[1] St. T. 94 Nr. 24 v. III f. 129 f.

[2] Bezeichnend zugleich für die Art der Bauernknechtung ist folgende Beschwerde der Ritterschaft 1585 X. 3., St. T. 94. Nr. 59 v. I: „Obwohl die vom Adel ihren Bauern die Dienstgelde, welche Ihnen zu unterschiedlichen Malen erhöhet, erlassen, daentgegen die Dienste wie billig fordern, des ungeachtet werden die vom Adel mit ihren Unterthanen zur beschwerlichen langweiligen Rechtfertigung verwiesen, dardurch allein die Bauern von den procuratoren ausgesogen und denen vom Adel die Dienst entzogen werden.“

[3] Gadebusch II, 83.

[4] Waren sie doch nur „vornemblich der Armuth, so sich selbst nicht zu rathen wufste, zum besten verfasset!“ Abschied Treptow 1585 X. 9., St. T. 94 Nr. 59 v. I.

Bauern nicht zu bedrängen und ihnen ihr Recht zukommen zu lassen[1]. Auf dem Landtag im September 1541, der sich wiederum mit der unerträglichen Unsicherheit befafste, entwickelte Barnim entsprechende Ansichten, welche die günstigsten Hoffnungen erweckten. Schon 1540 hatte er die rasch zunehmende Plage durch ein Mandat zu beseitigen gesucht; jetzt ermahnte er mit treffendem Einblick in die Ursache des Übels seine Stände, dafs ein jeder, um die Mordbrennergefahr zu vermeiden, wohlbekannte Diener annehmen und sich gegen sie so betragen möge, dafs sie keinen Grund zur Fehde hätten[2]. 1548 versprach die Landschaft, den Mordbrennern, über welche sie auch im Vorjahre hatte klagen müssen, keinerlei Fürschub zu thun, worauf am 6. Dezember 1549 ein neues Mandat erging. Besonders harte Mafsregeln wurden 1551 gegen die herumziehenden Zigeuner getroffen, welche man unter allen Umständen verjagen oder bestrafen wollte. Der Landtag von 1556 beschäftigte sich fleifsiger als einer seiner Vorgänger, aber wiederum ohne praktischen Erfolg mit der schwierigen Frage. Die Regierung hatte es im Anschlufs an die Reichsordnungen bereits in den Vorberatungen als hochnotwendig empfunden, alle Pielkrüge und Winkelwirtschaften in den Städten und auf dem Lande aufzuheben, weil die gardenden Knechte darin Unterschlupf fänden, und zu verbieten, dafs irgend jemand in Wohnung oder Dienst genommen werde, welcher nicht einen obrigkeitlichen Pafs vorzeigen oder sich als Hausbesitzer und ehrlichen Handwerker ausweisen könnte. Die Landschaft schlofs sich diesen Vorschlägen an, merkte aber bald, dafs mit solch äufserlichen Mitteln nichts gethan sei; denn sie beklagte am 1. Februar 1560 als vornehmsten Grund des Übels das Überhandnehmen des Austretens der Bauern, Schäfer, Hirten und Kätner, die im Besitze von Büchsen ihren Herrschaften und Nachbarn absagten und sie mit Brand und auf anderen Wegen zu unbilligen Verträgen zwängen. Da sie aber nicht die allein zur Besserung führenden Konsequenzen aus ihrer Erkenntnis zog, vielmehr die unglücklichen „armen Leute" immer mehr unterdrückte, so konnte auch der neugewählte Ausschufs und das ganz und gar im gutsherrlichen Sinne abgefafste Mandat vom 15. Juli 1560 keine Hilfe bringen[3]. Man mufste es erleben, dafs von einem im Grunde wahren, aber verdunkelten Gerechtigkeitsgefühl geleitete Dorfpfarrer des Schreibens unkundigen Bauern die Absagebriefe schrieben[4].

Mit den Landfriedensmandaten hatte nach Philipps Plan

---

[1] Medem 296.

[2] St. T. 94 Nr. 2 f. 58.

[3] Dähnert III, 413 ff. Der Abschied 1560 II. 1. und die ersten Ausschufsverhandlungen, St. T. 94 Nr. 28 f. 86, hatten nicht bauernunfreundlich geklungen.

[4] Beschwerung 1556 III. 19. St. T. 94 Nr. 24 v. III. f. 133.

eine umfassende Gerichtsordnung Hand in Hand gehen sollen. Die Beschwerdeschriften des Adels waren in den Tagen des Kampfes um die Reformation nicht zum wenigsten mit Klagen über den Gerichtsgang angefüllt gewesen. Den Herzog schmerzte ihre Berechtigung um so mehr, als er das Gericht als sein fürstliches, nur ihm gehöriges Regal betrachtet wissen wollte; dennoch sollten, als Barnim 1551 zum ersten Male öffentlich von einer allgemeinen Ordnung zur Abwendung der Gerichtsmifsbräuche sprach, bis zu ihrer Einführung noch achtzehn Jahre vergehen. Philipp scheint zwar schon 1556 darauf gerechnet zu haben, dafs sein Entwurf Gesetzeskraft erlangen würde[1]; aber der Ausschufs, welchem die Vorlage übergeben wurde, verstand es ebenso wenig als die anderen Ausschüsse, mit seinem Auftrage fertig zu werden. Selbst dann, als der Landtagsabschied vom 28. September 1566 rühmen durfte, dafs die Gerichtsordnung zu dem begehrten Abschlusse gediehen sei, vergingen noch drei Jahre, bis sie nach erfolgter kaiserlicher Konfirmation Rechtsgültigkeit erlangte.

Die Aufgaben, welche auf dem Gebiete der Rechtsprechung gelöst werden sollten, waren zweifacher Natur. Es kam einmal darauf an, den Rechtsgang zu regeln und die Hofgerichte von der mafslosen Überbürdung zu befreien, welche sie zu ersticken drohte; sodann lag den Herzögen daran, ihre Unterthanen, insbesondere die Städte, der fürstlichen Gerichtsgewalt zu unterwerfen.

Klug und vorsichtig haben sich die Regierungen bei ihrem Vorgehen gegen die ständischen Gerichte bewiesen, so dafs der Umschwung dem Volke kaum zum Bewufstsein kam. Es unterstützte sie dabei die iurisdictio concurrens ihrer Hofgerichte, welche wegen ihrer Entfernung vom Orte den Thatbestand schwerer als das zuständige Untergericht feststellen konnten und deshalb vorgezogen wurden, sowie die Appellationssucht des Zeitalters, welche die Urteile der niederen Instanzen immer seltener rechtskräftig werden liefs. Die ständischen Gerichte mufsten sich daher mehr und mehr damit begnügen, die Fälle blofs zu untersuchen und für eine gütliche Beilegung zu wirken, um den eigentlichen Prozefs dem Obergerichte zu überlassen.

Die Regierung nahm trotz der anfangs heftigen Gegenbeschwerden des Adels keinen Anstand, selbst wichtige Händel, daran Erb und Lehen belegen, ohne Hinzuziehung von Edelleuten allein durch bürgerliche Räte entscheiden zu lassen[2]. Allmählich liefs die Freude darüber, dafs das verhafste Städtetum unter den neuen Zuständen nicht mehr seine erbarmungslose Justiz an jedem Fehdelustigen vollstrecken durfte, die Ritterschaft den Wandel und die Schmälerung ihrer eigenen Rechte ver-

---

[1] St. T. 94 Nr. 17 und 21. Vgl. S. 85 f.
[2] Grav. 1534, St. T. 94 v. III f. 28; ebenso 1538.

gessen[1]. Sie ertrug es sogar, daſs die Herzöge sich nicht auf die negative Bekämpfung des ständischen Gerichtes beschränkten, sondern zugleich versuchten, die Untergerichte in die eigene Verwaltung zu übernehmen. Johann Friedrich sagte es späterhin deutlich heraus, daſs sein Amtshauptmann der oberste Richter, die adligen Schöffen nur Beisitzer seien[2]. Bei solchen Anschauungen wurde natürlich eine Bevormundung der herzoglichen Verwaltung, wie sie die Landschaft wohl dadurch versuchte, daſs sie jede Exekution, zumal in Steuersachen, an den Richterspruch ihrer Schöffen zu binden forderte, schroff und energisch zurückgewiesen. Auſser in den sieben rügianischen Gardgerichten war die fürstliche Gerichtsgewalt um die Mitte des sechzehnten Jahrhunderts überall in entschiedenem Aufschwung; denn auch in den Städten war sie bereits um ein wesentliches vorgedrungen.

Sie traf dort allerdings auf eine hartnäckige Gegenwehr; selbst ein Städtchen wie Anklam wagte noch 1544 seinen Bürgern durch Gesetz und Strafandrohung zu verbieten, ihre Prozesse an ungebührliche Orte, wo kein lübisches Recht gesprochen werde, zu bringen. Stettin stritt über die Zuständigkeit des Hofgerichts all diese Jahrzehnte hindurch. Die Herzöge tadelten vor allen Dingen, daſs die Ratskollegien, von denen die Regierung das Richteramt mit vieler Mühe auf die Schöffenstühle übertragen hatte, sich wieder in den Rechtsgang einmischten[3]. Wie allezeit wollte sich Stralsund am schwersten fügen. Als der Kampf um seine Selbständigkeit gegen den Schluſs der Regierung Philipps wieder sehr lebhaft aufflammte, drehte er sich in erster Linie um die Gerichtsgewalt, indem die Bürgerschaft sich darauf steifte, daſs Bogislav X. zugleich mit dem Verzichte auf die Rechtsprechung in Stralsund auch den Verzicht auf das in sie eingeschlossene Recht des freien Eintritts in die Stadt vollzogen hätte, was die Regierung schlechterdings nicht zugeben durfte[4]. Der Streit kam zwar zu keiner grundsätzlichen Entscheidung; aber praktisch gestaltete sich die Lage hier wie anderwärts so, daſs die herzoglichen Hauptleute nicht selten mit resoluter Gewalt in das Stadtgebiet eingriffen, weshalb der sundische Chronist nicht ohne Grund über sie als arge Tyrannen zu klagen wuſste[5]. Alles, was die Fürsten den Städten schlieſslich versprachen, war, daſs ihre Hofgerichte die Stadtrechte „in Acht nehmen" würden.

---

[1] „Weil solches wider E. f. G. hoch und Oberkeit ist," bittet der Adel die städtische Gerichtsbarkeit über ihn abzustellen; Grav. 1546. W. T. 39. Nr. 7. Vgl. unten Privilegien, S. 135.

[2] Cramer I, 193. Vgl. Revers 1578 VIII. 30., Dähnert I, 736 und Resolution 1580 XII. 17., Balthasar, Landesgerichte 30 f.

[3] Barnim 1541 IX., St. T. 94 Nr. 2 f. 67.

[4] Denkzettel für Wollin 1558 III. 20., St. T. 94 Nr. 24 v. II.

[5] Berckmann 158. Dem widerspenstigen Rat von Stralsund gab der Amtmann von Bart „eine strax antwortt: De forste wolle sick darinn schlann. Do leth he nha," 117.

So sanken die städtischen Gerichte allmählich in die Stellung von Unterinstanzen gegenüber Obergerichten herab, die nach ihren Rechtsgewohnheiten und Urteilsgründen wenig fragten.

Erst als die fürstliche Autorität genügend gestärkt war, dachten die Herzöge ernstlich daran, den um ihrer Autorität willen arg zerrütteten Rechtsgang wieder zu regeln und insbesondere den Umfang der Zuständigkeit der Untergerichte weiter und klarer zu ziehen.

Schon dadurch, dafs sie seit Bogislav X. die Hofgerichte als Appellationsgerichte auch für die Städte mehr und mehr durchsetzten und die Bestrafung des Landfriedensbruches den Ständen entzogen, war die Zahl der Prozesse aufserordentlich vermehrt worden. Dabei liefs das Gerichtsverfahren mit seinen unaufhörlichen Versuchen einer gütlichen Beilegung, worin es den wichtigsten und sicherlich zeitraubendsten Teil seiner Aufgabe sehen mufste, seinem schriftlichen Prozefs, seiner regellosen Citation, seiner Ohnmacht gegenüber Ausbleibenden und seiner mangelhaften Exekutivgewalt auch bei den einfachsten Streitigkeiten kaum ein Ende absehen, selbst wenn das Gericht ordnungsmäfsig besetzt war und die Räte nicht zu anderen Dingen nötiger gebraucht wurden. Während noch 1541 ein Gerichtstag in jeder zweiten Woche für die laufenden Geschäfte und zwei gemeine Rechtstage jährlich für die der Mitwirkung der Landräte vorbehaltenen Rechtssachen genügt hatten, reservierte schon die Hofordnung 1560 dem Gerichte zwei bis drei Tage in jeder Woche, und führte sieben gröfsere Sitzungsperioden im Jahre ein, von denen drei unter Teilnahme der Landräte je drei Tage umfassen sollten. Und doch dehnte sie die Gerichtsgewalt der Amtshauptleute und der Landvögte auf alle Rechtssachen aus, welche nicht Landfriedensbruch, peinliche und Kriminalsachen und ganze Lehngüter betrafen, verbot die Appellation bei Händeln unter zwanzig Gulden Wert und beschränkte das schriftliche Verfahren [1]. Aber keineswegs wies die Hofordnung nun all diese Prozesse grundsätzlich vom Hofgerichte ab, vielmehr liefs sie seine jurisdictio concurrens in ihrem vollem Umfange bestehen. Diese stellte dem klagenden Teile allerdings frei, wo er den Beschuldigten belangen wollte, erkannte dagegen der beklagten Partei, wenn das Hofgericht die Sache einmal angenommen und anhängig gemacht hatte, den Anspruch auf Verweisung an das zuständige Bezirksgericht nicht mehr zu. Die weitere Bestimmung der Gerichtsordnung von 1569, dafs das Endurteil spätestens ein Jahr nach Eröffnung des Prozefsverfahrens verkündet werden müfste, wurde schon dadurch unerfüllbar, dafs

[1] Hofordnungen 1541 und 1560 St. T. 79 Nr. 2 und 4, Balthasar, Landesgerichte. Auf Entlastung des Hofgerichtes drängt Barnim Abschied 1553 VI. 1., St. T. 94 Nr. 19; es verspricht sie Joh. Fr. 1590 IV. 29. Nr. 71. Vgl. Thiede 490.

man die Rechtsbefragung der Universitäten bestehen liefs, und nur aus landeshoheitlichen Gesichtspunkten die Berufung an das kaiserliche Kammergericht zu verhindern suchte. Immerhin nahmen die Klagen über die Mängel des Gerichtsverfahrens ab.

Der Tod Philipps I. und die Privilegienhandlung.

Die wesentlichsten Schlufsergebnisse seines Wirkens für die grofsen Ordnungen waren eben gesichert, als Philipp I. am 14. Februar 1560 seine Arbeit für immerdar niederlegen mufste: ein sorgen- und mühevolles, aber nicht fruchtloses Leben war an seinem Ziele angelangt.

Der Sohn Georgs I. war nicht zur vertrauten Zusammenarbeit mit Barnim berufen gewesen; denn die Charakterzüge des bedeutenden Grofsvaters und tüchtigen Vaters hatten sich auf ihn fortgepflanzt. Weil sie sich aber in ihm weit weniger machtvoll und rauh bewiesen, so brachte er es über sich, mit dem verschwenderischen Oheim ohne härtere Kämpfe auszukommen. Es ist nicht zufällig an ihm, dafs er das Lärmen der Kesseltrommeln und der Trompeten hafste und gerne dem Spiele polnischer Geiger lauschte. Nachdenkliches Sinnen und ungeduldiges Grübeln über die Zukunft liebte er überhaupt. Von der Astrologie fühlte er sich so lebhaft angezogen, dafs er ihr einen eigenen Lehrstuhl an seiner kleinen Universität einräumte; wohl mochten die Sterne, welche dem Waidmann den Weg zeigen, die Schuld daran tragen, dafs er wie die leidenschaftlichen Jäger unter den deutschen Fürsten derzeit zumeist dem Aberglauben zum Opfer fiel.

Philipps ehrliche, einfache Natur wufste nicht anders, als dafs er zur Arbeit für sein Land und zur Erhöhung der fürstlichen Macht, zu welcher Bogislav den Grund gelegt, geboren sei. Er sprach nicht so viel wie sein Oheim in fast übermütigem Tone von dem, was er wollte; seine Unterthanen klagten weniger häufig über harte Mafsregeln und schwere Eingriffe in ihre verbrieften Rechte als die Barnims; als er jedoch am Ende seiner Tage stand, mit wieviel herzlicherer Befriedigung durfte er da zurückschauen! Gewifs war auch Barnim nicht ohne Bewufstsein von den Ansprüchen, die seine Krone zu erheben hatte; aber wie ein trotziger Knabe machte er sie nur dann geltend, wenn er sie sich von kraftvolleren Händen entwinden sah. Philipp suchte andere Wege. Er gewann sich die Herzen, wenn er in teurer Zeit den Amtleuten schrieb, dafs sie den Armen Korn ohne Entgelt reichen möchten, weil Gott zu dem Zwecke es habe wachsen lassen. Nach Jahrzehnten erinnerten sich seine Unterthanen noch, wie fleifsig er des Gerichtes gepflegt hatte. Die freundlichen Worte, welche er häufig für die Wünsche der Stände hatte und noch auf dem Sterbebette seinen Söhnen wiederholte, linderten den Unmut über gar manchen Verlust, den er den Rechten seiner Unterthanen beigebracht; denn er scheute auch keine Gewalt, wo er sie für nötig hielt. Die Pommern wären keine Deutschen gewesen, wenn sie sich nicht noch nach dreifsig Jahren daran erfreut hätten, dafs er ohne das Zuthun seiner Stände die Schulden seiner Eltern abgetragen, die Domänen wieder aufgebessert, sogar einen ansehnlichen Schatz hinterlassen und gleichwohl einen fürstlichen Hofhalt zu führen verstanden hatte.

Wie Philipp aus Überzeugung Protestant geworden war, so blieb er es, beseelt von jener ernsten, arbeitsamen, etwas beschränkten Frömmigkeit, welche nicht wenigen norddeutschen Fürsten des sechzehnten bis achtzehnten Jahrhunderts zur Zierde gereicht. Er meinte es aufrichtig, so oft er seiner Pflichten gegen Gott und sein Land erwähnte. Er besafs nicht eben einen bedeutenden Geist, wie er denn auch von Barnim an praktischem Geschick übertroffen wurde; aber Fleifs, guter Wille und Erfahrung ersetzten ihm vieles. Selbst nicht gelehrt, war er doch den Wissenschaften und der Kunst nicht abhold und empfand es freudig, wenn er Gelehrte unterstützen konnte. Der 1554 gefertigte kunstvolle Teppich, welcher die Greifswalder Akademie schmückt, ist ihm ein bleibendes Denkmal. Dennoch ist sein Bild entstellt, weil er in den letzten Jahren seines Lebens, unter dem Einflufs ihn quälender Krankheiten und Sorgen, sich der Trunksucht und dem Jähzorn ergab, welche ihn töteten, als er erst 44 Jahre zählte, und, auf seine Nachkommen sich vererbend, in wenigen Jahrzehnten sein ganzes, blühendes Geschlecht dahinrafften.

Philipp wird es nicht begriffen haben, warum er, der tüchtige, starke Mann sterben mufste, während sein bettlägeriger, unfähiger Oheim in seiner das Land verderbenden Thätigkeit belassen wurde. Die allgemeine Entwicklung des öffentlichen Zustandes war für die Regierung nicht aussichtslos. Auf dem Verwaltungs- und Verordnungswege liefs sich den Bestrebungen der Landschaft mancher Abbruch thun. Die Herzöge hatten eine ansehnliche Reihe bedeutungsvoller innerpolitischer Aufgaben in die Hand genommen, deren Regelung im Mittelalter den Ständen zugefallen war, und damit die Möglichkeit einer schwerwiegenden Einwirkung auf das wirtschaftliche Leben erlangt, von welcher sie mehr und mehr einen ausgiebigen Gebrauch machten. Ein weiterer, von ihnen freilich unterschätzter Gewinn war der Fortschritt des Einheitsgedankens, welcher zuguterletzt nur das die Spitze des ganzen Landes bildende Fürstentum fördern konnte.

Höher als diese Erscheinungen durfte Philipp ein anderes veranschlagen. Die Siege, welche die ständische Macht in den zwei Jahrzehnten nach Abschlufs der Reformationshandlung errungen hatte, waren zwar nur der Energie der Städte zu danken, aber im wesentlichen dem Junkertum zugute gekommen. Solange Steuerfragen im Vordergrunde standen, hatte das Bürgertum die

Leitung auf den Landtagen gehabt; es war aber von der Ritterschaft nahezu völlig verdrängt worden, sobald die Regelung der grofsen, vorzugsweise das wirtschaftliche Leben berührenden Interessen begann. Der Adel vermochte es freilich noch nicht, Polizei- und Bauernordnung nach seinem Sinne durchzusetzen; aber indem er es zu verhindern wufste, dafs sie im städtefreundlichen Geiste zustande kamen, war für ihn bereits alles gewonnen; denn es galt für ihn ja nur, die Alleinherrschaft des Bürgertums auf dem wirtschaftlichen Gebiete zu brechen. Die günstigen Aussichten, mit denen die Städte 1541 in die neue Periode eingetreten waren, hatten sich demnach nicht erfüllt; ihr steter wirtschaftlicher Niedergang machte sie ebenso kraftlos wie der rasche wirtschaftliche Aufschwung des Adels die Vorderstände mächtig. Stand aber diese Thatsache fest, so war die Gefahr für die Regierung nicht übergrofs; mit einer Adelsherrschaft ist noch jedes lebensfrische, vorwärtsstrebende Fürstentum fertig geworden.

Aber eben das verdüsterte die letzten Tage des Herzogs, dafs er keinen kräftigen, in seinem Sinne weiter schaffenden Nachfolger an seinem Sterbebette knieen sah, dafs ein Barnim am Leben blieb, und die eigenen Söhne noch Knaben waren. Sobald er die Augen schlofs, hatte der Stettiner Regent niemanden mehr, welcher ihn von manch unseligem Schritte zurückhielt und die Folgen seiner Schwäche in etwa milderte; und in Wolgast mufste dann der in der Zusammenarbeit mit Philipp grau gewordene Zitzevitz dem biederen, aber adelsstolzen Ulrich von Schwerin den mafsgebenden Einflufs überlassen. Unter den Umständen gewann der Erfolg, welchen die Ritterschaft dem Sterbenden noch in letzter Stunde abzuringen wufste, eine schwerwiegende Bedeutung; der letzte Regierungsakt Philipps, das Versprechen, die Privilegien der Landschaft zu bestätigen, mufste ohne Frage den Grundstein zur Aufrichtung einer Adelsherrschaft in Stettin so gut wie in Wolgast legen.

Auf die Regelung der Verfassungsfragen, von welcher die seit nahezu vier Jahrzehnten verhinderte staatsrechtliche Sicherung der ständischen Privilegien abhing, war seit 1556 viel mehr Kraft und Ausdauer als auf die Kirchen-, Polizei- und Gerichtsordnung verwandt worden. Es handelte sich von Anfang an fast nur um die Ansprüche der Prälaten und der Ritterschaft, welche leichten Herzens die des kaum hinzugezogenen dritten Standes preisgaben, so oft sie selbst etwas dafür gewannen [1]. Zu spät wurden die

[1] Vielleicht beziehen sich die 3 geheimnisvoll klingenden Briefe des Ulrich von Schwerin 1558 XII. 12. auf ein Zusammengehen der Ritterschaft mit den Städten; St. T. 94 Nr. 24 v. III f. 311 ff.

Städte mifstrauisch; sie konnten 1560 nicht einmal mehr die Aushändigung einer Abschrift des Privilegienentwurfes erzwingen.

Bereits auf dem Ausschufstage von 1539 war es zu einer gründlichen, wenngleich ergebnislosen Aussprache gekommen, während welcher die Herzöge ihren 1534 eingenommenen Standpunkt, dafs die Vorrechte des Adels längst durch den Lauf der Zeit und Gewohnheit erloschen seien [1], nicht mehr zu vertreten wagten. Als der Ausgang des Schmalkaldischen Krieges die Herzöge in die bitterste Bedrängnis gebracht hatte, meinte der Adel wieder an die unterbrochene Handlung erinnern und die Berufung eines Ausschusses durchsetzen zu sollen [2]; aber erst 1556 kam die Angelegenheit in Flufs. Namentlich auf dem Landtage im Dezember 1558 wurde sehr ernstlich verhandelt, so dafs sich die Ritterschaft bereits am Ziele glaubte. Da indessen Philipp, der nicht zugegen gewesen war, seine Unterschrift verzögerte, kam es erst am 17. Januar 1560 zu den abschliefsenden Beratungen [3]. Vergebens wollte der Adel die Notul vom Dezember 1558 als unabänderlich angesehen wissen; die Vorlage wäre beinahe abermals gescheitert, wenn die Herzöge nicht endlich die Ausscheidung einer Anzahl von Punkten zur späteren Erledigung zugegeben hätten. Immerhin verzögerte der Tod Philipps die Publikation um drei Jahre, so dafs die pommersche Landschaft erst am 9. Juli 1563 ihr durch vierzig Jahre ebenso hartnäckig, wie vergeblich begehrtes Privilegium in der Hand hielt. Schon vier Wochen zuvor hatte die hocherfreute Ritterschaft zu Anklam beschlossen, das Schriftstück in drei Exemplaren recht sicheren und wohlverwahrten Truhen anzuvertrauen [4].

Den besonderen Widerwillen der Regierung hatte das schon 1539 geäufserte Verlangen der Stände nach einem einzigen Privileg für das ganze Land erregt, welchem die Sondervorrechte der einzelnen Landschaften und Geschlechter angehängt werden sollten; denn sie begriff, welch eine Stütze die Bestrebungen der Landschaft, für ein Corpus zu gelten, durch seine Bewilligung erhalten müfsten [5]. Unterlag sie nun auch in diesem Punkte, so bekämpfte sie um so erbitterter die viel weitergehende Forderung, dafs keine Zerstückelung des Landes unter die fünf Söhne Philipps eintrete, vielmehr die beiden Orte wieder vereinigt würden, falls Barnim, wie zu erwarten stand, ohne Söhne sterbe. Auf den Wunsch Philipps, dafs in dem Falle anderweite Fürsorge für seine jüngeren Kinder getroffen werde, findet sich keine Antwort, dagegen der Beschlufs, dafs der bestehende

---

[1] St. T. 94 Nr. 24 v. III. f. 32; ebenso 1535 Medem 222 f.
[2] St. T. 94 Nr. 13 f. 17, wieder Abschied 1553 VI. 1.
[3] St. T. 94 Nr. 24 v. III. f. 177–224 und 230.
[4] Dähnert I. 435—443 und IV, 456 ff.
[5] Medem 296; St. T. 94 Nr. 24 v. III f. 23, 126, 152, auch v. I.

Rechtszustand nur mit gutem, vorgehendem Rate und mit Beliebung gemeiner Landstände als Prälaten, Mannen und Städte abgeändert werden dürfe[1]. 1563 trat zwar an die Stelle der Beliebung eine bloſse Wohlmeinung der Stände; aber auch sie bewies sich wenige Jahre später zur Aufrechterhaltung der Zweiteilung stark genug. Die Fassung der betreffenden Punkte des Privilegs beweist einen nahezu völligen Sieg des Einheitsgedankens und damit der Stände, insofern sie ihn im Gegensatze zur Regierung vertraten.

Die Erinnerung an den Grimnitzer Vertrag bestimmte die Stände, sich auszubedingen, daſs sie keinem Fürsten weiter als dem Brandenburger zu huldigen gehalten wären.

Die Verpflichtung der Herzöge sich in keine Kriege oder Bündnisse ohne den gemeinen Rat der Landstände einzulassen[2], hatte für die Landschaft neue Bedeutung gewonnen, seit ihre Herren den Schmalkaldenern heimlich beigetreten waren und ihr Land dadurch ins Unglück gestürzt hatten. Sehr weitschweifige Verhandlungen knüpften sich an die Frage, wen der Krieg mit seinen Kosten treffen solle. Das freilich wurde anstandslos festgestellt, daſs die Landstände ohne Ausnahme auch die Städte eingeschlossen, inner- wie auſserhalb des Landes Kriegsfolge leisten müſsten[3]; aber überaus zweifelhaft war es, ob ihnen insgesamt und in welchem Umfange und durch wen Entschädigung für die Unkosten zu gewähren sei. Man einigte sich vorerst darüber, daſs die Herzöge nur den obersten Prälaten und der Ritterschaft zu gelden, zu geben und vor Schaden zu stehen hatten; von den verschiedenen Erklärungen und Beschränkungen dieser Worte, welche die Parteien vorschlugen, fand jedoch erst spät eine allseitigen Beifall[4]. Nach langen Bedenklichkeiten gab der Adel auch zu, daſs seine Bauern gleich den fürstlichen Untersassen und den Städten zu der Aufbringung der Schadensersatzsummen mitsteuern sollten; er that es allerdings nicht mit so klaren Worten, als die Regierung es ihm zunächst vorgeschlagen, stellte aber auf das Drängen der Unterhändler den Landräten und, wenn irgend die Zeit es gestattete, einen Landtag zu berufen, diesem anheim, über den Modus der notwendig werdenden Kontributionen zu beschlieſsen. Entsprechend wurde die Entschädigung für die den Herzögen gebührenden Ehrendienste des Adels geregelt, ohne daſs neue Miſshelligkeiten in den nächsten Jahrzehnten dadurch vermieden worden wären.

Steigenden Einfluſs erlangten die Stände auf die Besetzung

---

[1] St. T. 94 Nr. 24 v. III f. 153, 180, 244. Dazu Dähnert I, 327.

[2] Zur Formulierung St. T. 94 Nr. 24 v. III f. 119, 152, 190 und 243. Vgl. 1474 Dähnert I, 434.

[3] Vgl. B. St. VIII^{b}, 15, Dähnert II, 31. Barthold IV^{2}, 374 ff. — Die Herzöge bevorzugten Söldner, St. T. 94 Nr. 34 v. II.

[4] Vgl. St. T. 94 Nr. 24 v. III f. 179, 194, 243, 260.

der Hauptmanns- und Landvogteistellen; es war für sie fast mehr wert, dafs Fremde nur auf den Rat der vornehmsten Mitglieder der Landschaft angestellt werden durften, als wenn die Fremden, wie es der ursprüngliche Wunsch der Ritterschaft war, überhaupt ausgeschlossen worden wären [1]. Dafür verzichteten sie endgültig auf ihr Fehderecht und unterwarfen sich der richterlichen Gewalt des Fürstentums [2].

Ohne Widerspruch wurde bezeichnenderweise von den Herzögen anerkannt, dafs bei ihren Streitigkeiten untereinander oder mit ihren Unterthanen ein Ausschufs aller Stände das Entscheidungsrecht und gegebenenfalls die Landschaft insgesamt das Recht der Gehorsamsverweigerung haben sollte.

Vielleicht den gröfsten Teil der Verhandlungen nahm die Ordnung des Lehnrechtes in Anspruch, welches durch Bogislav X. in seinem Bestande von Grund aus erschüttert worden war. Es ist nicht eben viel, was die Landschaft erreichte. Sie hatte in den Gravaminibus des Jahres 1534 betont, dafs die sammende Hand Verwandten gleichen Namens, Herkommens und Schildes selbstverständlich zukomme, dafs jeder Adlige das Recht habe, sein Lehen mit Schulden zu belasten, und dafs weibliche Verwandte, sofern sie die einzigen unmittelbaren Erben wären, die Lehen des Erblassers für Lebenszeit erhielten. Sie gab aber schliefslich nach, dafs die sammende Hand stets aufs neue bestätigt werden müsse, dafs die Erlaubnis zur Aufnahme von Schuldbeträgen in jedem Falle von den Herzögen einzuholen sei, und diesen allein, wenn es sich um kleine Summen handele, wenn um grofse, ihnen mit Rat der nächsten Agnaten zustehe, und dafs weibliche Erben nur Jahr und Tag im Besitze des Erbes bleiben dürften, darüber hinaus nur solange, bis sie eine standesgemäfse Aussteuer erlangten [3].

Das Fürstentum war doch bereits so stark, dafs es sich für unverbunden zu der geforderten Weitervergabung der heimgefallenen Lehen erklären konnte; hinwiederum stimmten die Stände nicht zu, als die Herzöge die Freiheit, verkäufliche Lehngüter um ein gebührliches Kaufgeld an sich zu bringen, verlangten [4].

---

[1] St. T. 94 Nr. 24 v. III f. 120. F. 153 f. fragen die Herzöge, wie das „im landt gesessen“ zu verstehen sei, ob das ganze Land darunter begriffen, oder ob in Stettin nur ein Stettiner, in Pommern nur ein Pommer und in Rügen nur ein Rügianer ernannt werden dürfe. Der Landschaft lag eine so enge Deutung ferne. Endliche Regelung 1558 XII. 17., f. 181.

[2] Klar in d. Erbeinigung 1569, Dähnert I, 264. Vgl. S. 127 f.

[3] St. T. 94 Nr. 24 v. III f. 27, 122, 248, 295; Dähnert I, 439 f., 447 f., IV, 468 f. Der Adel auf Rügen verkaufte seine Lehen den Bauern, St. T. 94 Nr. 24 v. III f. 155, 196 f., Nr. 28 f. 360; es soll „die Erbe einer jderen huven nit über 200 marck sundesch vorkaufft werden.“

[4] St. T. 94 Nr. 24 v. III f. 28, 129, 248. Dazu Gesterdings Magazin II, 105—108 für die Jahre 1609—1626.

Von den Punkten der Privilegienhandlung, die man 1560 ausschied, war der wichtigste der die Verwendung der Klöster und die Besetzung der Kamminer Dompräbenden belangende. Die Unerschütterlichkeit Philipps, welcher von den Ständen nichts zu fordern, ihnen also auch nichts zu geben brauchte, vollendete im März 1556 die Reihe der in dieser Angelegenheit seit 1534 errungenen Erfolge. Noch 1547 hatten er und Barnim die Erhaltung der Männer- und Frauenklöster zum Besten ihrer Unterthanen zugesagt; nunmehr beanspruchten sie Männer- wie Nonnenklöster für sich, weil es gänzlich bei ihnen als den Patronen und Landesfürsten stände, die Klöster zu ihrem eigenen Nutzen und eigener Not zu gebrauchen. Zugleich brachten sie der Ritterschaft eine weitere empfindliche Niederlage bei, indem sie ihr 1539 gemachtes Zugeständnis, die Kamminer Kanonikate nur an taugliche Personen vom Adel zu verleihen, zu Gunsten ihrer Beamten zurücknahmen. Indessen liefs sich diese verletzende Stellung nicht auf die Dauer behaupten. Mochten die Versammelten auch in jenem Augenblicke aus Städtehafs oder aus Rücksicht auf den eben erst gesicherten Beginn der Privilegienberatung sich für die feierliche Annahme des ihnen vorgelegten Recesses [1] gewinnen lassen, so begannen sie doch sehr bald gegen seine Rechtmäfsigkeit anzustürmen.

Vor allem empörte sie, dafs der unwürdige Author Schwalenberg Dekan des Kamminer Kapitels wurde; sie liefsen nicht nach, bis sie 1560 wenigstens ein Vorzugsrecht für die Domherrnpfründen erwarben [2]. Ebenso erhielten sie das Versprechen, dafs fünf Jungfrauenklöster für je 20 Jungfrauen eingerichtet werden würden, welche aber durchaus unter herzoglicher Verwaltung bleiben sollten [3]. Die Herzöge hatten darin nachgeben müssen, weil das Recht offen für den Adel sprach; wie nämlich der Passauer Vertrag sie berechtigt hatte, jeden Anspruch der Ritterschaft [4] auf die 1552 schon eingezogen gewesenen Männerklöster zurückzuweisen, so bildete er die Unterlage für die Forderung auf Herausgabe der 1552 noch nicht eingezogen gewesenen Nonnenklöster, wie häufig auch Philipp und Barnim erklärten, dafs sie nicht aus geforderter oder schuldiger Pflicht, sondern aus fürstlicher Güte und Mildigkeit und auf fleifsiges, demütiges Bitten ihrer Landschaft dem Adel entgegenkämen [5].

Übrigens war der Adel nicht gewillt, sich mit dem Angebote

---

[1] Als Abschied mangelhaft gedruckt Dähnert I, 466 f.

[2] Abkunft wegen Kammin 1560 II. 10., Kreysig III, 324.

[3] 2 in Wolgast, 2 in Stettin, 1 in Kammin, Dähnert I, 481 ff. 1558 XII. forderte die Ritterschaft 6 (wahrscheinlich in Stettin 3, Dähnert I, 532).

[4] Sie wollte 1556 III. 19. Erstattung der von Adligen gestifteten Anteile des Klosterbesitzes an die zuständigen Familien, St. T. 94 Nr. 24 v. III f. 128.

[5] A. a. O. f. 199 und Nr. 28 f. 343.

zu begnügen, und setzte den Streit noch jahrelang, nicht ohne wichtige Ergebnisse zu erzielen, fort. Zur Verzögerung der Angelegenheit trug nicht wenig bei, daſs die Städte sich ihrer bemächtigten und gegen den Charakter der geplanten Klöster als rein adliger Stifte protestierten. Im Jahre 1569 kam es endlich zu der ersten fürstlichen Jungfrauenklosterordnung, welche den Herzögen zwar die Verwaltung sicherte, aber der Ritterschaft die Teilnahme an der Visitation gestattete[1].

Zu den ausgeschiedenen Punkten gehörten des weiteren einige Fragen des Steuerwesens, welche eine Ausdehnung der Zahl der Steuerpflichtigen und eine möglichst vollständige Heranziehung des besteuerbaren Grundbesitzes im Auge hatten, aber meist so unbedeutend erscheinen, daſs das Aufsehen, welches sie erregten, unbegreiflich bleibt. Charakteristisch ist für sie alle, daſs sie die wichtigste Aufgabe des pommerschen Steuerwesens, den beweglichen Besitz heranzuziehen, gar nie berührten, obwohl Versuche dazu in den 30er und 40er Jahren mehrfach gemacht worden waren.

Eine der frühesten und am hartnäckigsten verfolgten Absichten der Regierung wandte sich gegen die bis dahin unbestrittene Steuerfreiheit der zehn Schloſsgesessenen zugehörenden Städtlein und Flecken, von der ihre Ansprüche von Jahr zu Jahr weniger übrig lieſsen. Zunächst schrieben sie den Eigentümern, daſs sie sich für den 1548 vorliegenden Ausnahmefall zu der Heranziehung der Flecken hätten entschlieſsen müssen, jedoch keineswegs ihre Freiheit von Reichs- und Landsteuern anzutasten gedächten[2]. Vier Jahre später wurde die Gültigkeit des feierlich gewährleisteten Rechts bereits für alle Türkenschösse bezweifelt und nach abermals zwei Jahren hatte der soeben ergangene Reichsabschied es für nichtig erklärt[3], weil das Privileg den Herzögen um so bedenklicher erschien, als die Schloſsgesessenen angeblich steuerbare Hufen ihrer Bauern, um sie der Besteuerung zu entziehen, zum Eigentume der Städtlein legten. Der Streit kam auf den nächsten Landtagen zu keinem Austrage, bis man sich im Dezember 1563 dahin verglich, daſs die Äcker Besitzenden nach Hufen, die anderen, sofern ihnen gröſsere Häuser gehörten, gleichwie für eine Bude, sonst wie für einen Keller steuern sollten[4]. Dem nachzukommen, beabsichtigten die

---

[1] Dähnert V, 190; I 570; Bülow, B. St. XXIX. Die 1569 angestrebte Fürsorge für dienstunfähige Geistliche ward nicht bewirkt.

[2] 1548 XI. 8., Kreysig III, 303. Die Bürger der Städtlein wurden ganz wie Bauern behandelt, 1548 X. 16., St. T. 95 Nr. 1 v. I; erst 1550 XII. 20. wurden die Handwerker berücksichtigt, St. T. 94 Nr. 15. S. S. 114.

[3] 1554 X. 7., St. T. 94 Nr. 20; 1556 Nr. 24 v. III f. 154, 251.

[4] Dähnert I, 488; vgl. I, 529 f. und IV, 468, 486.

Schloſsgesessenen nun wohl freilich nicht; da die Herzöge aber kräftig auftraten, fügten sie sich mit der Zeit.

Damit war auch der 1558 begonnene Vorstoſs gegen die Steuerfreiheit je zweier Katen bei jedem adligen Hofe auf Rügen, welche nach Normanns Landgebrauch rechtlich begründet war, zu Gunsten der Regierung entschieden, weil die Rügianische Ritterschaft versprochen hatte, sich an die Schloſsgesessenen zu halten [1].

Weniger Aufsehen erregte es, als die Herzöge 1550 sowie 1560 und fortan wohl häufig die Steuerfreiheit einer gewissen Anzahl von Schulzen, die zwar in die fürstliche, ritterschaftliche oder städtische Hintersassenschaft eingegliedert worden waren, aber ihre alte Schoſsfreiheit sich noch bewahrt hatten, für aufgehoben erklärte. Entsprechend wurden seit 1548 auch die verpachteten Pfarr- und Kirchenhufen strenger besteuert [2].

Durch die Einbeziehung dieser wenigen Landstücke in die Steueranlage wurden die Erträge naturgemäſs nur um ein geringes erhöht; von weittragender Bedeutung muſste es dagegen sein, wenn die Regierung den zahlreichen Steuerunterschlagungen, welche von den Ständen mit jedem Jahre stärker gleichsam als ihr gutes Recht geübt wurden, ein Ende zu bereiten vermochte. Insbesondere waren es die Rittergutsbesitzer, aber auch die Städte [3], welche unablässig Bauern- oder Pfarrhufen [4] zu ihrem Eigenbesitze schlugen, sei es um sie selbst zu bebauen oder um neue Schäfereien oder Vorwerke anzurichten. Weil dieses Verfahren das Einkommen der adligen Herren beträchtlich vermehrte, bestritten, 1560 zuerst, die Herzöge im Verein mit dem Bürgertum, welches seinen Steueranteil immer höher hinaufgeschraubt sah, daſs die ehemaligen Bauernhufen Steuerfreiheit beanspruchen dürften. Der Adel berief sich demgegenüber in der ersten Verlegenheit darauf, daſs die Städte zuweilen auch zwei Häuser in eines stieſsen. Dann wieder schwatzte er dem gutmütigen Jakob Zitzevitz auf, daſs er für seine jüngeren Söhne durch Anlegen neuer Vorwerke Unterkunft schaffen müsse; ihren notdürftigen Besitz zu besteuern habe die Regierung kein Recht. Keineswegs war er zur Nachgiebigkeit bereit, so daſs er schlieſslich seinen Willen durchsetzte [5].

Dagegen lieſs er es geschehen, daſs die Herzöge um dieser Sache und des 1548 entstandenen Streites mit den Städten halber, und weil auch mehrfach Heger- als Land-, Land- als Hakenhufen betrügerischer Weise versteuert wurden [6], die Ausarbeitung

---

[1] St. T. 94 Nr. 24 v. III f. 196 und 275, Normann 232.
[2] St. T. 94 Nr. 15 und Nr. 28 f. 89 und 91, Dähnert IV, 445.
[3] Privilegienausschuſs 1563 III. 22., St. T. 94 Nr. 34 v. I.
[4] 1560 Dähnert I, 479.
[5] Dähnert IV, 449, I, 557. St. T. 94 Nr. 28 f. 230 und Nr. 57.
[6] St. T. 94 Nr. 24 v. III f. 276.

eines neuen Katasters in Aussicht nahmen. Er durfte hoffen, dafs es zum Abschlusse eines so umfassenden Werkes so bald nicht kommen werde.

Bereits 1548 wurde beschlossen, dafs der Ausschufs für die Privilegien mit den Landrentmeistern die alten und neuen Register der ordentlichen und aufserordentlichen Schösse durchsehen und die Steuern eines jeden Standes verzeichnen sollte. Der Abschied vom 22. Dezember 1550 deutet an, dafs der Ausschufs mit der ihm zugewiesenen Frage sich ernstlich beschäftigt hat, welche er als durchaus zu seinem Ressort gehörig betrachtete; hat man doch so sehr all diese ständischen Rechte und Übergriffe zu den Privilegien gerechnet, dafs deren Bestätigung durch nichts so sehr verzögert wurde als durch die Unmöglichkeit, sich über die Steuerfragen zu einigen, und erst zu stande kam, als man auf ihre Erledigung verzichtete.

Aufs neue und eingehender trat der zweite gemeine Landtag des Jahres 1560 dem Plane näher, indem er aus jedem Orte sechs Mitglieder der Stände und drei Hofräte nebst einem Schreiber zu verordnen vorschlug, die binnen Jahresfrist einen billigen und gleichmäfsigen Anschlag der Ritter- oder Rofsdienste entwerfen und aller Unordnung abhelfen sollten. Drei Jahre darauf war die Kommission noch nicht ernannt, sechs Jahre später noch nicht einberufen, 1569 noch nicht zur wirklichen Traktation gekommen, so dafs auf die Vollendung des neuen Katasters im sechzehnten Jahrhunderte wohl schon damals niemand mehr rechnete, wie sie denn auch nicht zur Thatsache geworden ist[1].

So hatte die Regierung nicht eben erhebliche Ursachen, mit dem Ausgange der Privilegienhandlung zufrieden zu sein. Ihre Erfolge auf dem Gebiete des Gerichts- und Finanzwesens waren zwar beachtenswert, aber nicht mehr als die ersten Ansätze zu einer Umgestaltung des pommerschen Staatsrechtes in ihrem Sinne. Sie verschwanden nahezu angesichts der Thatsache, dafs der umfassende Einflufs der Stände wieder für Jahrzehnte verfassungsmäfsig hatte besiegelt werden müssen. Die dadurch gegebene Kräftigung der Landschaft fiel um so schwerer ins Gewicht, als die nach Philipps Tode in Wolgast eingerichtete und in Stettin seit 1558 thatsächlich zugegebene Adelsherrschaft keinen Anlafs zu einer dauernden Befestigung der ständischen Macht versäumen zu wollen schien.

Adelsregiment 1558 (1560)—1570.

Als Philipp starb, war Barnim seit langem ein siecher Mann. Schon 1551 hatte er über seine alte Schwachheit, das Rücken-

[1] St. T. 94 Nr. 13 f. 22. Dähnert IV, 447, I, 479, 444, 497, 528.

weh, geklagt, welches ihn in den warmen Gemächern zu bleiben zwinge. Dennoch hatte er um dieselbe Zeit, da sein Neffe seine Reformthätigkeit begann, sich noch einmal mit Gedanken getragen, deren Verwirklichung der ständischen Macht und seinen fortwährenden Geldsorgen auf einen Schlag ein Ende bereiten sollte. Um seine Schulden bezahlen zu können, hatte er im Laufe der Jahre so manches Mittel ersonnen; er hatte das Steuerbewilligungsrecht auf das Kollegium der Landräte übertragen und einen Steuervorrat bilden wollen, den Ständen die Teilnahme an der Steuersammlung und Steuerverwaltung verschafft und die Aufsicht über seinen Haushalt angeboten. Dafs er auf diese Weise nicht fortwirtschaften konnte, blieb ihm um so weniger verborgen, als der 1548 ausgebrochene Streit über den Anteil, welcher jedem Stande an den Schössen zukäme, alle gröfseren Bewilligungen verhindert hatte und noch recht lange zu verhindern drohte. So wollte er denselben vernichtenden Vorstofs gegen das Steuerbewilligungsrecht der Landschaft, welchen sein Nachbar in der Mark 1488 mit Glück gethan hatte und sein Wolgaster Neffe nicht zurückwies, unternehmen.

Den Ausschlag gab der Landtag 1556 [1], an welchen die Herzöge mit bedeutenden Forderungen des Reiches hatten herantreten müssen. Ein gemeiner Pfennig zur Türkensteuer wurde ihnen, weil nicht besonders dringlich, nur in Aussicht gestellt. Ein zur Landfriedensexekution bestimmter Landschofs, aus welchem ein Vorrat unter der Verwaltung von vier Obereinnehmern gebildet werden sollte, und dessen Erhebung die Herzöge schon zum 28. Juni wünschten, um bei dem von der Landschaft gebilligten Antritt des obersächsischen Zugeordnetenamtes ein gutes Beispiel zu geben, wurde blofs von der Ritterschaft genehmigt; die Städte lehnten wiederum alle Verhandlungen ab, bis ihr Anteil herabgesetzt sei.

Dadurch erschöpften sie die Geduld Philipps so gut wie die Barnims, welche schon 1550 bestritten hatten, dafs der Hufenschofs „die gewisse, notwendige Form aller pommerschen Steuern“ sei, und nunmehr mit geheimnisvollen Worten ihren Willen kundthaten, „auf löbliche und heilsame Wege zu trachten, damit die Anschläge oder Kontribution der ordinari und extraordinari Landsteuern zu gleichmäfsiger und unbeschwerlicher Gleichheit zwischen den Ständen, auch etzlichen vermögenden und unvermögenden Personen zu bringen.“ Noch warteten die Fürsten den ergebnislosen Verlauf einiger Beratungen mit den Stadträten ab; dann instruierten sie ihre Gesandten, die „bewufsten“ Wege mit Fleifs zu befördern. Zwei Monate später, Ende Juli, war Antonius Zitzevitz „etlicher Sachen und Geschäfte halben“ nach

[1] Dähnert I, 470 ff., wo häufig 1 statt 1/2 Gulden.

dem Kaiserhofe unterwegs; abermals einen Monat darauf hatte Karl V. das ihm vorgelegte Privileg unterzeichnet[1].

Es berechtigte die Herzöge zur Einführung einer Accise[2] auf in- und ausländisches Getränk, Malz, Gerste, Bier, gleichviel ob die Ware zum Verbrauch im Inlande oder zur Ausfuhr bestimmt war. Das Einkommen aus der Auflage war nach dem Wortlaut der überlieferten Konzession sowohl zur Ausrichtung der Reichsdienste als zur Abstellung gemeiner Landesnöte verfügbar[3]. Da sie fort und fort erhoben werden sollte, obwohl sie zunächst nur für einige Jahre erbeten werden konnte, machte sie den herzoglichen Haushalt in hohem Grade von den Ständen unabhängig. Wurde dennoch zuweilen ein aufserordentlicher Zuschufs der Unterthanen nötig, so war der ertragsreiche gemeine Pfennig als der einzig erlaubte Modus vorgesehen.

So grofs die Vorteile der Accise nun auch den Herzögen erscheinen mochten, so entsprachen sie kaum den Nachteilen; denn die Regierung wollte allem Einflufs auf ihre Erhebung, Verwaltung und Ausgabe ein für alle Mal entsagen. Ein ständischer Ausschufs sollte unbehindert von den Fürsten wie der Landschaft sowohl die hohen und niederen Beamten der beiden Landkasten als die Untereinnehmer in den Städten und Ämtern ernennen, bezahlen und gegebenenfalls entlassen, auch allein ihnen Zahlungsbefehle übermitteln und von ihnen Rechenschaft begehren dürfen. Gewifs war dieser Verzicht nichts Neues und mochte deshalb den Herzögen minder schwer vorkommen, als er war; sie fafsten den Accisenertrag als einen Vorrat, welcher ihnen stets unter den gleichen drückenden Bedingungen bewilligt worden war. Aber bisher hatte es sich allein um einzelne Fälle und kurze Fristen gehandelt; hier dagegen galt es einen dauernden Zustand zu schaffen, welcher es den Ständen ermöglichte, eine gesetzmäfsige Nebenregierung zu schaffen, die den Fürsten durch ihre finanzielle Stärke unendlich überlegen war. Wäre diese Accise, welche einzelne Städte mit ausdrücklicher Erlaubnis der Regierung[4] bereits hin und wieder je auf einige Jahre eingeführt hatten, nicht so furchtbar beim Bürgertume verhafst gewesen, dafs die Stralsunder lieber Leben und Gut verlieren als sie aufkommen lassen wollten[5], hätten die Stadträte diese wichtige Einnahmequelle nicht

---

[1] St. T. 94 Nr. 21 und T. 124 Nr. 12; Dekret VIII. 19. Dähnert I, 25.

[2] „so bisher in ihren Landen nit gewesen, auch noch nit were."

[3] Über die Auslegung gerieten die Stände 1588 mit Johann Fr. in Streit; sie wollten Johann Fr.s. besondere Nöte nicht darunter verstanden haben; ein Schreiben Hallers scheint ihnen Recht zu geben: „Die Ordnung, so die Herzöge zu einpringung und erstadung der gemeinen Reichshilfen unnd auflagen fürgenommen."

[4] St. T. 94 Nr. 13 f. 26; 1588 X. 25., B. Rot. 30 Nr. 239.

[5] Berckmann 147 f. und 152 f. Thatsächlich erhob Stralsund seit 1556 Jahre hindurch die Accise, B. St. XIII[a], 161. Als Anstifter war

für den städtischen Bedarf zu reservieren im Sinne gehabt[1], und hätte sich die mit dem alten Modus sehr zufriedene Ritterschaft nicht ebenfalls ablehnend verhalten — so würde Pommern denselben entscheidenden Schritt zum Verderb der fürstlichen Macht gethan haben, zu welchem sich Brandenburg wenige Jahre zuvor entschlossen hatte.

Der Gang der Verhandlungen ist nicht völlig klar. Kaum hatten die Herzöge ihr Privileg in der Hand, als sie es infolge der Abdankung Karls neu bestätigen lassen mufsten. Am 8. Januar 1557 baten sie Ferdinand I., dafs er im nächsten Reichsabschied den alten Hufen- und Häuserschofs untersagen und die Accise für Reichs- und Landessteuern vorschreiben möchte[2]. Als wenn sie ob der den Ständen in der ersten Konzession eingeräumten Rechte bereits bedenklich gewesen wären, fügten sie den Wunsch hinzu, dafs den Unterthanen Gehorsam auferlegt und der Obrigkeit die Macht, Steuern zu verordnen und zu verteilen, gegeben werde.

In denselben Tagen nun, da Ferdinand nach ihrem Gefallen entschied[3], setzte Philipp bei seinem Oheime nach hartem Drängen durch, dafs die Accise einer gemeinen Landesversammlung, nicht den Sonderlandtagen unterbreitet werde. Aber noch ehe die Gesamtstände am 4. April zu Stettin zusammentraten, dürfte die Vorlage in den Vorverhandlungen, welche mit achtzehn, wohlweislich nur aus dem Adel berufenen Landräten gepflegt wurden, gescheitert sein. Der Landtagsabschied vom 10. bemerkt nur, dafs die Herzöge die angeregte Türkensteuer lieber nach der Landsassen Vermögen als nach der Anzahl der Giebel gerichtet gesehen hätten[4]. Die Stände bewilligten darauf anstandslos einen Fräuleinschofs für die dritte Tochter Barnims[5] und eine auf Pfingsten fällige Reichssteuer, deren Grundtaxe 5 Ort betrug und nach dem gewöhnlichen Verfahren gereicht werden sollte.

Wie entschieden nach den überlieferten Andeutungen auch die Abweisung des Regierungsplanes gewesen sein mag, so hatten die Herzöge doch keinen Zweifel darüber gelassen, dafs sie ihn nur zurückstellen liefsen, um Verzug zu vermeiden. Ein undatiertes, zur Vorbereitung eines Ausschufstages bestimmtes Gutachten, welches offenbar von einem hohen Beamten herrührt, macht

---

Gentzkow verschrieen, der sie als Märker eingeführt habe. Stettin beschlofs 1556, 1564, 1568, 1578, 1590 und 1592 Accisen, St. T. 94 Nr. 45, B. St. XXXV, 306.

[1] Zwischen Stadt- und Landaccise war freilich von ihrem berechtigten Standpunkt aus ein grofser Unterschied: „Durch die Tranksteuer würden die Bürden, so bishero die Bauern mit den Bürgern noch getragen, den Bürgern allein aufwachsen," d. Städte an d. Kaiser 1597 XI. 28., W. T. 39 Nr. 37.

[2] St. T. 95 Nr. 19; 2. III. an Mainz zur Vorlage aus Reich.

[3] Regensburg 1557 III. 16., St. T. 124 Nr. 12.

[4] Die Verhandlungen St. T. 94 Nr. 23.

[5] Aufgeld für Haus, Bude, Keller je ein Groschen.

wahrscheinlich, dafs sie ihr Verlangen schon zwei Wochen später einer auf den 28. April nach Treptow a. R. einberufenen Versammlung von Vertretern aller Stände vorgelegt haben [1]. Das Gutachten verhehlt nicht, dafs die Einführung der Accise nicht allein reifer Erwägung und Beratung, sondern auch hoher Vorsicht und Behutsamkeit bei ihrer Verwirklichung bedürfe, dafs sie aber zur Erhaltung fürstlicher Autorität unbedingt notwendig sei. Es rät jedoch, die zur Zeit fällige Türkensteuer ohne Rücksicht auf die Accise durch einen gemeinen Pfennig aufzubringen, wenn das fürstliche Kammergut ihn nicht mit zu erlegen brauche. Als der Ausschufstag der Vorlage keine andere Aufnahme bereitete als der Landtag, zog sich Philipp zurück, weil andere Dinge ihm näher am Herzen lagen. Barnim dagegen dachte daran, vielleicht aus Rücksicht auf die Städte, von den Ständen im Dezember 1558 nicht nur eine Auflage auf Bier, sondern auch auf Getreide zu fordern [2].

Von Schulden niedergedrückt, bat er diesmal seinen Neffen um einen gemeinen Landtag [3]; Philipp aber hielt sich klugerweise von dem Tage fern. Infolgedessen wurde Barnim um so leichter gezwungen, statt dafs er für sich die Accise erreichte, die Aufsicht und Leitung seines Hofhaltes und seiner Regierung in einem ihn vollständig fesselnden Umfange in die Hände seiner Landschaft zu geben. Er verzichtete deshalb noch nicht auf seinen Plan, drang vielmehr 1563 wie 1566 recht lebhaft in die Stände, den modus contribuendi zu ändern [4]; aber es scheint doch, als hätte er dabei nicht mehr so sehr die Accise als eine Vermögenssteuer im Auge gehabt, für welche die Städte leichter zu gewinnen waren. Da die Ritterschaft jedoch, ohne die damals nichts durchgesetzt werden konnte, alle Steuern nach der Art des gemeinen Pfennigs verwarf, blieben auch Barnims wiederholte Anstrengungen ohne Erfolg; sie sind um so bedeutungsloser, als gerade die ihnen entgegenwirkenden Bestrebungen der Landschaft den folgenschweren Sieg, den sie 1558 errungen hatten, sich zu sichern wufsten.

Durch die Auslieferung der Stettiner Regierung an die Stände erlangten dieselben in dem östlichen Orte die gleiche Machtstellung wie in Wolgast durch den Tod Philipps, so dafs seit 1558 dort und seit 1560 hier eine nahezu ungestörte Adelsherrschaft sich breit machen durfte. Im Verlaufe der Stettiner Ent-

---

[1] Konzept W. T. 39 Nr. 14. Greifswalds Entschuldigung St. T. 94 Nr. 20[a].

[2] Instruktion an d. Städte 1558 X. 30., St. T. 94 Nr. 24 v. I.

[3] W. T. 39 Nr. 11; vorbereitet durch Belbucker Ausschufstag IX. 23., St. T. 94 Nr. 24 v. II; Dähnert IV, 451.

[4] St. T. 94 Nr. 141. Gentzkow bemerkt 1566, B. St. XX[b], 110—118, den Bürgern sei ein gemeiner Pfennig das genehmste, nächstdem ein Häuserschofs, dessen Ertrag durch Heranziehen der Mägde und Knechte erhöht werden könnte, erst dann die Accise.

wicklung war noch weit schärfer als in der Wolgasts der Niedergang des politischen Ansehens der Städte hervorgetreten; denn sie verdankte ihre der Landschaft günstige Richtung einzig und allein der Umsicht und dem Mut des Bürgertums. Auch schien sie in dem entscheidenden Augenblicke sich nicht minder gegen die Vorderstände als gegen das Fürstenhaus zu wenden. Barnim und Philipp hatten es stets als eine der wichtigsten Aufgaben ihrer Politik begriffen, den von Bogislav wiedergeschaffenen Ausschuſs der Räte von Haus aus, das rein adlige Kollegium der Landräte, auszubilden, mit immer ansehnlicheren Machtbefugnissen auszustatten und endlich überhaupt an die Stelle des demokratisch beeinfluſsten Landtages zu setzen. Jetzt entstand plötzlich eine ständische Behörde, welche den Obereinnehmerausschuſs von 1563 vorbereitete, die Landräte binnen wenigen Jahren ihrer Bedeutung beraubte und selbst den gemeinen Rat des fünfzehnten Jahrhunderts an Kraft und Rechten zu übertreffen drohte.

Es war kaum eine Frage, daſs die Städte, indem sie an ihr vollberechtigten Anteil nahmen, ihre eindrucksvolle Machtstellung zurückerobert hatten, wie sie denn schon bald wieder, wenngleich nur mit beratender Stimme, in die Sitzungen auch der Landräte eingedrungen zu sein scheinen[1]. Nur fehlte ihnen die innere Lebensfrische, um von ihr Gebrauch zu machen; so völlig hatte die Zeit sich umgestaltet, daſs sie dem Adel nahezu willenlos die Führung überlieſsen.

Der Abschied vom 15. Dezember 1558[2] berief einen starken Ausschuſs aller Stände zur Wiederaufrichtung der gesamten Regierung, welcher den Hofhalt ordnen und bestimmten Vorschriften unterwerfen, aber auch alle Ämter und fürstlichen Güter besichtigen und in den Stand setzen sollte. Indem man ihm die Gewalt zuerkannte, mit den Beamten unmittelbar zu verhandeln und ihre Amtsverträge richtig zu stellen, riſs man dem Herzog die Herrschaft nahezu aus den Händen.

Da die Landschaft so von den Rechten des Fürsten Besitz ergriff, wollte sie nicht einmal den ihr gebührenden Teil der Pflichten übernehmen; nur zögernd stellte sie die Tilgung aller Schulden Barnims in Aussicht[3]. Vorerst bewilligte sie drei innerhalb eines einzigen Jahres fällige Steuern, zu denen auch das fürstliche Eigentum beitragen sollte. Im Jahre 1560 fügte sie, nachdem sie von dem Bericht der trotz fleiſsiger und erfolgreicher Arbeit nicht fertig gewordenen Kommission Kenntnis genommen, zwei weitere in die Kammer zahlbare Steuern in drei Zielen hinzu[4]; es war in denselben Tagen, in welchen die Wol-

---

[1] Gentzkow 1565 IX. 24., B. St. XX^{b}, 86.
[2] Dähnert IV, 450 ff. (452 fehlerhaft).
[3] St. T. 94 Nr. 24 v. III f. 220.
[4] Sonderbarer Abschied 1560 II. 6., St. T. 94 Nr. 28.

gaster Stände zum ersten Male darüber berieten, wie auch sie die Regierung an sich zu bringen vermöchten [1].

Die Einnahme der Steuern lag, wie es sich nach und nach von selbst verstand, bei Obereinnehmern, welche der Ausschufs, soweit sie nicht fürstliche Hofräte waren, aus seiner Mitte wählte, ohne die Städte zu berücksichtigen [2]. Durch sie erfolgte die Auszahlung der von Seiten des Ausschusses genehmigten Schulden.

Während die Bewilligung einer einfachen Reichssteuer 1560 und einer Wolgaster Fräuleinsteuer 1563 von der Änderung der innerpolitischen Machtlage unbeeinflufst blieb, wirkte dieselbe auf die die Bildung eines grofsen Steuervorrates begleitenden Beratungen 1563—1566 aufs schärfste ein. Der Geist, welcher diese Beratungen durchwehte, konnte keinen treffenderen Ausdruck als in der Erklärung der Vorderstände vom 4. Juni 1565 [3] finden, dafs sie nun und nimmer ein Auspfänden der beim Zahlen Säumigen durch die fürstlichen Amtleute zu dulden vermöchten; denn die Landschaft habe aus eigenem Willen den Vorrat beschlossen, ihn zu ihrem eigenen Besten bestimmt und allein in ihre Gewalt genommen, so dafs sie Eingriffe der fürstlichen Beamten als unstatthaft zurückweisen müsse. So war es in der That die Meinung der Stände beim Fassen des Beschlusses gewesen, dafs sie gleich den märkischen Nachbaren das Steuerwesen ganz Pommerns in ihre Hand bringen wollten. Durchaus hatten sie, ohne bei dem kurzsichtigen Barnim Widerstreben zu finden [4], den Vorrat als eine dauernde Einrichtung begründen wollen; und nur der Umstand, dafs es auch ohne ihn, der den Herzögen das Schuldenmachen immerhin erleichterte, möglich wurde, ein ständiges Obereinnehmerkolleg zur Überwachung der Regierung zu erhalten, liefs sie später davon Abstand nehmen, den Vorrat immer aufs neue zu ergänzen, so dringend auch ihre Fürsten danach verlangten.

Barnim hatte die günstige Gelegenheit, welche er dem alles in Schrecken setzenden Durchzuge Erichs von Braunschweig durch Pommern im August 1563 verdankte, nicht vorübergehen lassen wollen, ohne den Ständen den im März vergebens erbetenen Beschlufs [5] einer sechsfachen Steuer abzudringen. In der That entsprach die Landschaft auf dem Dezemberlandtage dem Wunsche ihrer zusammenhaltenden Herzöge [6]; aus den sechs Steuern, welche

---

[1] Lindemann 1560 II. 22., B. St. VIII[b], 5.

[2] Abschied Dähnert IV, 453; ebenso die andere Namen gebende Liste St. T. 94 Nr. 24 v. III f. 219. Der Ausschufs war „nit principaliter zur Innhame, sonder erwegung der Reformation berechtigt und etzliche aus seinem mittell alleine zur Innhame.“

[3] St. T. 95 Nr. 13.

[4] Auch er dachte den Vorrat als dauernde Einrichtung, Mandat wider den Wucher 1567 V. 1., Dähnert III, 254. Die Strafgelder sollen halb zum Vorrat kommen.

[5] Dähnert IV, 456; Gentzkow 1563 III., B. St. XIX[b], 195, 233.

[6] Dähnert I, 487 f.

in vier jährlichen Terminen zu reichen waren, sollte ein ansehnlicher Vorrat geschaffen werden, dessen Verwaltung zwei nach den Orten geschiedenen Obereinnehmerkollegien unter Heranziehung je zweier Städte übertragen wurde[1]. So sehr fühlte sich die Landschaft eins, daſs sie die Hälfte der Schlüssel zu jedem Landkasten den Obereinnehmern des Nachbarortes anvertraute. Die eine Truhe ward nach Anklam, die andere nach Stettin bestimmt. Nach wenigen Wochen übermittelten auch die Städte, welche nur auf Hintersichbringen angenommen hatten, ihre Zusage.

Bemerkenswerter Weise verpflichteten sich die Vorderstände, den ihnen zukommenden Anteil von zwei der Steuern ohne Zuthun ihrer Bauern selbst zu erlegen, wogegen auch die Städte einen Modus zu wählen versprachen, welcher die armen Leute nicht bedrückte; wenigstens der eine von beiden Schössen dürfte eingekommen sein[2]. Damit aber aus dieser Leistung keine ihrem Privileg ungünstigen Folgerungen abgeleitet werden könnten, gab der Adel 1566 bei den Beratungen, ob der bereits eingesammelte Vorrat zu einer Türkensteuer verwendet werden sollte, nicht zu, daſs auch über seine Beiträge für einen solchen Zweck verfügt werde.

Wichtiger erscheint die Thatsache, daſs die Landschaft 1563 dort einsetzte, wo man in den vierziger Jahren aufgehört hatte, indem sie auf die Bierkrüger, die Schäfer, die eigene Schafe hatten, die Kostknechte auf den Mühlen und diejenigen Bauernknechte, denen neben ihrem Lohn ein Stück Land angewiesen war, mit je einem Orte zu belegen vorschrieb. Doch wurde der Beschluſs vorderhand nicht wiederholt.

Die vorgesehenen Termine lieſsen sich nicht einhalten, da ein Teil des Adels mit dem Einsammeln der Steuer keinen Ernst machte, und darauf der andere erklärte, daſs was zugleich beschlossen, auch zugleich gereicht werden müsse, weshalb er sich auſser Stande wisse, seine Verpflichtungen zu erfüllen. Immerhin kam soviel ein, daſs der Landtag am 28. September 1566 beschlieſsen konnte, die nicht geringe neue Türkensteuer aus dem Vorrate zu decken.

Dieser Landtag war zugleich berufen, den letzten durchschlagenden Erfolg, der noch errungen werden konnte, der Adelsherrschaft zu sichern. Die Herzöge durften ihr Land nicht mehr nach Willkür teilen, ohne Genehmigung der Stände sich in keinen Krieg und kein Bündnis einlassen, sie hatten den Ständen die Aufsicht über ihre Regierung und eine nicht zu unterschätzende Gewalt über ihre Beamten zugestehen müssen und ihren Einfluſs auf das Steuerwesen preisgegeben; nun wurde ihnen zuguterletzt

---

[1] Bei der Bildung der Kollegien wünschten die einzelnen Landvogtei-Verbände der Ritterschaft berücksichtigt zu werden, so Stolp, Schlawe und Rügenwalde, 1565 V. 14., St. T. 95 Nr. 13.

[2] Das nähere Dähnert I, 488—501.

die Verpflichtung diktiert, dafs sie ohne gemeinen Rat auch keine Schulden aufzunehmen und keine Bestallungen zu vollziehen hätten. Geheimnisvoll stellte der Abschied weitere Angriffe, wahrscheinlich auf das in seiner Vereinzelung nicht mehr gewichtige Recht der Herzöge, ohne Befragung der Stände Reichssteuern zu bewilligen, in Aussicht[1]. Es hing nun vieles davon ab, ob der Adel es verstehen würde, seine ihm auf Landtagen eingeräumten Rechte in die Verfassung zu bringen, zu deren Neubearbeitung er wenige Monate darauf versammelt wurde.

Barnim war mit zunehmendem Alter nicht verträglicher geworden, so dafs er selbst der Regierung zu entsagen wünschte, um dem Thatendrange seiner Grofsneffen freie Bahn zu schaffen. Schon seit 1568 hatten Johann Friedrich und Bogislav, die ältesten Söhne Philipps, die Regierung Wolgasts übernommen, aber die Aufsicht des Vormundschaftsrates war eine so strenge geblieben[2], dafs ihnen eine Änderung sehr wünschenswert erschien. Im Mai 1569 kamen die Stände beider Orte zu den abschliefsenden Verhandlungen, für welche ein sehr sorgfältiger Entwurf von den Landräten vorbereitet worden war, zusammen; schon nach einer Woche waren sie mit den Herzögen des Handels einig.

Ulrich von Schwerin, welcher damals zugleich an der Spitze der Ritterschaft und der Wolgaster Regierung stand, hatte die dem Adel in diesen Beratungen zugefallene Aufgabe mit ausgezeichnetem Geschick und grofser Klarheit zu lösen gewufst. Voll treuen Fleifses hatte er in den Jahren seiner Amtsführung seit dem 12. Juni 1560 nicht blofs das Interesse seiner Partei, sondern das Wohl des ganzen Landes im Auge gehabt und Fürsorge getragen, dafs die von allen Seiten gefährdeten Ordnungen, sowie die Bestätigung der Privilegien zustande kamen. Die Adelsherrschaft in Wolgast über Gebühr auszudehnen, daran hat er wohl nie einen Augenblick gedacht, aber das Seinige gethan, um der Ritterschaft die in neunjährigem Wirken erworbene Stellung gegenüber dem kühnen Sinne eines Johann Friedrich und der beharrlichen, täuschenden Art Ernst Ludwigs zu sichern. Als er das erreicht hatte, trat er von seinem Platze zurück, der erste und der kernhafteste der leitenden Männer, welche der Zeit von 1560 bis 1600 in der an Individualitäten sonst armen Geschichte Pommerns ihr besonderes Gepräge verleihen: die Eigensucht war es nicht, welche die Schritte Ulrichs von Schwerin bestimmte.

Die Erbeinigung vom 15., der Abschied vom 23. Mai, die Erbvereinigung und der Schlufs zu Jasenitz vom 25. und 27. Juli 1569[3] verzichteten auf keine Errungenschaft der Privilegien von 1563. Mit scharfer Betonung wurde festgestellt, dafs die Einheit des

[1] Dähnert I, 521.

[2] Diesem Umstande verdankt es vermutlich der Abschied 1568 II. 14., dafs die Stände „ihn nicht zu verbessern wufsten,“ Dähnert I, 508.

[3] Dähnert I, 259—267, 515—534 und 267—325.

Landes und Staates Pommern durch die Zweiteilung der Regierung in keiner Weise berührt werde. Die alten Vorrechte wurden wiederholt, Kriege und Bündnisse deutlicher an die Zustimmung der Stände gebunden; darüber hinaus hob man die Schuldenfreiheit der Fürsten auf, beseitigte, wenn auch nicht mit gleich klaren Worten, ihr Recht, die Bestallungen der Beamten eigenmächtig auszufertigen, und machte ihre Entschliefsung von dem Willen der gemeinen Landschaft oder der vornehmsten Räte, in täglich fürfallenden Händeln von dem Rate der gutenteils aus dem Adel hervorgegangenen Hofräte abhängig.

Die Macht des Adels stand auf ihrem Höhepunkte; es war ausgeglichen, was immer Bogislav X. und Georg ihr abgebrochen hatten. Doch die Herzöge, die ihr in dem Augenblicke entgegentraten, waren nicht geneigt, sie wie dereinst schalten und walten zu lassen; voll frischer, wachsender Lebenskraft, seiner ehedem gefährlichsten Gegner, der Städte, schon nahezu Herr geworden, mufste das Fürstentum die Adelsherrschaft nicht minder bedrohen, als von ihr bedroht werden. Die Verhältnisse sogut wie die Männer, welche die Führung der Parteien nunmehr übernahmen, trieben die Entwicklung zur gewaltsamen Lösung. Wer will es sagen, ob mehr die Personen, ob mehr die Dinge die Ursache geworden sind, dafs der Streit entstand und den ihm eigentümlichen Gang einschlug? Die einen haben die anderen nicht geschaffen, alle aber, wie es zu geschehen pflegt, so sehr ineinandergewirkt, dafs sich die Grenzen des Einflusses der einzelnen Faktoren dem menschlichen Auge entziehen.

Darum bedarf es nicht minder der Kenntnis aller Einzelfaktoren, um die innere Entwicklung Pommerns während des bevorstehenden Kampfes zu verstehen; und so ist es nötig, vorerst eine Einsicht darein zu gewinnen, wie das Fürstentum die Städte seinem Willen unterworfen hat.

Sechster Abschnitt.

Der Übergang von der Stadt- zur Territorialwirtschaft.

Das Bestreben der Regierung, in alle Lebensgebiete einzugreifen, um die ständische Macht von allen Seiten zu bedrohen und einzuschnüren, war dort von besonders starkem Erfolge begleitet, wo die Stände infolge von Mifswirtschaft, inneren Spaltungen oder Übergriffen des Auslands nicht selbst Ordnung und Gedeihen zu schaffen vermochten. Damit war es gegeben, dafs sich die fürstliche Gewalt durch nichts so sehr zu Versuchen der Einmischung gereizt sah als durch die Entwicklung, welche das wirtschaftliche Leben genommen hatte.

Schon die Art, wie die Städte ihre Ansichten vertraten, mufste das Selbstgefühl der Herzöge und die Anschauungen, unter deren Einflufs sie standen, aufs äufserste erregen. Die vornehmste Ursache des Streites blieben aber doch die Ansprüche der Gemeinden selbst. Eigentümlich ist dem eben sich vorbereitenden aufgeklärten Despotismus die Fürsorge für das leibliche Wohl der Unterthanen; es waren die wirtschaftlichen Interessen des gesamten Landes, welche den Fürsten unwillkürlich am Herzen lagen. Unvereinbar war damit die absolute Herrschaft, welche die Ratsaristokratieen der wenigen Städte des Herzogtums auf dem wirtschaftlichen Gebiete ausüben wollten, und die unter einseitiger Wahrnehmung des Nutzens der eigenen Gemeinde gradezu darauf ausging, alle anderen Städte und das platte Land in Armut und Ohnmacht zu bringen. Der schroffe Gegensatz, in welchen Bürgertum und Fürstenhaus darüber gerieten, wirkte um so erbitternder, je weniger klar man ihn durchschaute, je mehr er nur gefühlt und geahnt wurde. Er erwuchs schnell zu solcher Heftigkeit, dafs der Kampf zwischen Stadt- und Territorialwirtschaft zum Entscheidungskampfe zwischen ständischer und fürstlicher Gewalt überhaupt geworden ist. Scharf wie nirgendwo sonst treten in ihm die Punkte, auf welche es ankam, und der Verlauf der gesamten Entwicklung hervor.

Das Übergewicht der Regierung entschied sich, wo es die Vertretung der heimischen Interessen gegenüber dem Auslande galt, rasch und kräftig, jedoch nicht unbeeinflufst von den Schwankungen der innerpolitischen Lage, langsamer und zaghafter dort, wo es sich um die Auseinandersetzung der Stände und um Eingriffe in die innere Gesetzgebung der Städte handelte.

Der Zollkrieg mit Brandenburg.

Nur auf zwei der grofsen Wasserstrafsen Deutschlands, auf dem Rhein und der Oder, hat sich während des Mittelalters ein bedeutender Handelsverkehr entfaltet. Im Westen trug der Rhein seine Schiffe zu nahe aneinander liegenden, aber reichen und hohe Ansprüche stellenden Städten; — die unermefslichen, jedoch ärmlichen und kulturell tiefstehenden Ostreiche Europas mit der übrigen Welt zu verbinden, war die Oder mit ihren Nebenflüssen berufen. Es liegt auf der Hand, welch ein durchgehender Unterschied sich daraus für den Betrieb des Handels, für seine Ausdehnung, seinen wagenden Geist, seinen Glanz wie für seine Gegenstände ergeben mufste, doch auch das vorbehalten, hat der Oderhandel nicht die Höhe des rheinischen erreicht.

Er war naturgemäfs in die Hand jener Völker gekommen, welche sich dem Einflufs deutscher Kultur hingegeben hatten, und darunter wieder in erster Linie an das Volk, welches seine Lage an der Odermündung zur Beherrscherin der alten Hansestrafse erhob. Aber Pommern hat seinen Handel niemals zu selbständiger Bedeutung entwickelt. Als das Durchgangsland von Holland, Hamburg und Lübeck her nach Polen, Brandenburg und Schlesien im Zwischenhandel nach Möglichkeit zu verdienen, war im wesentlichen die Aufgabe, welche es sich gestellt hatte, und welche es erfüllte, solange es den Fremden so gefiel. Es hat sich auch dann keine andere gesetzt, als Polen und insbesondere Brandenburg vom sechzehnten Jahrhundert ab den Verkehr unmittelbar in die eigenen Gebiete zu leiten versuchten, sondern ist, im grofsen und ganzen nach wackerem Kampfe, aus der Zahl der Grofshandel treibenden Mächte ausgeschieden.

Das Herzogtum war zu Beginn der Neuzeit wirtschaftlich nicht ungünstig gestellt. Es war für seine nördliche Lage fruchtbar und sein Getreideüberflufs zuweilen so bedeutend, dafs einzelne Bürger in Stettin bis zu 400 Lasten im Jahre auszuführen vermochten. Dem unermefslichen Hinterlande entsprach die Fülle guter Häfen an der Ostseeküste. Ebenso unerschöpflich als der Heringsfang auf dem Meere, welcher zum grofsen Teile pommerschen Kaufherren zufiel, schien der Fischreichtum in den Seeen und Flüssen des Landes. Die Wollausfuhr war in raschem Steigen begriffen.

Bogislav X. hatte, indem er mit Brandenburg Frieden machte, seinem Volke die Möglichkeit zur Ausnutzung seiner Schätze wiedergegeben; allenthalben blühten Gewerbe und Ackerbau empor. Das altberühmte aristokratische Stralsund durfte den Wetteifer mit Lübeck unter den Hansestädten wagen; noch wurde Greifswald mit ihm in einem Atemzuge genannt, während Stettins umfassender Handel sie beide zu überflügeln sich anschickte. Die Lebenden selbst priesen ihre Zeit als Pommerns goldenes Jahrhundert.

Dennoch bahnte sich in eben jenen glücklichen Jahren der Niedergang an. Für die Entfaltung des pommerschen Wirtschaftslebens kam alles darauf an, dafs die Mark den kaum geschlossenen Frieden dauernd hielt; aber sie hatte ihn in der That nur gewährt, um den Kampf auf ein anderes Feld zu verlegen, wo sie ihn hartnäckiger führen und wirkungsvollere Erfolge sich versprechen konnte [1].

Seit den Zeiten desselben Jagello, welcher den deutschen Orden tödlich traf, war es den Polen gelungen, sich langsam der wirtschaftlichen Übermacht Frankfurts und Breslaus zu entziehen und einerseits unmittelbare Handelsverbindungen mit Leipzig-Sachsen anzuknüpfen, andererseits zum unberechenbaren Vorteil für Stettin und Pommern die Warthe schiffbar zu machen. Die Märker sahen lange Jahrzehnte hindurch dem Treiben ohne Gegenwehr zu; erst Joachim I. von Brandenburg ward sich der Gefahr bewufst, welche dem Wohlstand seines Landes durch die Wartheschiffahrt drohte. Darum begann er 1511 den Kampf gegen sie, indem er Frankfurts Niederlagsrecht auf den Warthehandel ausdehnte, und auch sonst einige Mafsregeln beschlofs, welche den fremden Kaufleuten sehr empfindliche Verluste zufügten.

Es zeigte sich bald, dafs nicht sowohl Polen als Pommern von den Verfügungen Joachims getroffen wurde. Nun war Bogislav X. keineswegs der Mann, welcher sich viel von seinen Nachbarn gefallen liefs. Mit raschem Entschlusse griff er zu dem Mittel, welches damals für das stärkste galt, schon des öfteren von seinen Vorfahren angewandt worden war und auch von ihm selbst einmal gegen die eigene widerspenstige Hauptstadt: er sperrte 1512 den Frankfurtern die Oder [2]. Für den Augenblick machte Joachim darauf einige Zugeständnisse; er verzichtete auf die Salzzollerhöhung, welche er 1511 vorgenommen hatte, und wagte es nicht, die Warthe völlig zu stopfen. Aber im Grunde lag ihm Nachgiebigkeit sehr ferne.

---

[1] Ich verweise für den Zollkampf ein für allemal auf Schmollers Aufsatz in d. Zeitschrift f. Preufs. Gesch. u. Landeskunde XIX, 218, auf Klödens Beiträge zur Gesch. d. Oderhandels 1847/49, Riedels Cod. dipl. brand., Märkische Forschungen XIII und Falke, Geschichte d. deutschen Zollwesens.

[2] St. T. 28 Nr. 29 f. 51.

Um das Jahr 1513 versuchte er plötzlich, der grofsen Handelsstrafse, welche von Danzig durch ganz Pommern hindurch ins Herz Deutschlands führte und für das Herzogtum von tiefgreifender Bedeutung war, eine neue Richtung von Danzig unmittelbar durch die Neumark zu geben[1]. Der Plan mifslang, ist aber späterhin mit Nachdruck wieder aufgenommen worden.

Joachim blieb beharrlich; er liefs sich 1518 das umfassende märkische Zollprivileg von 1456 durch Maximilian erneuern und brachte es zu so entschiedener Anwendung, dafs Bogislav und Stettin abermals beschlossen, ihn durch ein Oderschiffahrtsverbot „zu anderen Gedanken zu bringen." Das war im August 1519. Der Kurfürst that erstaunt und versprach das herzlichste Entgegenkommen; sobald aber die Pommern im Oktober die Sperre aufgehoben hatten, erklärte er, dafs er Frankfurts Interessen schützen müsse und den unmittelbaren Handel Stettins mit Schlesien über Landsberg, dessen Wiederherstellung der Herzog dringend forderte, unmöglich gewähren könne[2].

Unterdessen verschaffte er sich insonderheit durch einen neuen Weinzoll die Mittel, sein Strafsenwesen genügend zu bessern, worauf er ohne weiteres 1524 den alten Handelsweg Neubrandenburg-Stettin auf Strafsburg-Löcknitz-Stettin, also auf märkisches Gebiet verlegte. Gleichzeitig that er auch dem pommersch-polnischen Verkehre denselben Abbruch wie vorher dem pommersch-schlesischen, indem er die Hochzeiter und Rodentinsche Brücke zu zerstören befahl[3].

Das mochte die Stettiner wohl stutzig machen; denn die Handlungen Joachims bereiteten deutlich eine neue Zeit der Wirtschaftspolitik vor. Bei oberflächlicher Betrachtung drehte sich freilich der Kampf noch immer um den schon Jahrhunderte alten Gegensatz der beiden grofsen Mittelpunkte des Oderhandels; thatsächlich aber wurden auf der einen Seite bereits die Kräfte eines ganzen Territoriums für den Streit in Bewegung gesetzt, und auch auf der anderen, der pommerschen, war es der Herzog schon, welcher neben seiner Hauptstadt gebietend in den Vordergrund trat. Diese Entwicklung nun nahm ihren steten Fortgang — in Brandenburg rasch und glatt, in Pommern, dessen Städte von einer ganz anderen Kraft als die märkischen waren, nicht ohne heftige Kämpfe.

Die nachbarlichen Verhältnisse schickten sich in den ersten Monaten nach Joachims Tode, solange seine Nachfolger den pommerschen Ständen um der Huldigung willen entgegen kommen mufsten, zu freundlicher Gestaltung. Bald jedoch enthüllte der Mann, welcher zugleich der arbeitsamste und fähigste, aber auch

---

[1] Barthold IV², 91.

[2] Joach. 1519 IX. 16. u. XI. 1., St. T. 28 Nr. 28 v. IV; T. 10 Nr. 1 v. III.

[3] Joach. 1524 II. 24. und Klagschrift Stettins W. T. 9 Nr. 12 v. I.

der rücksichtsloseste der Hohenzollern des sechzehnten Jahrhunderts war, ganz andere Pläne.

Markgraf Hans von Küstrin hätte an sich einem unmittelbaren Verkehre Pommerns mit Schlesien und Polen-Ungarn geneigt sein sollen, weil derselbe den Handel durch seine Neumark lenkte; aber ein Gewinnanteil an den Frankfurter Zöllen mag ihn bewogen haben, in dem Teilungsvertrage vom 9. August 1539 die Landsberger Niederlage und den Fortbestand der Zantocher Fähre zu untersagen. Kostspielige Beratungen der beiden Fürstenhäuser wurden von da ab durch Jahre ergebnislos gepflegt. Vergebens erbot sich Pommern, um den Warthehandel nicht völlig preiszugeben, alle Waren, die für Frankfurt Bedeutung hätten, d. h. alle aufser Weidasche, Teer, Bretter, Klapholz und Korn, auf die dortige Niederlage zu schaffen. Brandenburg blieb dabei, die von den Herzögen als Voraussetzung jeder gewinnbringenden Wartheschiffahrt geforderte Sicherstellung gegen übermäfsige Zollbeschwerungen, auf welche Stettin schon 1539 gedrängt hatte, zu verweigern[1].

Um einen Druck auszuüben, verbot Pommern zunächst die Getreideausfuhr nach der Neumark, was Markgraf Hans am 16. Dezember 1544 mit einem groben Abbruch der Verhandlungen beantwortete. Da schlofs Pommern, als die nächste Sommerschiffahrt kaum eröffnet war, kurzerhand die Oder. Vielen Erfolg versprach die Sperre nicht, weil der Herzog sie wider den Willen des den Oderhandel beherrschenden Stettin aufrecht erhielt. Die Kaufherren klagten bitter, dafs ihnen das ganze Herbstgeschäft in Heringen unmöglich gemacht werde, welches ohnehin durch den Wettbewerb bedroht sei und seit dem Eingehen der Klöster und dem Aufhören der katholischen Fasten abgenommen habe. Als sich Barnim aber unzugänglich zeigte, erklärte sich Brandenburg schon im November bereit, die vermutlichen Ursachen der Sperre, den Landsberger Salz- und den Küstriner Kupferzoll, aufs neue zu beraten[2].

Statt zu einer Einigung kam es jedoch zu verstärkten Streitigkeiten, weil der Markgraf 1547 eine Belastung des Viehhandels in seinem Territorium durchsetzte. Schon dachte er daran, nun auch eine allgemeine Erhöhung der Küstriner Schiffahrtszölle in Angriff zu nehmen. Aber die bekannten politischen Mifshelligkeiten, in die er mit dem Kaiser geriet, entzogen ihm die Unterstützung Karls V., nötigten ihn zu einem entgegenkommenden Abschlusse der seit 1545 mit Barnim geführten Verhandlungen[3] und machten sogar seinen Protest gegen die Wiederaufnahme der Landsberger Strafse und die Umgehung Küstrins von Oderberg aus durch die pommerschen Kaufleute kraftlos. Doch von einer Aussöhnung

---

[1] St. T. 94 Nr. 2; W. T. 10 Nr. 4.
[2] W. T. 9 Nr. 12 v. I u. Abschied 1545 XI. 27., W. T. 39 Nr. 9.
[3] Hans 1549 VI. 19. W. T. 9 Nr. 12 v. I.

war auch in diesen Jahren so wenig die Rede, dafs die Herzöge schon im Januar 1551 wieder das Schreckgespenst einer Odersperre heraufbeschworen. Es war ein gewagter Zug, der auf Brandenburgs sofortige Einschüchterung spekulieren mufste; blieb doch der Regierung seit der Sperre von 1545 kein Zweifel, dafs, wenn die Mark zaudere, Stettin selbst den glücklichen Ausgang in Frage stellen werde, obwohl es für den Augenblick seine Zustimmung zu erkennen gegeben hatte. Das Fürstentum war freilich bereits so mächtig, dafs es selbständig den Oderhandel verbieten oder erlauben durfte; auch war die Anschauung, dafs es sich bei diesen Zollstreitigkeiten um die Interessen des ganzen Landes handele, so sehr erstarkt, dafs die Gesamtstände die Angelegenheit auf den Landtagen als eine sie alle angehende auffafsten, – aber von da war noch ein weiter Schritt bis zur wirklichen Geltendmachung der Gesamtinteressen gegenüber dem Sondervorteil einer noch unlängst nahezu selbstherrlichen Stadt.

Diese Erkenntnis mag Joachim II. Hektor und Hans zu dem Entschlusse bewogen haben, in keine Verhandlungen einzuwilligen, solange die Schiffahrt gehindert wurde. Eben hier trat Joachim II., dessen Bieraccise schon seit 1549 auf dem Biervertriebe der pommerschen Grenzstädte schwer lastete, neben seinem begabteren Bruder zum ersten Male hervor. Angeblich durch mannigfachen Unterschleif der Stettiner im Tuchhandel dazu gezwungen, hatte er zu Zollerhöhungen in Oderberg gegriffen. Leidenschaftlich protestierte er bei der Gelegenheit dagegen, dafs „die Stettiner den (Huldigungs-)revers dahin verständen, als müfsten wir alles thun, was sie wollten, sie wärens befugt oder nicht; da werden sie uns nicht hinbewegen. . . Wir könnten ihnen leichtlich zeigen, dafs ihnen an Ab- und Zugang die Handlunge in unserm Lande auch könnte gestopft werden."

Und wiederum ward, indem sich die Pommernherzöge, ohne jedes greifbare Zugeständnis erzielt zu haben, mit der Zusage erneuten Hin- und Herredens begnügten, am 2. Mai 1551 der Stettiner Baum geöffnet[1]. Es war in der That für den Augenblick sehr wenig zu hoffen; man durfte sich höchstens von einer Anrufung des Reiches und befreundeter Fürstenhäuser etwas versprechen, aber auch dazu wufste man sich nicht zu entschliefsen[2]. Dazu kam nun, dafs Barnim sich zu Philipps grofsem Ärger in einen sehr gehässigen Zank mit Stettin verwickelte[3].

Der Rat machte nämlich mit Rücksicht auf seine Brücken- und Dammbauten gegenüber allem aus der Neumark herbeigeschwemmten Holze ein Vorkaufsrecht geltend; der märkische Adel bestritt nun nicht nur dieses aufs lebhafteste, weil ihm niemand verbieten könne,

---

[1] Alle betr. Schriften W. T. 9 Nr. 12 v. I und II und die Handlung zu Prenzlau 1551 VI. 22., W. T. 10 Nr. 4.

[2] Philipp 1553 X. 1., W. T. 25 Nr. 3 f. 151.

[3] Die Akten St. T. 28 Nr. 28 v. II.

die Früchte seiner Arbeit ausschliefslich zum eigenen Vorteil zu verkaufen, sondern verlangte auch, seine Dielen an Stettin vorüber unmittelbar ins Meer verfahren zu dürfen. Barnim zog darauf Ende 1554 den Streit vor sein Hofgericht und entschied, obwohl der Rat seine Zuständigkeit energisch verneinte, zugunsten der Adligen; er drohte der Stadt endlich sogar, als sie ans Kammergericht appellierte, die Odersperre anzuwenden. Gesteigerte Sorge brachte freilich Herzog und Gemeinde bald wieder zusammen, es scheint aber eine dauernde Verstimmung zurückgeblieben zu sein.

1556 schreckte die Pommern plötzlich die Nachricht auf, dafs Ferdinand von Österreich und Joachim durch die Schiffbarmachung der Oder von Breslau bis Frankfurt und durch den Bau eines Oder-Spree-Kanals einen Wasserweg von Breslau nach Hamburg herzustellen beabsichtigten. Es galt den Fortbestand des Handels. Die herzoglichen Räte hielten allerdings das Gelingen des Kanalbaus für ausgeschlossen, weil der Boden, auf dem die Schleuse errichtet werden sollte, nicht hart und fest genug war; da jedoch der kurze Landtransport der Waren von Fürstenwalde bis Frankfurt geringe Schwierigkeiten bot, so befürchteten sie trotzdem, dafs die neue Handelsstrafse zustande kommen werde, wenn nur Frankfurt in die Öffnung der Oder bis Breslau willigte[1]. Diesmal wurde Markgraf Hans der Retter Pommerns, als er sich von dem Plane nicht weniger als die Nachbaren bedroht sah.

Er verwundete es dafür um so empfindlicher, als er trotz der persönlichen Gegenbemühungen Küssows am Hoflager zu Prag am 2. Dezember 1557 und endgültig am 20. Mai 1558 von Ferdinand die Bestätigung und abermalige Ausdehnung der Küstriner Niederlage und seiner Küstriner Zölle erhielt, welche den Preis der Ware oft erreichten. In denselben Jahren verdoppelte der Kurfürst, obwohl seine Zollpolitik stets eine mildere war und er selbst das Unrecht Johanns zugab, unter Beruf auf eine Münzregulierung die Oderberger Zölle; auch verzichtete seine Regierung grade damals auf den vierzigjährigen Widerspruch gegen die Schwedter Zölle des Grafen von Hohenstein[2]. Wie so anders war es doch seit den Tagen des ersten Joachim geworden! Jetzt galt es Territorium gegen Territorium; keine Ader des gesamten pommerschen Handels gab es, welche nicht getroffen werden sollte und welche nicht getroffen ward.

Da wurde sich die Regierung Pommerns der ganzen Gefahr, welche dem wirtschaftlichen Leben ihrer Unterthanen drohte, bewufst. Wo sie nur irgend konnte, warb sie Bundesgenossen, unter denen insbesondere Leipzig auf dem Augsburger Reichstage 1559 warme Unterstützung gewährte. Nach Polen, „bei dem das Fürstliche Haus allwege in Zeit der Anfechtung und

---

[1] A. a. O., auch W. T. 39 Nr. 14.
[2] W. T. 9 Nr. 12 v. I; St. T. 94 Nr. 24 v. I u. II; B. St. IV^{b}, 152.

Not Trost gefunden," ging Bartholomäus Suave, der alte Kanzler und Bischof, selbst. Der Ausschufs, welchen der Februarlandtag 1560 zur Beratung der Zollangelegenheit ernannte, begab sich mit ungewohnter Eile an die Arbeit; er begriff, dafs Herzöge und Land von niemandem viel zu hoffen hatten, und drängte deshalb auf erneute „Erlegung der Kahnfahrt" auf der Oder [1].

Aber Barnim, von dem Gedanken an die Mifserfolge seiner Regierung gequält, ward schon seit Jahren von einer derart verzweifelten Stimmung beherrscht, dafs er von Repressalien nichts mehr wissen wollte; sogar eine Erhöhung der Einfuhrzölle wies er damals zurück, um nicht den letzten Rest der Handeltreibenden zu verscheuchen [2]. Er liefs es ruhig geschehen, dafs der Kaiser das einträgliche Salzgeschäft nach seinen Erblanden einem Danziger Bürger übertrug, dafs Joachim die Salzeinfuhr in sein eigenes Land verbot und den ganzen märkisch-schlesischen Salzhandel in die Hände einer Monopolgesellschaft spielte.

Mit steigendem Unmut sahen die Bürger seiner Hauptstadt den blühendsten Zweig ihres Handels durch des Fürsten Ohnmacht welken. Als es die Frankfurter nun gar wagten, ihre Kaufmannsehre anzugreifen, indem sie das Stettiner Tonnenband nicht mehr anerkannten und nach ihm gewrakte Tonnen zerschlugen, da kehrte noch einmal das nahezu gebrochene Selbstgefühl in die alte Hansestadt zurück. Am 17. Mai 1562 sperrte sie, ohne ihren Herzog zu fragen, die Oder aufs neue.

Erst zwei Monate später, und auch da noch angstvoll beschlossen Küstrin und Brandenburg die Wiedervergeltung; denn hatte Stettin sich auf die Sperre vorbereitet, so dafs es ein Jahr lang sich halten konnte, dann mufste Hans im Interesse seines Landes auf eine Sperre verzichten, welche den gesamten Oderhandel auf Elbe und Spree hinüberzuleiten drohte. Eine solche Demütigung aber eines ganzen Territoriums vor einer einzelnen Stadt konnte alle Errungenschaften der Hohenzollern im eigenen Lande in Frage stellen. Doch schon am 27. Juli durfte Joachim einen nahen Sieg erhoffen, über dessen Gründe nur Vermutungen bleiben.

In denselben Tagen hatte sich Albrecht von Mecklenburg entschlossen, seine von dem Speirer Tage von 1560 zurückgewiesenen Zollwünsche gelegentlich des Frankfurter Krönungsfestes beim Kurfürstenkolleg persönlich zu betreiben [3]. Durch sie war das gesamte Herzogtum und vorzüglich Wolgast fast mehr bedroht als durch die brandenburgischen Händel, weil der weitaus gröfste Teil des pommerschen Wollhandels durch Mecklenburg ging. Es kam deshalb für Wolgast alles und für Barnim nicht wenig darauf an, Joachim, dessen Vorteil sich in diesem

[1] St. T. 94 Nr. 24 v. I u. II, Nr. 28, T. 10 Nr. 1 v. I.

[2] Barnim 1559 XII. 18., W. T. 3. Nr. 24.

[3] W. T. 9 Nr. 13; Dähnert I, 514; B. St. XIII^{a}, 147, XIX^{b}, 180.

Falle glücklicherweise mit dem ihren deckte, nicht mehr als nötig zu reizen. Barnim hatte die Selbsthilfe seiner Hauptstadt zunächst stillschweigend zugegeben; in je gefährlichere Nähe aber die Verwirklichung der Pläne Albrechts rückte, desto mehr nahm ihn der Gedanke an die Mifsachtung, die Stettin wider seine fürstlichen Ansprüche an den Tag gelegt hatte, gegen die stolze Bürgerschaft ein. Und als der zu Friedensverhandlungen übergern bereite Kurfürst sogar die Aufhebung des Salzmonopols, die Zurechtweisung Frankfurts und eine Regelung der Schwedter und märkischen Zölle in Aussicht stellte, gab der Herzog dem vermutlich vereinten Drängen Brandenburgs und Wolgasts nach. Gewaltthätig schlofs er die Stadt von den Vergleichsberatungen völlig aus und zwang ihren Rat am 5. November zu der unterwürfigen Erklärung, dafs die „mit gemeinem Kaufmann“ ins Werk gesetzte Sperre „auf radt, erinnerung und bevelch seines gnädigen Landesfürsten und Herrn“ aufgehoben sei. Wenige Wochen später ward in Frankfurt zu Pommerns Gunsten erkannt, und im Juni 1563 entschied die Prenzlauer Zusammenkunft auch den Rückzug Joachims [1]. Gleichzeitig erbot sich der Kaiser, vielleicht darüber erbittert, dafs die Hohenzollern ihm jede Zollermäfsigung in ihrem Lande abschlugen, Stettin gegen eine erhebliche Minderung des Zollsatzes zum Ausgangspunkt des schlesischen Salzhandels zu machen und gegen Johann von Küstrin zu unterstützen [2].

Trotzdem bezeichnete der Prenzlauer Tag in dem Gedächtnisse der Stettiner Bürgerschaft den wahren Anfang des mörderischen Handelskrieges der folgenden Jahrzehnte. Auf ihm sollen die Frankfurter zuerst völlig freie Durchfahrt durch den Stettiner Baum, sofern sie nur drei Tage lang Niederlage gehalten, gefordert haben. Die Stettiner hingegen haben seitdem die Jahrhunderte hindurch aufs freundschaftlichste behandelte Nachbarstadt in ihren alten Freiheiten und Vorrechten zu beschränken gesucht. Ein erhalten gebliebenes richterliches Urteil jener Jahre dürfte das Rechte getroffen haben, wenn es den Frankfurtern die Durchfahrt mit den Waren, auf denen der Stettiner Handel beruhte, untersagte, sie ihnen jedoch für alle anderen einräumte. Da keine der beiden Städte sich damit zufrieden gab, bereitete sich die kampfesvolle Zukunft von 1563 ab langsam vor [3]. Inzwischen aber trat Markgraf Hans noch einmal durch die kräftige Verfolgung einer der wichtigsten Absichten Joachims I. in den Vordergrund.

Wenn Hans an dem Zollkriege festgehalten hatte, obwohl derselbe seinem Lande die schwereren Wunden schlug, so war es in der Hoffnung geschehen, die grofse Handelsstrafse, welche

---

[1] Aufser Schmoller St. T. 28 Nr. 29 u. W. T. 9 Nr. 12 v. II.
[2] St. T. 94 Nr. 34 v. II; W. T. 3 Nr. 24.
[3] St. T. 28 Nr. 29; Kreysig III, 329 f.

von Danzig auf Lauenburg, Stolp, Schlawe, Zanow, Cöslin, Neugarten, Stargard, Piritz und dann über Freienwalde durch das Kurfürstentum nach Wittenberg führte, über Thorn und Posen durch die Neumark nach Frankfurt zu ziehen. Er hatte anfangs vermutlich blofs daran gedacht, die Strafse von Freienwalde aus über Küstrin zu legen; 1563 aber plante er schon, ihre Richtung so stark zu ändern, dafs sie nur noch das pommersche Amt Neustettin durchschnitt. Es unterstützte ihn dabei, dafs Pommern seine Strafsen seit Jahrzehnten in einem abschreckenden Zustande verkommen liefs, und gute und billige Herbergen nicht einmal in allen Städten anzutreffen waren.

1565 gab der Markgraf seinen Beziehungen zu dem Herzogtume plötzlich eine entschieden feindselige Wendung. Die auf den 24. September nach Polchow zusammenberufenen Vertreter aller pommerschen Stände baten erschreckt, mit dem gefährlichen Manne „aufs allerfreundlichste" zu reden, und ehe man handele, sie nochmals zu befragen, wenn Zeit dazu bleibe. Schon glaubten Barnim und Johann Friedrich sehr ernstlich an den Ausbruch eines Krieges, und als sie sich deshalb an Polen um Hilfe wandten, fand auch Sigismund August ihre Furcht so begreiflich, dafs er auf der Stelle in den Grenzbezirken Truppen zusammenzog[1].

Das war nun des Herzogtums Glück, dafs Polens König seit 1561 auf seine Geldunterstützung angewiesen war, und die Verhandlungen über sie noch schwebten. Die Hohenzollern boten ihm damals als ansehnlichen Preis für seine Mitwirkung bei der Strafsenverlegung die Freigabe des Warthehandels. Aber mehr als ihre Anerbietungen lockten die 100000 Thaler, welche ihm Barnim in einem Ziele zu liefern versprochen hatte, weil „Polen wollen verehret sein."

Um Pommern nicht allzu früh aufmerksam zu machen, wünschte Hans bei der Verhandlung im November 1565, welche er mit dem König verabredet hatte, die Frage des Warthehandels nicht in den Vordergrund zu stellen und die Herzöge nicht hinzuzuziehen. Aber seine Absicht scheiterte an dem beharrlichen Widerstande des Gesandten Stanislaus von Czarnekow, welcher die Gegenwart pommerscher Räte zur Vorbedingung aller abschliefsenden Beratungen erklärte, worauf Hans nun und nimmer eingehen wollte und konnte[2]. Bei der Meinung ist Polen auch fernerhin geblieben.

Darüber verschlechterten sich natürlich abermals die Beziehungen zur Kur[3]. Mochte ein Gerücht von neuen Oderzöllen

---

[1] W. T. 9 Nr. 12 v. I; St. T. 10 Nr. 1 v. III, T. 47 Nr. 19d; B. St. XXb, 86.

[2] Die Handlung Brandenburgs mit Polen W. T. 39 Nr. 23.

[3] W. T. 39 Nr. 22. St. T. 94 Nr. 40. Joach. 1569 X. 4., W. T. 9 Nr. 12 v. II.

Joachims 1566 immerhin übertrieben sein, so wurde die Eintreibung der alten doch sicher wieder eine schärfere, so dafs man sogar von der Verzollung herzoglicher Einkäufe hörte, und die brandenburgische Huldigung der pommerschen Stände erst 1567 zustande kam. Schon der Reichstag desselben Jahres beschäftigte sich aufs neue mit Klagen über märkische Zölle, und Polen sah 1568 sogar Herzog Ernst Ludwig selbst an seinem königlichen Hofe, wo nun endlich die polnische Anleihe vereinbart wurde. Es war alles vergeblich. Joachim hatte sich kaum der Treue Pommerns versichert, als er 1569 die Ausdehnung des Getreidezolls zu Lenzen über das ganze Land durchzusetzen wufste. Und doch ist er mit der Behauptung auf den Lippen gestorben, dafs er den Handel beider Völker vielmehr zu befördern, denn zu behindern geneigt gewesen.

Wie ein Atemzug der Erlösung ging es durch Pommern, als Hans, Joachim und der Graf von Vierraden, der Herr von Schwedt, zu gleicher Zeit der Pest erlagen. Dafs die kaiserlichen Privilegien dem Markgrafen und dem Grafen, vielleicht auch dem Kurfürsten nur für ihre Person erteilt worden, erfüllte die Stände und selbst die Regierung mit neuer Hoffnung. Aber Johann Georg, der nun Brandenburg und die Neumark in einer Hand vereinigte, war nicht der Mann dazu, um auf die Handelspolitik seiner Vorgänger zu verzichten. Entschieden verlangte er, Kaiser und Kurfürsten sollten es dahin richten, dafs er ungebührlicher Anfragen erübrigt bleibe. Und im Dezember 1571 konnten die Pasewalker bereits berichten, dafs die märkischen Zöllner und Landreiter jetzt nicht einmal mehr die Landesgrenzen achteten.

Regierung und Stände Pommerns hatten vor allen Dingen darauf gebaut, dafs der neue Herrscher ihnen entgegenkommen werde, um ihre Huldigung zu erhalten; aber Johann Georg stellte sich einfach auf den Standpunkt seines guten Rechtes, ganz so wie es auch die Herzöge selbst ihren Unterthanen gegenüber regelmäfsig thaten, indem er Huldigung und Abschaffung der Beschwerden für zwei von einander verschiedene Dinge erklärte. So konnte durch die vorläufige Verweigerung des Treuschwurs zum höchsten einige Jahre hindurch ein gewisser Druck ausgeübt werden, bis die Stände 1576 ihn endlich leisteten.

Stettin und Frankfurt[1] hatten 1566 zu Freienwalde und 1568 zu Königsberg i. N. verhandelt, waren aber beide Male, wie es scheint, infolge des hochmütigen Gebahrens der Stettiner, im Unfrieden geschieden. Da geschah es, dafs der Stettiner Rat 1571 mehrere Frankfurter Kaufleute, welche die Durchfahrt ins Haff zu erzwingen suchten, verhaften liefs. Johann Friedrich, seit 1570 Barnims XI. Nachfolger, schritt gegen seine Hauptstadt ein, weil

---

[1] Die Schilderung nach St. T. 28 Nr. 28 v. II—IV u. Nr. 37, T. 94 Nr. 50, auch den Landtagsabschieden Dähnert I u. IV.

ihm der ganze Zank sehr widerwärtig war, stimmte jedoch den Kurfürsten dadurch nicht milder. Johann Georg zeigte sich vielmehr schon damals dem Drängen der Frankfurter auf eine Sperre gegen Stettin zugänglich und gab Frankfurt im März 1572 gradezu die Vollmacht, den Streit durch Gefangennahme von 40 Stettiner Kaufleuten unvermeidlich zu machen. Am 5. Oktober folgte sein scharfer Befehl, welcher von Ursula ab allen Märkern den Handel nach und von Stettin verbot.

Johann Friedrich trat sofort für die Bürgerschaft ein und stellte aufs nachdrücklichste fest, dafs es sich nicht um eine Mafsregel gegen Stettin, sondern gegen ihn und sein Land handele. Die Errichtung eines Zollbaumes an einem Flusse sei landesfürstliches Regal. Kein Fürst könne sich je seiner Regalien begeben, wenn er gleich zuweilen einzelnen Unterthanen einen Anteil an ihrer Ausübung einräume. Deshalb stehe es einzig und allein bei ihm, und bei seiner Hauptstadt nur mit seinem Willen, ob dem Kurfürsten oder Frankfurt der Stettiner Baum geöffnet oder geschlossen werde. In den ersten Novembertagen begab er sich mit seinem jüngeren Bruder Barnim persönlich nach Berlin, um einen letzten Versuch zur Beilegung des Streites zu machen. Als derselbe mifslang, nahm er ruhig, aber entschieden den Kampf auf.

Johann Friedrich hat im Einvernehmen mit seinen Landständen niemals, obwohl Stettin bereits am 5. Januar 1573 darum bat, die Gegensperre auch nur der Oder gegen Frankfurt ins Auge gefafst, sondern seiner Hauptstadt blofs erlaubt, beim Speirer Kammergericht zu klagen, und unterdessen den Frankfurtern alle und jede Durchfahrt nach und von dem offenen Meere untersagt. Im Gegensatze zu ihm hat Johann Georg dem Streite eine immer weitere Ausdehnung gegeben. Auf der einen Seite wagte er die Aufforderung zum Abbruch aller Handelsbeziehungen mit Stettin sogar an pommersche Städte zu senden, bei denen er freilich geringen Beifall fand. Auf der anderen berechtigte er seine Grenzbeamten zu derartigen Übergriffen, dafs der Herzog am 18. März 1573 drohen mufste, er werde im Wiederholungsfalle mit solchen Landreitern „kurzen Prozefs halten," auch Gegenmittel wissen, wenn die Mark nicht blofs Stettin, sondern seinem ganzen Lande den Fehdehandschuh hinwerfe. 1574 gab der Kurfürst seine Zustimmung zur Eröffnung der Oder-Elbeschiffahrt durch die Spree und Havel, gegen welche sich die Stimme eines Hans von Küstrin nicht mehr zu erheben vermochte. 1578 folgte die Erneuerung des für die Nachbaren so überaus unangenehmen Kornzolls [1], welchen Johann Georg sechs Jahre zuvor infolge des Drängens seines Adels aufgehoben hatte und aus dem er nun eine derart scharfe Waffe schmiedete, dafs er seitdem den höchsten Einnahmeposten in den brandenburgischen Staatshaushalt stellte.

---

[1] W. T. 9 Nr. 12 v. II. Vgl. S. 159.

Ein Vertrag, nach welchem die Pasewalker von der Bieraccise gegen Erlegung einer jährlichen Summe frei sein sollten, wurde 1582 für ungültig erklärt; in dem selben Jahre mufsten die Stargarder darüber klagen, dafs die Schiffahrt auf der Ihna so gut wie auf der Oder gehindert werde. Auch verwehrte der Kurfürst den Pommern den Durchzug nach den inner- und süddeutschen Märkten und beschlagnahmte Zuwiderhandelnden ihre Ware. All diese Schritte waren ebenso sehr in dem durch Brandenburg von jeher beliebten System begründet, wie es die Fortwirkung der überlieferten pommerschen Politik war, dafs Johann Friedrich bis zuletzt den Kampf nur gegen Frankfurt und auch gegen es nur in beschränktem Umfange führte.

Es zeigte sich sehr bald, dafs sein Weg, den obendrein die Gunst des Kaisers ihm noch ebnete, der rechte war. Wenn der Kurfürst sich auch zu immer heftigeren Mafsregeln fortreifsen liefs, so fehlte ihm doch das Vertrauen in das Gelingen. Schon zu Anfang 1573 war er daran, die ganze Angelegenheit nur noch als einen einfachen Warenunterschleif einiger Kaufleute zu behandeln. Im Sommer 1574 ordnete er eine Milderung, vielleicht sogar eine vorübergehende Aufhebung der Sperre an und liefs den Prozefs der beiden Städte seinem Hofgerichte, für das er ihn solange beansprucht hatte, entziehen. Die Grenzbewachung erwies sich in dem geplanten Mafsstabe undurchführbar, so dafs Johann Georg 1580 sehr eindringlich zu besserer Aufsicht mahnen mufste. 1583 ging er dann auf Verhandlungen ein, die eine umfassende Untersuchung über die gegenseitigen Zollbeschwerungen veranlafsten. Sie verliefen ohne Ergebnis. Als aber noch einmal zehn Jahre ins Land gegangen waren, konnte er dem Flehen seiner verödeten Städte nicht mehr widerstehen.

Ohne dafs Pommern auch nur ein einziges Zugeständnis gemacht hatte, öffnete sich die Oder wieder für alle Waren mit Ausnahme des Salzes, dessen Nichtfreigabe Stettin wegen des blühenden Schmuggelhandels leicht verschmerzte. Und mochte gleich die alte Spannung, mochte die Stopfung der Warthe und der Prozefs Stettins und Frankfurts auch bleiben, um so enger schlangen sich die Handelsbeziehungen Pommerns zu Berlin, welche selbst den Plan des Finowkanals der Verwirklichung nahe brachten; Brandenburg hatte eine volle und ganze Niederlage erlitten. In ihm selbst erwachte die Einsicht, dafs all sein Handel und Verkehr zurückgehe, und dafs es, als es den Riesenkampf begann, die innere Kraft seiner Verwaltungsorganisation noch weit überschätzt hatte.

Wenige Jahre später hätte der Kurfürst gern den letzten Irrungen ihr richtiges Mafs gegeben, wenn die Nachbarn ihm nur „mit 100000 oder 50000 Thalern oder auch weniger“ von seinen Geldsorgen geholfen hätten. Aber die pommerschen Stände haben dies Angebot zurückgewiesen; und in der That, selbst ein Johann Sigismund mufste im Vertrage zu Trebiskow, welchen er in Rücksicht auf den Anfall Preuſsens mit Polen schloſs, die Öffnung der Warthe auch für Pommern in Aussicht stellen, wenn Stettin die Frankfurter nur wieder durch seinen Baum hindurch lassen wollte. Dennoch kam es zu keiner Einigung, vermutlich weil Johann Sigismund das Salzeinfuhrverbot kräftig zur Anwendung brachte, das Salz unmittelbar von Lüneburg bezog und mit Hilfe von Hamburgern selbst Siedereien anlegte[1]. Die Gemüter erhitzten sich gegen Ende des zweiten Jahrzehnts des siebenzehnten Jahrhunderts wieder so, daſs die Märker aufs neue zur Gewalt griffen. Durch die wachsende Abkühlung der polnisch-pommerschen Freundschaft infolge des schwedischen Krieges ermutigt, trieben sie es derart, daſs die Pommern allen Versicherungen zum Trotz bald überall ihrer Gegner zerstörende Hand vermuteten[2]. Aber Stettin blieb ungebeugt; das 1623 endlich verkündete Urteil des Kammergerichts zugunsten Frankfurts lieſs es unvollstreckt. Trotziger Zuversicht voll, sah es die Warthe noch immer gesperrt, obwohl die Meinung ging, daſs, würde die Warthe geräumt, Stettin „in zehn Jahren noch eines so reich, viel mächtiger und viel fester" werden müſste[3].

In den letzten Jahrzehnten war die Stadt in dem Kampfe wieder mehr hervorgetreten; so entsprach es dem Laufe der Dinge. Die fürstliche Gewalt hatte im sechzehnten Jahrhundert die Bürgerschaft allmählich beiseite geschoben und selbst die Führung des Zollkrieges in die Hand genommen, bei der sie sich nicht von den Interessen der einzelnen Stadt, sondern denen des ganzen Landes bestimmen lieſs. Dann war Johann Friedrich Herzog geworden, dem gegenüber die Stadt völlig auf ihren eigenen Willen hatte verzichten müssen. Nach seinem Tode im Jahre 1600 kam sie nun grade auf dem Gebiete der auswärtigen Politik wieder kräftiger zur Geltung, um auf dem der inneren eine um so schwächlichere Rolle zu spielen. Den übrigen Städten des Herzogtums, sogar Stralsund erging es damals nicht anders; die innere wirtschaftliche Entwicklung hatte sich langsamer, aber um so beharrlicher zugunsten der Regierung vollzogen. Auch aus ihr geht hervor, was die Geschichte des Zollkampfes mit Brandenburg deutlich lehrt, daſs das Übergewicht des Fürstentums und der Territorialwirtschaft 1570, d. h. in dem Jahre, da der Auseinandersetzungsprozeſs zwischen Stände- und Herzogtum mit dem Regierungsantritt Johann Friedrichs und Ernst Ludwigs in die entscheidende Entwicklungsstufe eintrat, bereits unabwendbar war.

[1] Auſser Mylius St. T. 128 Nr. 61[a] und 63.
[2] Ein bezeichnender Vorfall W. T. 39 Nr. 63.
[3] Gottbergers Bedenken 1623 W. T. 39 Nr. 77 v. I.

Die wirtschaftliche Entwicklung im Innern [1].

Drei Momente vor allem wirkten auf den Fortgang des inneren wirtschaftlichen Lebens im Herzogtume ein: das Bestreben des Adels und der Bauern, die allmählich gewordene Wirtschaftsordnung zu durchbrechen, darwider der Versuch der Städte, die althergebrachten Grundsätze immer starrer und eigensüchtiger auszubilden, und über beiden der Anspruch der Regierung, dafs die Gesetzgebung auch auf diesem Gebiete ihre Aufgabe sei, und den Ständen zum höchsten das Recht der Mitwirkung zukomme.

Es galt um 1500 im allgemeinen die Anschauung, dafs nur die in der Stadt wohnenden Bürger zur Kaufmannschaft berechtigt seien, und darum aller Handel durch ihre Vermittlung bewerkstelligt werden müsse. Jede Stadt schuf sich aus dem ihr nächstliegenden platten Lande eine Art Interessensphäre, deren landwirtschaftliche Erzeugnisse ausschliefslich ihrem Markte zugeführt und ihren Bürgern angeboten werden durften. Beziehungen der Einwohner einer solchen Interessensphäre zu anderen Städten, wenn auch Städten desselben Landes, oder zu Ausländern wurden nicht geduldet. Der Adel hatte sich lange darein gefügt; von nun ab lehnte er sich aber in wachsender Erregung dagegen auf, je weiter er seinen Eigenbesitz ausdehnte, und je angestrengter er den Anbau und die Verwertung seiner liegenden Gründe betrieb. Es wurde sein natürliches Bestreben, seine Ware auf den ihm günstigsten Markt zu werfen und den Zwischenhandel des Bürgertums, der seinen Gewinn verminderte, einzuschränken.

Die Städte verspürten den Wandel zunächst am ärgsten im Braugewerbe, der wichtigsten Einnahmequelle der Mehrzahl unter ihnen. Der Adel fing nämlich an, sich zu weigern, seine Gerste in die Stadt abzuführen, um sich das Bier für seine Bauern, welches er ebenso gut, aber billiger herstellen konnte, von den Bürgern brauen zu lassen. Da er selbst zum Brauen für den Eigenbedarf berechtigt war, lag jede gesetzliche Überwachung seines Braubetriebes aufserhalb des Bereiches der Möglichkeit; aber auch die Überwachung seines Verkaufes an Bauern und Krüger war bei der losen Verwaltungsorganisation nahezu undurch-

---

[1] Ich habe auf alle Belege für diesen Teil des Abschnittes verzichtet, weil sie einen unverhältnismäfsig grofsen Raum beansprucht hätten. Sie wurden entnommen 1) den Landtagsverhandlungen, den fortwährend eingereichten Gravaminibus der Städte und des Adels und den darauf bezüglichen Akten, 2) einzelnen Sammelbänden, unter denen ich hervorhebe den die Landwege betreffenden St. T. 99 Nr. 10 und den die Wirtschaftserlasse bis 1569 enthaltenden St. T. 94 Nr. 49 v. II [1. Vorkäufereiverbot 1509, 1. Brauverbot 1515, 1. gegen das Ausschiffen des Kornes 1530, 1. gegen des Adels Kaufmannschaft 1556], 3) einigen Naudéschen Veröffentlichungen und mehreren mir von H. Prof. Schmoller zur Verfügung gestellten Abschriften aus dem Stettiner Stadtarchiv, 4) zum geringsten Teile Dähnert, Thiede, Gadebusch u. s. w.

führbar. Die Besitzer konnten also ihre Leute ruhig und sogar bei Strafe der Auflassung zwingen, ihr Bier von ihnen und nicht aus der Stadt zu kaufen, oder sie zu eigenem Brauen anhalten.

Die Vorteile fielen derart ins Auge, dafs man es alsbald unternahm, auch einen unmittelbaren Bezug nicht selbst zu ziehender und herstellbarer Lebensmittel wie etwa des Kolberger Salzes einzurichten. Ebenso kam man dem Hausiergewerbe freundlich entgegen, welches daraufhin rasch emporblühte, so dafs der Staat schon gegen Ende des Jahrhunderts sich eine neue Einnahmequelle durch die Einführung von Gewerbescheinen eröffnen zu können glaubte. Dieses wieder beförderte es, dafs sich mehr und mehr Schneider, Schuster und Barbiere, Maurer, Tischler, Glaser und Schmiede, sogar Goldarbeiter und Leineweber in die Dörfer setzten. Es waren zum guten Teile selbst Söhne von Bauern. Sie ermöglichten ihren Abnehmern nicht blofs eine erhebliche Ersparung an Zeit, sondern auch an dem auf dem Lande noch seltenen Gelde, indem sie sich mit der Hälfte der städtischen Löhne begnügten, sofern sie nur daneben freie Kost erhielten.

Die Art und Weise, wie die Städte sich durch Preisübersetzung und Lieferung schlechter Waren zu entschädigen suchten, konnte die Entwicklung nicht anders als begünstigen, so dafs sich ein wahrer Hang zu Kauf und Handel der Bauern bemächtigte, und „auch nicht ein Gans oder Enten, geschweige denn Ochsen zu Markt kommen wollten, es wäre vorerst durch der Bauernknechte Hände und Vorteil gegangen.“ Doch lag die schwerste Gefahr für das Bürgertum nicht sowohl in der „Vorkäuferei,“ welche der einzelnen Stadt die ihr gebührende Zufuhr nicht abschnitt, sondern nur verteuerte, als darin, dafs auch der Adel, er aber mit ganz anderen Mitteln und unter dem den Bauern versagt bleibenden Schutze des Fürstentums Kaufmannschaft zu treiben anhob. Philipp I. wollte seinen Adligen schon 1534 alle städtischen Märkte des Herzogtums freigeben; sein Plan wurde, obwohl nicht Gesetz, so dennoch Wirklichkeit. Bald aber wandte sich der Adel überhaupt nicht mehr an seine Landsleute. Es hat der am Ende des Jahrhunderts versuchten Ringbildungen der Gemeinden, die bei dem Eigennutz und der Ungunst der Zeit von kurzer Dauer und geringem Erfolge waren, gar nicht bedurft, um die grofsen Landwirte zur Übernahme der Ausfuhr in die eigene Hand zu ermutigen. Teils verkauften die Junker, von den fürstlichen Bauernordnungen und der abergläubischen Furcht des Volkes unberührt, den ausländischen Händlern unmittelbar ihr Getreide, ehe es noch geschnitten war, teils zogen sie selbst mit ihrem Getreide und Vieh auf eigene Rechnung in die Fremde, meist zu Wagen bis Konitz, Danzig und Meifsen hin; aber sie erbauten sich auch Schiffe und legten sogar, wenn sich keines der kleinen, sonst zur Schiffahrt nicht berechtigten Küstenstädtchen in der Nähe fand, eigene Ankerplätze an.

Doch blieb der selbständige Handel der Ritterschaft, weil er unnatürlich war, allezeit die Ausnahme; die Vermittlung des Verkehrs geschah nach wie vor im wesentlichen durch die Städte, deren Klagen in dieser Hinsicht übertrieben sind; ein anderes ist in einem Lande, von dessen Getreideerzeugnissen oft der 20. Teil für den heimischen Bedarf genügte, schlechthin undenkbar.

Die Erregung des Bürgertums war trotzdem wohl begründet; denn obwohl der Adel nicht daran dachte, die Städte entbehrlich zu machen, so war er doch dabei, gleiches Recht für sich wie für sie auf dem Markte durchzusetzen, und bereits das bedeutete eine völlige Umwälzung des alten Zustandes.

Die Herzöge haben ihr durch unzählige Erlasse zu widerstreben gesucht, weil der Buchstabe des Gesetzes zugunsten der Gemeinden sprach, in der That aber, wenn sie ihre Schuldennot nicht daran hinderte, auf der Seite des Adels gekämpft und ihn gradezu zur Kaufmannschaft herangezogen. Sie selbst, deren vorzüglichstes Einkommen aus der Domänenwirtschaft flofs, und alle ihre Beamten, deren gröfster Teil überdies der Ritterschaft zugehörte, waren Landwirte. Dazu kam, dafs ihr inneres Gefühl den adligen Bestrebungen, die durch das ganze Land die gleichen waren und für das ganze Land das gleiche wollten, ebenso sehr geneigt sein als sich gegen die städtische Lokalwirtschaft sträuben mufste. Auch durften sie einer mafsvollen Schwächung der Geldkraft des Bürgertums kein allzu ernstes Halt gebieten Die Städte baten deshalb aus guten Gründen, die sie an immer neuen Beispielen bewiesen, dafs man die Ausführung der wirtschaftliche Dinge betreffenden Verordnungen ihnen anvertrauen oder wenigstens die Beamten verpflichten möge, auf ihre Anzeige hin gegen die Übertreter einzuschreiten. Aber die Herzöge haben schon in der ersten Hälfte des sechzehnten Jahrhunderts hier wie in der gesamten Verwaltung, dem Steuer-, Gerichts- und Kirchenwesen daran festgehalten, dafs der Vollzug jeder Strafe, auch wenn sie von einem unter ständischer Mitwirkung zu stande gekommenen Gesetze vorgesehen sei, einzig und allein ihnen und ihren Angestellten im Lande zustehe.

Die Geschichte der Kornausfuhrverbote bietet einen merkwürdigen Beweis dafür, wie schnell sich die neuen Anschauungen durchsetzten, und wie trefflich sich die Städte mit ihnen bisweilen abzufinden wufsten. Wenn der Adel sein Getreide auf die Märkte schaffte, so mufste ihm an einer lebhaften Nachfrage und daher einem blühenden Auslandhandel liegen, um hohe Preise zu erzielen. Die Gemeinden aber hielten dafür, dafs der liebe Gott mit dem Korn, das er wachsen lasse, zunächst die ihren aufs billigste versorgen wolle. Sie behinderten deshalb die Ausfuhr nach Möglichkeit und verboten sie sehr häufig ganz, bis die Regierung ihnen 1534 das Recht dazu entzog und es selbst fortan im Sinne einer territorialen Wirtschaft oder nach politischen Bedürfnissen übten. Die Stadträte haben den Nutzen der fürstlichen Mafsregel schnell begriffen. Den Unmut des gemeinen Mannes stillten sie seit den 60er Jahren damit, dafs sie durch Einforderung eines Scheffels von jeder Last ausgeführten Getreides Vorräte für die Notzeit schufen; sie selbst blickten schon 1551 so klar, dafs sie die Herzöge ersuchten, für den Fall eines Kornausfuhrverbotes nicht auch den Durchgangshandel von Polen und Preufsen aus brach zu legen. 1580 liefsen sie sich dann durch den Treptower Landtag beauftragen, zum Nutzen des Vaterlandes über die Ausfuhr Aufsicht zu halten.

Die Städte haben zu ihrem und des Landes Schaden sich selten zu der gleichen freien Einsicht, dafs sie nur mehr die Sammelpunkte des territorialen Handels zu sein beanspruchen dürften, erheben können. Die Theorie vom Lehr-, Wehr- und Nährstande, in der die Bürger aufgewachsen waren, erschien, wie die mittelalterlichen Lehren zumeist, von so handgreiflicher Einfachheit und Klarheit, dafs die Möglichkeit verwickelterer Lösungen für ausgeschlossen galt. Auch fand das Bürgertum, nachdem der Kampf einmal ausgebrochen, und bittere Not insbesondere von 1560 ab es allerwärts bedrängte, nicht die Zeit des Überlegens.

Im Süden arbeiteten die Hohenzollern und Frankfurt am Untergang Stettins. Im Westen verwirklichten die Mecklenburger ihre gegen den Wolgaster Wollhandel gerichteten Zollpläne auch wider den Willen des Reiches. An den Küsten der Ostsee hatte der nordische Krieg Stralsunds Macht gebrochen und den anderen Städten kaum mindere Wunden geschlagen. Der niederländische Aufstand und der hansisch-englische Zollstreit thaten das ihre, um die pommerschen Kaufleute von den fremden Küsten nicht nur, sondern bald auch von den Märkten der eigenen Heimat zu verdrängen. Trotzdem wuchsen die Lasten, Steuern wie Zölle, rasch und stetig. Bogislav X. hatte mit ihrer Steigerung begonnen. Philipp und Barnim hatten das Werk fortgesetzt, 1539 das Gunstgeld von jedem nach auswärts verkauften Pferde eingeführt und die Zollfreiheit der Bürger für ihren Hausbedarf allmählich aufgehoben. Johann Friedrich trieb das System auf den Höhepunkt. Doch wufste er die dadurch entstehenden Nachteile auszugleichen, indem er die störenden Zollgerechtigkeiten einzelner seiner Unterthanen unterdrückte und die Zollfreiheit des Adels empfindlich beschränkte. Die aber nach ihm kamen, verstanden es nur noch, die Zölle, das Gunstgeld und die Abgaben, nicht mehr den Wohlstand und die Verkehrsleichtigkeit ihres Gebietes zu erhöhen.

Dazu trat im Innern vorzüglich die entsetzliche Münzverwirrung, gegen die sich das Herzogtum als ein reines Land des Zwischenhandels nicht einmal wehren durfte, so dafs die Fürsten, die ihr alleiniges Recht zu münzen wieder hergestellt hatten, auf

Versuche, eigenes Geld zu prägen, schnell verzichteten. Die Preisumwälzung, welche gleichzeitig Mittel- und Westeuropa ergriff, rifs von 1570 ab auch Pommern in ihre Strudel und führte am Schlusse des Zeitalters sogar zum Erlasse einer freilich niemals durchgeführten Tax- und Viktualienordnung.

Der 1572 erfolgende Zusammenbruch des Stettiner Bankhauses der Loitze, die das Mifsgeschick ihrer königlichen und fürstlichen Schuldner und den augenblicklichen Niedergang der katholischen Gegenreformation in Europa büfsen mufsten, erschütterte die Geldverhältnisse des Landes für die ersten Jahre aufs äufserste. 1576 nahm der Landtag staatliche Hilfe gegen die Verschuldung des Adels in Aussicht; schon zwei Jahre zuvor hatte der Stettiner Rat verboten, liegende Gründe höher als mit der Hälfte ihres Wertes hypothekarisch zu belasten. Klagen über ungünstige Ernten und Überschwemmungen, später über die Versandung weiter Strecken wurden immer häufiger.

Doch waren die Städte an dem wirtschaftlichen Niedergange nicht ohne eigene Schuld. Das Volk, welches sie bewohnte, hätte in harter Arbeit herangezogen werden müssen, um seines natürlichen Reichtums würdig zu werden; denn obwohl es an nichts als ans Erwerben dachte, war es dennoch kein Kaufmannsvolk, so wenig als ein Volk der Ideale. Es fand sein Begnügen an gemütlich einfachem Lebensgenusse, der von feineren Ansprüchen wenig wufste. Zur Hochzeit Bogislavs X. konnte 1490 in Stettin nicht einmal das nötige Gewürz aufgetrieben werden, und sogar die Nachbarstadt Stargard mufste ihre Spezereiwaren von Lübeck oder Frankfurt beziehen. Es war daher etwas Selbstverständliches und nicht so ohne weiteres ein rühmlicher Vorzug, wenn Pommern noch in den 50er Jahren des sechzehnten Jahrhunderts ein wohlfeiles Land war.

Danach insbesondere haben seine Einwohner nie getrachtet, sich ihre Stellung im Weltverkehre durch weiter ausschauende Unternehmungen und durch Streben nach wirtschaftlicher und industrieller Unabhängigkeit von den anderen Ländern zu sichern. Wenn Brandenburgs Pläne, dem Handel neue, dem Herzogtume ungünstige Richtungen zu geben, so grofse Gefahren in sich bargen, so lag das nicht zum mindesten an der Gleichgültigkeit der Pommern gegen den Zustand ihres Strafsenwesens. Die Städte sorgten den seit 1546 wiederkehrenden Beschwerden des Adels zufolge nicht einmal innerhalb der eigenen Mauern für brauchbare und billige Herbergen. Auf den Wegen mangelte es an sicherem Geleit, obwohl die Herzöge bereits in den 30er Jahren den Gemeinden das Geleitsrecht entzogen und das ihre über das ganze Land ausgedehnt hatten. Die Strafsen selbst waren kaum befahrbar und vor allem zu enge. Der Bericht Normanns, dafs die drei gemeinen Landwege Rügens eine Breite von je 21 Fufs besessen hätten, darf nicht verallgemeinert werden. Ein Nebeneinanderlaufen zweier Pferde vor einem Wagen war unmöglich, so dafs die aus Süddeutschland heimfahrenden Kaufleute ihre 8—12 Pferde voreinander spannen mufsten. Nachdem Barnim und Philipp sich 1534, 1539 und 1543 vergeblich um ein Breiterlegen der Wege und den Umbau der Wagen bemüht hatten, griff Johann Friedrich 1569 auf Grund einer Vereinbarung mit der Mark und Mecklenburg und eines Landtagsabschieds durch, so verzweifelt ihm auch die Greifenberger und Lauenburger beteuerten, dafs sie all ihre Brücken und Dämme umbauen und all ihre Thore und Häuser niederreifsen müfsten. Ein erhalten gebliebenes Mafs giebt die vorgeschriebene Länge der Mittelachse eines Wagens auf 58½ cm vor 1569, seitdem auf 70, von 1594 ab aber auf 91½ cm an. Als ein Erlafs der herzoglichen Brüder die erneute Verbreiterung anbefahl, erboten sich die Wolgaster erschreckt zur Bewilligung einiger aufserordentlicher Steuern, eigneten sich Stettin und Stargard die einstigen Klagen der hinterpommerschen Landstädtchen an, und in diesen selbst kam es sogar zum Aufstand, bis Johann Friedrich einige Jahre später stillschweigend nachgab.

Beschränkt nun waren die Verhältnisse überhaupt; auch die „allein auf Kommerzien bewidmeten“ Städte Stettin und Stralsund hatten das Gepräge kleiner Landorte niemals völlig verloren. Des Ackerbaus und der Viehzucht pflegten in ihnen nicht etwa blofs die Gewerbetreibenden, welche wie die Brauer die Abfälle ihres Geschäftes dabei verwerten konnten. 1574 liefen die Schweine in den Strafsen Stettins umher, und 1612 machte der Kot das Fahren darauf zur Lebensgefahr; eine eigene Gilde der Ackerbürger bildete sich noch 1618. In Stargard wurde es nur den Mitgliedern der vornehmen Gewandschneidergilde verboten, innerhalb der Stadt einen Mistwagen zu beladen und auf ihm zu fahren. Strohdächer überwogen noch bis tief in das sechzehnte Jahrhundert hinein, und Barnims Vorschlag auf dem Septemberlandtage 1541, besondere Steuern umzulegen, um von Stadt wegen dem Übel abzuhelfen, verhallte ungehört.

Vollends wehrten sich die Gemeinden gegen die industriellen Pläne ihrer Herzöge. Johann Friedrich hat insbesondere zur Anlage von Salzwerken angeeifert, wobei ihm wenigstens die eine oder andere dauernde Gründung wie die der Gesellschaft Flemmings und des Kanzlers Otto gelang; wie ablehnend sich aber das Bürgertum gegen solche Bestrebungen verhielt, lehrt nebst anderem die traurige Geschichte der Kolberger Salzsiederei. Ernst Ludwig versprach sich vieles von der Errichtung einiger Teerbrennereien und Eisenhütten. Zu gleicher Zeit schuf Bogislav XIII. mit dem tüchtigen Gützlav von Rottermund Franzburg und seine lebensfähige Traperie. Wie schon er, so empfanden auch Philipp II. und Philipp Julius den Mangel einer eigenen Wollindustrie am schmerzlichsten. Der Wolgaster Herzog dachte daran, ein Arbeitshaus zu Lassan als Musterspinnwerk zu erbauen. Philipp entwickelte 1616 auf dem Stettiner Landtage sogar ein ganzes wirtschaftliches Programm: Auf die Hebung des Handels wäre zu denken. Die Städte sollten sich nicht allein auf den Ackerbau legen, sondern Kaufmannschaft treiben, ihre Häfen fertig halten, die Commercia frei lassen und die Handlung mit fremdem Gelde, ohne welches man wenig schaffen könnte, nicht so präcise verbieten. Und dahin sollte man trachten, daſs die Rohwolle nicht nach den Niederlanden verführt würde, um als fertige Ware teuer zurückgekauft zu werden, vielmehr Leute ins Land rufen, welche des Tuchmachens, Strumpfwirkens und solcher Dinge kundig wären. Von all dem hat er nur eine Änderung in der Behandlung der Fremden erzwingen können. Die kurzsichtige Politik der Menge glaubte ihr Handelsverdienst durch die Pflege einer inländischen Industrie aufs höchste bedroht.

Eigensüchtig und auf den Vorteil des Augenblicks bedacht, bekämpften die Städte ebenso die Aufhebung der Ausfuhr- und die Annahme von Einfuhrzöllen, welche nicht nur die Vorbedingung des Aufblühens der Industrie, sondern seit Beginn des siebzehnten Jahrhunderts auch die berechtigte Forderung der heimischen Landwirtschaft, namentlich Polen und Ruſsland gegenüber, waren.

Ihre Thätigkeit war aber weder ohne Schwankungen noch voll Entschiedenheit. Es gebrach ihnen an der Sicherheit der Überzeugung, daſs sie die rechten Wege gingen. Auch machten sich, seit sie ihre alten Theorieen in starrer Strenge verwirklichten, niegeahnte Unvollkommenheiten an ihnen geltend, so daſs sich die Bürgerschaften zuweilen gegen sich selbst nicht mehr zu schützen wuſsten. Wieder und wieder riefen sie dann gegen sich so gut wie gegen Adel und Ausland in der Regierung ihre ärgste Feindin zu Hilfe, gleichsam absichtlich blind; denn es geschah in denselben Jahren, da die Herzöge bereits in allen Fragen des wirtschaftlichen Lebens offen oder im stillen gegen sie Partei ergriffen. Der Stettiner Rat stand viele Jahre lang in Sorgen und Arbeit um eine Kornordnung, die zugleich dem Kaufmann billigerweise seine Hantierung und den Armen notdürftigen Vorrat gönnen sollte. Schon aber nannte die Kaufmannsverbadung es 1577 ein Unrecht, daſs man es als ihre Aufgabe betrachte, die Gewerke mit Brot zu versehen. So mit den überkommenen Anschauungen zerfallen, den neuen gegenüber noch im Zweifel, wandten sie und die Städte insgesamt sich 1599 an die Herzöge, damit sie dem Pöbel die Hinderung der Kornausfuhr unmöglich machten. Bereits im Jahre 1556 hatte der Stettiner Rat von Barnim das Gleiche erbeten.

Wer an der eigenen Einsicht und Macht zu zweifeln beginnt, ist in jedem Kampfe verloren; die Leidenschaft gewinnt am raschesten und am nachdrücklichsten ein fester Wille. So gerieten auch hier die Stadträte vorerst unter den Einfluſs einzelner Parteien im Innern der Mauern und schlieſslich unter die Herrschaft der Fürsten, der sie aber schon 1570, da die entscheidende Entwicklung anhob, unabwendbar verfallen scheinen.

Von monopolhandelssüchtigen Kaufleuten bestimmt, strengten sich vorzüglich Stettin und Stralsund in jenen Jahrzehnten noch einmal an, ihr Meilenrecht auf Kosten ihrer Mitstädte immer weiter auszudehnen. Der wohlfeile Rat, welchen Friedeborn den Stargardern gab, im Interesse seiner Vaterstadt Bauern zu werden, war seinen Mitbürgern aus dem Herzen gesprochen; das aber hiefs, die kleineren Gemeinden der Regierung in die Arme treiben. Sie wandten sich denn auch schon früh einmal an den Herzog, damit er seiner Hauptstadt einschärfte, dafs für das ganze Land gegebene Ausfuhrverbote selbst für sie erlassen wären. Die Bürgerschaft des schon seit 1550 in die Stellung eines Fleckens herabgesunkenen Gartz verlieh 1604 einem allgemeinen Gefühle Ausdruck, wenn sie es als eine grofse, beschwerliche Einführung empfand, dafs sie ihr Korn, so sie gebauet, und ihre Waren, so sie gekauft, nicht allein zu Gartz, sondern auch zu Stettin ansagen und verzollen mufste; eindringlicher konnte man die Territorialwirtschaft nicht wohl verteidigen. Die Stargarder begannen damals als gleichberechtigte Unterthanen ein und desselben Landes den Kampf mit der grofsen Nachbarstadt aufs neue, als sie ihnen auch den geringen Anteil am Handel bestritt, welchen die Natur ihnen gönnte; wie sie, trugen auch die Stettiner während des Streites ihre Klagen vor den Herzog.

Mit Vorliebe unterstützten die Fürsten bisher noch nicht zum Handel berechtigte Städtchen gegen schiffahrtsbegabte. Ernst Ludwig spendete den Pasewalkern Geld, um ihnen die Anlage von Kornböden der Ausfuhr halben zu ermöglichen. Bogislav schrieb an die Anklamer, dafs seine Einwohner zu Loitz nicht weniger seine Unterthanen wären als sie, weshalb ihnen der gleiche Anteil an den fürstlichen Regalien zukäme; und Philipp Julius wiederholte es, dafs er ohne Unterschied all seiner Städte Aufblühen zu befördern sich schuldig erachte.

Wirksamer waren Eingriffe der Regierung in die Leitung der inneren Geschäfte der Städte. In politischer Hinsicht hat sie sich bald der Stadträte, bald der Gemeinden angenommen, immer aber ihren eigenen Vorteil bedacht. Ihre Einmischung in die Verwaltungsführung war nicht von ebenso sichtbarem Erfolg begleitet, jedoch nicht weniger für die Entwicklung ihrer Macht bezeichnend.

Die Ratskollegien haben seit der Mitte des sechzehnten Jahrhunderts bei der Ordnung der inneren Angelegenheiten ihrer Gemeinden einen Eifer entfaltet, der der Nachwelt ins Bewufstsein ruft, welch einen tragischen Kampf die nordischen Städte damals so gut wie die im Süd und Westen bis zur Todesermattung durchgefochten haben, zwar nicht mit der Heldengröfse eines Florenz, aber doch für die gleichen idealen Güter: in Stralsund trotziger um politische Freiheit, erbitterter um wirtschaftliche Herrschaft in Stettin. Die Bestimmungen selbst jedoch, welche sie erlassen haben, hat nie ein grofser Zug durchweht: die kleinliche Eigensucht ihren Besitz ausnutzender und in ihrer politischen Gewalt bedrohter Klassen hat ihnen ihre Form gegeben.

Gewifs liefsen sich in den Ratskollegien bei der Beratung der neuen Gesetze die edleren Regungen nicht immer ersticken, wie denn der Stettiner Rat es einmal auszusprechen wagte, dafs er nicht blofs für des Kaufmanns Gewinst zu sorgen habe, und ein ander Mal den Arbeitern ein Recht auf dauernde und auskömmliche Beschäftigung zuerkannte; aber sie drangen zu vereinzelt durch, um auf den allgemeinen Fortschritt einzuwirken.

Weil es dem armen Mann zugute kam, hatte man es bisher mit der Scheidung der „Ämter" nicht gar so genau genommen und es geduldet, wenn die Handwerker brauten, die Krämer einmal Kaufmannschaft trieben und die kleinen Tuchmacher einen Teil ihrer selbstgearbeiteten Tücher, statt ihn zum Gewandschneider zu tragen, unmittelbar verkauften. Jetzt führte man die Abgrenzung der Innungen und Gilden gegeneinander und gegen die aufserhalb Stehenden mit empörender Schärfe durch. Die Landvögte Rügens hatten vordem, weil der liebe Gott den Hering nicht allein für den Kaufmann, sondern auch für die Armut und den Ackersmann geschaffen habe, zwei Tage in jeder Herbstwoche die kleinen Leute ihren Bedarf von den Heringsfängern selbst zu dem den Kaufleuten gewährten niedrigeren Preise einkaufen lassen; die schöne Sitte lebte schon 1550 nur noch in der Erinnerung. Es kam soweit, dafs die „Träger", welche keine festen Dienste bei einem Kaufmann zu nehmen pflegten, sondern auf den Anlageplätzen jederzeit zur Aushilfe bereit standen, verlangten, dafs die Kaufleute sich zum Ab- und Zutragen des Kornes und der Waren nur ihrer, nicht des eigenen Gesindes bedienen dürften. Obwohl der unsinnige Anspruch Normann zufolge den sundischen sowohl als den stettinischen Gebräuchen zuwider war, wurde er in vieler Hinsicht erfüllt. Und nicht weniger als in die Gesamtheit wurde der Geist ausschliefsender Selbstsucht in das Innere auch der einzelnen Zunft getragen, so dafs sie, die gegründet war, um das Recht auf Arbeit zu schützen, fortan vor allem zu seiner Unterdrückung beitrug.

Was nun aber den gemeinen Mann am tiefsten erbitterte, war die Art und Weise, wie die Bevölkerungsklassen, unter deren Einflufs alle die sie ausbeutenden Ordnungen zustande kamen, und selbst Bürgermeister ihre eigenen Gesetze übertraten. Die Ratserlasse, die Gravamina der Städte in den Landtagsakten, Gentzkows und Lindemanns Tagebücher und Berckmanns Chronik geben reichlichen Aufschlufs darüber, wie der Monopolhandel blühte, Wucher und Betrug um sich griffen und „itzlich seinen Nutzen suchte". Mafse und Gewichte wurden gefälscht, schlechte Waren geliefert, in die Butter- und Honigfässer Erde, Kleie, Sei und Pluderhosen miteingesteckt. Der alte pommersche Glaube und die adlige Treue erlosch, sodafs in benachbarten Kur- und Fürstentümern, wie der Abschied von 1608 klagte, üblerweise und schimpflich davon geredet ward und niemand mehr pommerscher Bürgschaft traute, im Innern aber das Murren der Massen immer drohender wurde. „Lieber wollen wir", so schrieen die Kolberger Handwerker zu ihrem Rate auf, „lieber wollen wir das Leben verlieren, als die Freiheit zum Kaufschlagen und den Handel zur See uns erstrecken lassen, denn frei ist die See, frei wie Atem und Licht, wie Wind und Gewitter."

Hilfe und Zuflucht war allein bei den Fürsten. Noch vor der kirchlichen Umwälzung baten die Städte die Regierung, dafs sie ein einträchtig Mafs und Gewicht durch das ganze Land gebieten möge; und wenn sie späterhin auch selbst die Erfüllung ihres Wunsches verhinderten, so änderte das nichts an der Bedeutung der Thatsache, dafs sie sich an die Herzöge aus eigenen Stücken hatten wenden müssen. Bereits um 1550 erliefs Barnim eine allgemein verbindliche Goldschmiedeordnung „aus fürstlicher Macht"; im Jahr darauf zwang er den Stettiner Rat, eine Knochenhauerordnung, „vorbehaltlich der Verfügungen des Landes" zu veröffentlichen. Den Streit zwischen Tuchmachern und Gewandschneidern über das Verkaufsrecht jener zog Ernst Ludwig 1589 vor sein Hofgericht. Wurde der Zunftzwang gar zu hart, so verpflichteten die Herzöge die Gemeinden einfach zur Zulassung von Freimeistern, welche sie wohl zu schützen wufsten Darüber wurden sie schliefslich stark genug, um den Städten die empfindlichste Niederlage beizubringen, die Niederlage auf dem Gebiete des Fremdenrechtes.

Fremde waren nach der ursprünglichen Auffassung der Städte alle die, welche einer Stadt nicht mit bürgerlichen Pflichten verwandt waren oder nicht häuslich in ihr wohnten, gleichviel ob sie Pommern oder Angehörige anderer Staaten waren. Die Territorialwirtschaft hat aber mit dieser Anschauung schnell aufgeräumt; wo sie von Fremden sprach, meinte sie immer und ohne Ausnahme Ausländer und gewöhnte auch die Städte an entsprechende Begriffe. Die Entwicklung des Fremdenrechtes, wie sie sich seit dem Ende des sechzehnten Jahrhunderts vollzog, berührte nur mehr die Ausländer.

Seit 1550 etwa ging der Heringsfang an der dänischen und schonischen Küste zurück. Je weiter sich aber der so viel begehrte Fisch, welcher sich einst alljährlich an die pommerschen Küsten gewagt hatte, nach der Nordsee und der norwegischen Küste zurückzog, und je völliger gleichzeitig das Boysalz das Lüneburger verdrängte, desto stärker wurde die Beteiligung ausländischer Kaufleute an dem Handel Pommerns. Ihnen nicht blofs nach Möglichkeit zu wehren, sondern die Fremden vielleicht sogar ganz von dem heimischen Markte auszuschliefsen, wurde den städtischen Verwaltungen von der Demokratie gebieterisch nahegelegt. Strenge war jeder Handel zwischen Gast und Gast verboten, strenge auch, daſs ein Bürger sich mit einem Fremden zu gemeinsamem Geschäft zusammenthat oder die Vertretung eines ausländischen Kaufhauses übernahm.

Von den Herzögen erklärte sich Philipp I. 1533 zwar in seiner Verordnung für die Stralsunder Gewandschneidercompagnie gegen die Fremden, hielt aber mit Barnim 1534 durchaus daran fest, daſs sie aus fürstlicher Obrigkeit, um Geld in das Land zu bringen, Ausländern den Handel in Pommern zu gestatten die Macht hätten. Darin war es begründet, daſs trotz der Klage der Städte von 1541: es kämen der Schotten und Knepsäcke viel ins Land, auch andere lose Leute, die mit Krämerei und sonstiger Ware umhergehen, 1555 von Abwehrmaſsregeln noch keine Rede gewesen war. Ein bis zwei Jahrzehnte später muſste auch Pommern wegen seines blühenden Wollhandels die Überschwemmung des deutschen Marktes mit englischen Tuch- und Wollwaren voll ernsten Anteils verfolgen. Daneben blieb der vereinzelte Bericht der Hinterpommern über polnische Hausierer ohne Bedeutung; die Vorschrift des polnischen Reichstags, weder groſse noch kleine Waren in das Ausland zu führen, auch nicht mit Bewilligung des Königs, verhinderte ein auffälliges Zuwiderhandeln selbst in den Grenzbezirken.

Dafür war es um so gewichtiger, daſs Johann Friedrich sofort 1571 den unerhörten Versuch machte und aufrecht erhielt, von seinen Pommern gleich hohe Zölle wie von den Fremden zu begehren. So gefördert, blieben viele Ausländer schon um 1590 fast das ganze Jahr über in Stettin und gebrauchten sich dort des Handels fast mehr als die Bürger, so daſs die Alterleute, wofern man den Holländern länger durch die Finger sähe, eine neue Frankfurtische, wenn nicht ärgere Handlung besorgten. Trotzdem wich der Rat in seinen durch die Zünfte bestimmten, fremdenfeindlichen Anschauungen noch keinen Schritt.

Desto tiefer mochte ihn 1613 die Entscheidung der Landräte treffen, daſs den Schotten oder Franzosen, welche ihr Brot im Lande mit Ehren suchen wollten, das Recht dazu nicht bestritten werden könnte. Ganz bescheiden baten darauf die Wolgaster Gemeinden, man möge den Fremden wenigstens nicht mehr zulassen, als die Pommern in den Städten benachbarter Fürsten erhielten. Und abermals sieben Jahre später standen auch die Städte des anderen Ortes unter Stettins Führung vor ihrem Herzog und „bekannten, daſs jetzige Handlung in Städten von vorigen alten Jahren zu unterscheiden, und daſs die commercia nicht gar zu genau eingeschränkt werden könnten, daſs auch mit fremden Leuten am Orte zu handeln sicherer, als seewärts zu abenteuern“.

Diesen bedeutungsvollen Sieg hat das Fürstentum in einer Zeit errungen, da die Städte politisch wieder eine hervorragendere Rolle spielten, und obwohl sie finanziell noch keineswegs an dem

Abgrunde standen, in den der dreifsigjährige Krieg sie bald darauf gestürzt hat. Die behagliche Wohlhabenheit früherer Zeiten war allerdings geschwunden; in dem grofsen Stettin fand nur noch ein einziger Goldschmied sein Brot, die Bettelei ward eine lästige Plage und die Stimmung im Lande bang. Aber noch waren gar manche Städte gleich Stargard in ziemlich gesegnetem Wohlstande; noch wollte Stettin, wenngleich von Schulden nahezu erdrückt, nichts davon wissen, dafs die alte Blütezeit zu Grabe gegangen; und noch vereinigten sich Herzog und Stände auf dem Wolgaster Landtage 1614 zum Danke gegen Gott, dafs er den Frieden und billige Wohlfahrt, Gericht und Gerechtigkeit, auch Handel und Nahrung dem Lande erhalten habe. Unsägliches Elend kam über Pommern erst im Kriege.

An die Stelle der Lokalwirtschaft war endgültig die territoriale getreten. Gleich zu Beginn des Zeitalters hatten die Herzöge den wichtigsten, alles andere nach sich ziehenden Schritt gethan, indem sie das Recht der Städte auf die alleinige Kaufmannschaft beseitigen halfen. Schon zu Barnims Zeiten geschah es, dafs die Gemeinden, um innere Streitigkeiten untereinander zu schlichten, die Regierung riefen. Der letzte Versuch einer Bürgerschaft, gegen das Ausland sich selbst zu schützen, wurde 1562 gemacht. Als Johann Friedrich und Ernst Ludwig 1570 zur Herrschaft gelangten, trat das Ankämpfen der Städte gegen die Territorialwirtschaft in sein letztes Stadium ein; es ward zum aussichtslosen Ringen der Verzweiflung. Was die Regierung von da ab that, hatte das Aussehen, als ob sie hier und da aufglimmende Funken zertrat. Zuweilen flackerte der Brand noch einmal empor. Er wäre es gewöhnt, schrieb Philipp Julius, dafs alles was von ihm verordnet werde, von den Städten reformiert werden müfste; doch gab er nichts darauf, sondern erachtete es, wie bereits Barnim 1563 gethan, als die noch immer machtvollen Stralsunder der Kirchenordnung widersprachen, für „unerheblich“ und sah um so strenger auf Gehorsam. Die Zeiten waren vorüber, da der hansische Vorort Bogislav X. Schiffe hatte fortnehmen lassen, weil einem Fürsten Kaufhandel nicht gezieme.

Konnte aber die Regierung mit den Städten derart in Wirtschaftsangelegenheiten verfahren, so stand ihr politisches Übergewicht aufser Frage. Handelte es sich doch dort nach dem Glauben der Bürger um der Städte Fortbestand, hier nur um Dinge, deren erhabenen Wert zu schätzen sie in der Not des Lebens lange verlernt hatten! Sie verzichteten darauf, „vornehme Glieder der Hanse und freie Schweitzer zu sein“ und sahen mit Grund und nicht aus Feigheit ein, was der Stettiner Rat 1584 im Hinblick auf Johann Friedrich bekannte: „Schwer ist es, mit dem Teufel zu fechten und mit grofsen Herren zu rechten“.

Siebenter Abschnitt.

Johann Friedrich.
1570—1600.

Stettin und Wolgast 1570—1587.

Die Erbeinigung von 1569 hatte die Zweiteilung der Regierung in politischer wie gerichtlicher, aber nicht in finanzieller Hinsicht aufrecht gehalten. Von Stettin wurden die einträglichsten Ämter für Barnim XI. und ansehnliche für Barnim XII. nicht blofs mit ihren privatrechtlichen Abgaben, sondern auch mit allen in ihnen erhobenen Steuern abgezweigt. In Wolgast wurden Bogislav XIII. und die Witwe Philipps I. entsprechend ausgestattet. Diese Aufteilung des fürstlichen Einkommens konnte in ihren das Staatsvermögen zerrüttenden Wirkungen nur die ständische Machtentwicklung begünstigen.

Dazu kam, dafs von den fünf Brüdern die zwei prachtliebendsten zur Herrschaft ausersehen waren. Unter ihnen war Johann Friedrich, der Erbe Barnims, unzweifelhaft der grofsartigste Charakter unter den Herzögen des pommerschen Volkes. An Energie und Streben nach Erhöhung seiner Gewalt war er der Urenkel Bogislavs X., an erschreckender, Unterwerfung erzwingender Rücksichtslosigkeit ein Georg I.; aber den beiden bei weitem voraus durch den Glanz seiner Erscheinung. Er zeigte es gerne, dafs er nicht in der Hütte eines Bauern herangewachsen war wie sein grofser Ahn; nichts Haushälterisches und Einfaches war an ihm wahrzunehmen. Nur konnte er um dessentwillen nie zu seiner Umgebung stimmen. Man hat ihn treffend den königlichen Herzog genannt, wenn man es so verstand, dafs hier eine königliche Seele in einem Manne wohnte, der nur zum Herzog von Pommern berufen war. Der grofse Widerspruch seines ungeduldigen Lebens liegt darin offenbar, welcher ihn selbst daran hinderte, die ihm eingeborene Kraft zur Entfaltung zu bringen und seinem Lande viel Angst und Leiden eintrug.

Auch Ernst Ludwig, den dritten Sohn Philipps, bestimmten seine natürlichen Gaben nicht für eine pommersche Fürstenkrone. Wie ihm die Thronfolge von Geburt aus nicht zukam, so schmückten ihn nicht die Talente eines regierenden Herzogs, sondern sorgfältige Bildung und Verständnis für Wissenschaft und Kunst. In vielem war er seinem Vater ähnlich; weil aber Fleifs und Sparsamkeit, durch welche die anderen Eigenschaften Philipps erst nutzbar geworden waren, ihm fremd blieben, vergröfserte die Fortsetzung der väterlichen Politik nur seinen Schaden. In seine Bücher vertieft, erzog er seine Beamten wie Melchior von Normann, den verhafsten Kammerrat, nicht zu seinen Mitarbeitern, sondern zu Herren des Landes. Und was konnte das ängstliche Versteckthalten des ererbten Widerwillens gegen die ständische Gewalt einem Mann, der auf die Hilfe seiner Landschaft immer wieder angewiesen war, anderes bringen als Demütigungen und Niederlagen? Wufste er sich doch nicht so zu beherrschen, dafs er nicht in Augenblicken des Zornes seinem Hasse freie Bahn gelassen hätte! Das liefs ihn dann die Landschaft durch tadelnde Worte büfsen und zwang ihm obendrein zweimal, was seinem stolzen Bruder niemals widerfuhr, einen Ausschufs zur Ordnung seines Hofhaltes auf[1]. Ernst Ludwig ist darum in seinem Amte niemals glücklich gewesen; der Zwiespalt zwischen Wünschen und Wirklichkeit liefs ihn verzweifeln. Er hat in Trübsinn geendet.

Durch den Prunk der Höfe und unter dem Druck der ungünstigen Finanzlage schwoll die Schuldenlast der beiden Regierungen in unerhörtem Mafse an.

Zu ihrer Linderung erhielt Johann Friedrich schon 1571 zu Rügenwalde und wieder 1575 zu Wollin je vier an ebenso viel Martinizielen fällige Steuern bewilligt. Trotzdem 1580 nach zweijähriger Ruhepause der Treptower Landtag aufs neue drei Steuern zustimmte, fanden die Stände 1585 wieder 136 666 Gulden Schulden vor, welche sie insgesamt in ihre Verwaltung übernahmen; infolgedessen stieg die Summe, für welche sie sich innerhalb einer Zeit von 15 Jahren einschliefslich der nicht zur Tilgung von Kammerschulden nötigen Steuern verpflichtet hatten, auf 472 426 Gulden[2].

Wolgast hatte, nachdem von seiner Adelsherrschaft mehrere Jahre hindurch gut gewirtschaftet worden war, schon 1568 zwei Steuern aufgebracht, denen von 1571 ab aufser 4000 Gulden aus dem Vorrat anderthalb Steuern folgten. 1574 wurden 2½, 1576 3½, 1585 5 jährliche und 1589 sogar 10 in 7 Jahren ein-

---

1 1585 und 1589, Dähnert I, 567 und IV, 530.

2 Dähnert IV, 462, 476, 497; der Abschied 1585 X. 9., St. T. 94 Nr. 59 v. I, ein Steuerbericht bei der Stände Antwort 1588 XI. 1., Nr. 66 v. I. Der Friedenskongrefs kostete 26 000, die Hochzeit Joh. Fr.s. 40 000, der Schlofsbau 100 000 Thaler.

zusammelnde Steuern beschlossen[1], sie alle, „damit man einmal dem vielfältigen Anlaufen der Handwerker und ihresgleichen ein Ende mache[2].“

Unter solchen Verhältnissen traf die Weigerung Stephan Bathorys von Polen, die seinem Vorgänger geliehenen 100000 Thaler zurückzuzahlen, das Land aufs schwerste. Barnim XI. hatte 1568 geglaubt, sich um den Preis dieser Anleihe die Freundschaft Polens bewahren zu müssen, obwohl Ernst Ludwig widersprach, und auch die Landschaft ihre Bedenken hatte. Wolgast gab endlich nach, so wenig es auch bei dem Warthehandel beteiligt war. Bereits 1571, als Sigismund August erkrankte, machte die Zinszahlung Schwierigkeiten, so daſs die Wolgaster Stände bei Stettin auf Kündigung drängten. 1575 baten die Herzöge, deren Kasse für den Ausfall aufzukommen hatte, um Übernahme der gesamten Summe auf die Landschaft; doch die Stände gingen erst 1581, als der Verlust nach ihrer Rechnung sich bereits auf 300000 Thaler belief, darauf ein, nachdem sie der Regierung 1578 schon mit 3½ Steuern beigesprungen waren. Acht Steuern brachten sie zu dem Zwecke in vier Jahren zusammen[3].

Eine Weiterbildung des Steuersystemes konnte bei einer so starken Inanspruchnahme des Landes nicht wohl ausbleiben.

Die Landschaft bestand natürlich auf der Fortdauer der Obereinnehmerausschüsse und verwies an sie regelmäſsig die beide Orte belastenden, auf lange Jahre verteilten Steuern, doch auch geringere Schuldentilgungs- und Fräuleinschösse, so daſs die ständische Steuerverwaltung mit gutem Recht als im Herzogtum gewöhnlich bezeichnet wurde. Nur wollte Johann Friedrich das nicht dulden. So oft es sich um Kammerschulden handelte, muſste er sich freilich fügen; aber die unablehnbaren Reichssteuern forderte er, obwohl die Landkasten um ihretwillen zuerst begründet worden waren, des öftern in seine Kammer. Im Grunde galt der Angriff dem dauernden Bestehen der Kasten, welche eine Einrichtung für den einzelnen Fall blieben, wenn nur die zur Abtragung der einheimischen Schulden bestimmten Schösse und auch diese bloſs mit der jedesmal zu wiederholenden Genehmigung des Herzogs in sie gereicht wurden. Johann Friedrichs Nachfolger fragte ganz offen, wo denn das fürstliche ius collectandi bleibe, wenn er nur

[1] Dähnert I, 511 f., 541, 568, IV, 483, 529 f. Der Abschied 1571 I. 24., W. T. 39 Nr. 26.

[2] Aus den Schulden Joh. Fr.s 1585 notiere ich 8000 fl in der Küche, 4000 für jährlichen Weinbedarf, 4500 für Kleidung, 2000 bei gemeinen Handwerkern, 4000 bei 2 Krämern, 400 beim Kürschner, 800 beim Apotheker, 1100 bei 2 Goldschmieden, 8000 für Besoldungen, die seit 3 Jahren rückständig; St. T. 94 Nr. 59 v. I. Vgl. unten S. 196 Anm. 1.

[3] Ausführliche Darstellung Dähnert I, 544 ff.; im allgemeinen Dähnert IV, 470, 478, 488. Die Schadensberechnung 1581 III. 8. St. T. 94 Nr. 57. Für Wolgasts Haltung W. T. 39 Nr. 26. Bogislav und Barnim steuerten nicht mit. S. die Tabelle S. 180/81.

seinen Namen für die Ausschreiben herzugeben habe. Um 1600 drang die Stettiner Regierung mit ihrem Willen einige Male durch; aber einmal konnte sich die Landschaft auf Zugeständnisse berufen, zu denen der Herzog sich 1577 entschlossen hatte, um die Landräte zum ins Werk setzen einer Reichssteuer ohne die Zustimmung der Gesamtstände zu bewegen, und dann traten neue Momente zugunsten der Erhaltung der Kasten ein [1].

Schon jedoch machte sich der Verfall der ganzen Einrichtung bemerklich. Die Steuern kamen oft so langsam und unvollständig ein, dafs die Obereinnehmer Anleihen aufnehmen mufsten, um sie rechtzeitig zu erlegen. Damit begann notgedrungen eine Schuldenwirtschaft, welche um so mehr zu Unordnungen und allmählich zur Zahlungsunfähigkeit führte, als zur Bürgschaft für die geliehenen Summen das Hausvermögen der Obereinnehmer in erster Linie herangezogen wurde. 1599 lasteten allein auf dem Stettiner Kasten über 100000 Gulden. In eben dem Jahre that man den verhängnisvollen Schritt, die sehr hohen Kammerschulden Johann Friedrichs auf die Landschaft zu übernehmen, ohne, wie es bisher noch stets geschehen war, eine ganz bestimmte Anzahl von Steuern zu ihrer Deckung zu beschliefsen. Auch war es bedenklich, dafs die Obereinnehmer fast unbeschränkt schalten durften; als verantwortlich für die Geschäftsführung wurde von ihnen der herzogliche Landrentmeister ausgegeben, obwohl er auf dieselbe den geringsten Einflufs hatte Johann Friedrich drang vergebens auf genaue Rechnungslegung; 1606 entschlofs sich wenigstens der Wolgaster Ort, seinen Landkasten einmal visitieren zu lassen.

Die Steuertechnik wurde nicht sowohl in Hinsicht auf das raschere [2], als das vollständigere Eingehen der Schösse vervollkommnet; denn dem früheren Durchschnittsertrage von stark 10000 Gulden im Orte Stettin standen jetzt, obwohl die Barnim XII. zugeteilten Ämter befreit waren, 11—12000 Gulden gegenüber [3]. Trotzdem nahm der wirkliche Ertrag infolge der Münzverschlechterung eher ab als zu.

Unterschlagungen begann man 1589 und nicht erst 25 Jahre später durch Festsetzung der Hegerhufe auf 60, der Land- auf 30 und der Hakenhufe auf 15 Morgen vorzubeugen [4]. Nützlich

---

[1] St. T. 97 Nr. 67 f. 42 ff. Dähnert IV, 552.

[2] Versuche, eine Steuer sogar zu „anticipieren", waren ganz erfolglos.

[3] 11000 Gulden taxiert der Steuerbericht 1588 XI. 1., eine andere Notiz St. T. 97 Nr. 5 f. 80 nimmt für 1585 10500 Gulden an. Genaueren Einblick gewährt die Abrechnung Israel Kaykows über Einnahme und Ausgabe der je 2 Landsteuern zur polnischen Anleihe im Stettiner Ort; St. T. 97 Nr. 5. (Siehe die Tabelle auf S. 180 u. 181.)

[4] Anschlag 1589 St. T. 97 Nr. 4 f. 209. „Etliche Pauren achten eine Landthuffe auch woll uff 32 Morgen ratione locorum, das viell Landes unterwegens wirt zugerodet und also die huffen grofser gemacht. Eine Lyne hatt in sich 15 Ruthen, ita loquuntur in ulteriore Pomerania et computant, den wan sie Ein Velttmarck ubermessen, haben sie ein Tow

erwies sich insbesondere die Heranziehung von nicht grundbesitzenden Berufen, welche der Wolgaster Landtag 1576 zuerst[1] in gröfserem Mafsstabe und in gerechterer Weise der Pasewalker 1578 in Angriff nahm. Die Belastung der Schäfer schwankte noch längere Zeit in ihrer Höhe[2]. Gleich den Kätnern steuerten die Quarner, Weber und die zur Miete Wohnenden, von denen die alten Bauern, die ihren Kindern den Hof abgetreten hatten, ausgenommen wurden. Die Bauernknechte mit eigenem Acker und die Kuhhirten erfreuten sich der ihnen 1578 zugestandenen Freiheit nicht lange mehr, widerstrebten der Besteuerung aber noch bis tief in das siebenzehnte Jahrhundert und häufig mit Erfolg[3]. Der Wolliner Landtag 1581 erwähnte zuerst die Verschatzung auch der Dorfschneider, welche ein Mandat Johann Friedrichs 1590 schon sehr hart mit 1½ Gulden nebst einem Ort von jedem Gesellen belegte. 1596 wurden weitere „gesessene Bauerschneider," die bisher ihre Katen verschofst hatten, den Gesellen gleich gesetzt. Später fand eine Gleichstellung und Erleichterung statt, indem 1607 IX. 12. von jedem Schneider, gleichviel ob wohnhaft oder nicht, acht Groschen eingezogen wurden; dafür dehnte man die Steuer auch auf andere Dorfhandwerker aus[4]. Endlich traten in dem Anschlage 1589 zu den Mühlen, Schmieden und Krügen auch die Backöfen, so verpachtet.

Hingegen hielt die Abgabenfreiheit der Ritterschaft auch in diesem Zeitraume die Angriffe des dritten Standes aus, und die der fürstlichen Bauern machte im letzten Jahrzehnte vorzüglich bei Reichssteuern sogar Fortschritte, so dafs das Bürgertum sich mehr als je darauf berufen konnte, wie es seine Anhänglichkeit den Fürsten nicht blofs durch Worte, sondern durch Werke beweise. Während ganze Dörfer von dem Adel wüst gelegt wurden, erreichte selbst das kräftige Auftreten Johann Friedrichs aufser Einzelerfolgen nichts, was die Behauptung der Wolgaster Städte rechtfertigte, dafs in einem Teile Stettins die binnen 30 Jahren steuerbar gewesenen Hufen auch fernerhin Schofs trügen. Jedoch erbot sich, wie schon 1563, die Ritterschaft in den 90er Jahren öfters, einen Teil der bewilligten Steuern auf sich allein zu übernehmen, wenn die Städte die entsprechenden Summen durch

---

von Bast oder Hanff, welches 15 Ruthen, sunsten minder oder mehr lang ist; mit demselben mefsen sie das Landt aus."

[1] Ob schon die Fräuleinsteuer 1575 es that, war 1594 streitig; W. T. 35 Nr. 3/4 f. 15 u. 19.

[2] Dähnert IV, 483, 489 (dazu Bogislav 1581 XII. 12., St. T. 94 Nr. 57), Anschlag 1589 St. T. 97 Nr. 4 f. 209.

[3] Veranschlagt 1590, St. T. 97 Nr. 4 f. 213 u. 1589 f. 209. Proposition 1614 W. T. 39 Nr. 57 v. I.

[4] Dähnert I, 550; St. T. 97 Nr. 4 f. 213, Nr. 7 f. 225, Nr. 8 f. 308. Daneben zahlte jeder in Dörfern wohnende Radmacher, Leineweber, Bötticher, Schneider und Schuster 5 Ortsthaler Pacht, jeder Krüger eine Tonne Bier; 1624 VII., St. T. 94 Nr. 99 f. 93 f.

	I. Ziel.	II. Ziel.	III. Ziel.	IV. Ziel.
Kapitel zu Kammin	142 fl. 4 gr. — ₰	141 fl. 20 gr. — ₰	140 fl. 16 gr. — ₰	140 fl. 2 gr. 12 ₰
Propst zu Kammin	51 „ 24 „ — „	52 „ 8 „ — „	57 „ 12 „ — „	52 „ 12 „ — „
Graf zu Neugarten	234 „ 8 „ — „	226 „ 24 „ — „	232 „ 22 „ 12 „	228 „ 28 „ — „
Von Prälaten u. Grafen	**428 fl. 4 gr. — ₰**	**420 fl. 20 gr. — ₰**	**430 fl. 18 gr. 12 ₰**	**421 fl. 10 gr. 12 ₰**
Alten-Stettin	1 795 fl. 20 gr. — ₰	1 781 fl. 8 gr. — ₰	1 765 fl. — gr. — ₰	1 746 fl. 6 gr. 12 ₰
Satzig	1 324 „ 31 „ 6 „	1 312 „ 31 „ 6 „	1 264 „ — „ — „	1 264 „ 22 „ 12 „
Kolbatz	875 „ 12 „ — „	864 „ 8 „ — „	899 „ 4 „ 12 „	892 „ 28 „ — „
Wollin-Greifenberg	1 013 „ 26 „ — „	1 046 „ 18 „ — „	1 113 „ 23 „ 6 „	1 089 „ — „ — „
Stolp-Schlawe	2 285 „ 4 „ — „	2 265 „ 23 „ — „	2 349 „ — „ — „	2 351 „ 4 „ 12 „
Belgard	793 „ — „ — „	792 „ 6 „ 12 „	842 „ 8 „ — „	858 „ 4 „ — „
Lauenburg	644 „ 5 „ 6 „	617 „ 9 „ 6 „	600 „ — „ — „	610 „ 31 „ 6 „
Neuen-Stettin	865 „ 2 „ — „	858 „ 3 „ — „	880 „ 22 „ — „	871 „ 24 „ 12 „
Belbuk	481 „ 7 „ 8 „	481 „ 3 „ 7 „	473 „ 23 „ 7 „	488 „ 11 „ 12 „
Piritz	181 „ 29 „ 8 „	182 „ 8 „ — „	174 „ 6 „ 12 „	174 „ — „ — „
Aus den Ämtern	**10 260 fl. 9 gr. 10 ₰**	**10 201 fl. 22 gr. 13 ₰**	**10 361 fl. 24 gr. 1 ₰**	**10 347 fl. 5 gr. 12 ₰**
Von d. Schlofsgesessenen	**2 512 fl. 14 gr. — ₰**	**2 511 fl. 30 gr. 6 ₰**	**2 633 fl. — gr. — ₰**	**2 611 fl. 4 gr. — ₰**
Alten-Stettin	1 971 fl. 21 gr. 6 ₰	1 969 fl. 12 gr. — ₰	1 967 fl. 16 gr. — ₰	1 940 „ 29 „ 6 „
Neuen-Stargard	1 332 „ 16 „ — „	1 290 „ 4 „ — „	949 „ 16 „ — „ n. d. Brand	971 „ — „ — „
Garz	508 „ — „ — „	509 „ — „ — „	540 „ 8 „ — „	537 „ 8 „ — „

Piritz	625 „ 24 „ — „	621 „ 24 „ — „	611 „ — „ — „	609 „ 24 „ — „
Wollin	319 „ — „ — „	319 „ — „ — „	254 „ — „ — „	269 „ 12 „ — „
Damm	309 „ — „ — „	309 „ — „ — „	297 „ — „ — „	308 „ — „ — „
Golnow	393 „ 16 „ — „	384 „ 8 „ — „	361 „ 8 „ — „	350 „ 8 „ — „
Kammin	304 „ 24 „ — „	288 „ 24 „ — „	252 „ — „ — „	262 „ — „ — „
Greifenberg	523 „ 24 „ — „	518 „ 16 „ — „	506 „ — „ — „	507 „ 16 „ — „
Treptow	782 „ 24 „ — „	761 „ — „ — „	748 „ 8 „ — „	747 „ 8 „ — „
Stolpe	702 „ — „ — „	695 „ 19 „ — „	724 „ 8 „ — „	723 „ — „ — „
Schlawe	437 „ 8 „ — „	432 „ 8 „ — „	435 „ 8 „ — „	441 „ 18 „ 12 „
Lauenburg	299 „ 24 „ — „	325 „ 24 „ — „	312 „ 24 „ — „	322 „ 12 „ — „
Belgard	384 „ 4 „ — „	384 „ 4 „ — „	384 „ 4 „ — „	384 „ 4 „ — „
Neuen-Stettin	248 „ — „ — „	241 „ — „ — „	gar ausgebrannt	186 „ 26 „ 12 „
Von den Städten	**9 141 fl. 25 gr. 6 ₰**	**9 049 fl. 15 gr. — ₰**	**8 343 fl. 4 gr. — ₰**	**8 561 fl. 6 gr. 12 ₰**
Massow	68 fl. 16 gr. — ₰	112 fl. 8 gr. — ₰	113 fl. 24 gr. — ₰	109 fl. 24 gr. — ₰
Labes			30 „ 26 „ — „	30 „ 16 „ — „
Daber	20 „ 4 „ — „	20 „ 4 „ — „	20 „ 20 „ — „	bei den Dewitzen
Polnow	57 „ — „ — „		bei den Glasenapp	bei den Glasenapp
Bärwalde			bei Amt Neu-Stettin	bei Amt Neu-Stettin
Strameln		9 „ — „ — „	8 „ 24 „ — „	9 „ 8 „ — „
Plate	21 „ 16 „ — „	21 „ 4 „ — „	20 „ — „ — „	20 „ — „ — „
Wangerin			7 „ 24 „ — „	12 „ — „ — „
Von d. [jetzt 11] Städtlein	**167 fl. 4 gr. — ₰**	**162 fl. 16 gr. — ₰**	**201 fl. 22 gr. — ₰**	**181 fl. 16 gr. — ₰**
Insgesamt	**22 509 fl. 24 gr. 16 ₰**	**22 346 fl. 8 gr. 1 ₰**	**21 970 fl. 4 gr. 13 ₰**	**22 121 fl. 11 gr. — ₰**

Dazu noch Retardata von 4 Schloſsgesessenen 100 fl. 6 gr. 12 ₰ und von Regenwalde 73 fl. 6 gr.

Der Stettiner Steuerbericht 1591 hat 219 fl. 24 gr. von Prälaten, 1346 fl. 31 gr. von Schloſsgesessenen, 4746 fl. 4 gr. von Städten, 5616 fl. 18 gr. von Ämtern, zusammen 11 929 fl. 13 gr.; St. T. 97 Nr. 67 f. 52.

Vermögenssteuer von den Rathäusern erlegten[1]. Übrigens wog der Ausfall von den eingezogenen Hufen nicht mehr so schwer, seit von den sehr zahlreichen in Weidewirtschaft genommenen infolge der Veranlagung der Schäferknechte Schofs erhoben wurde.

Inbetreff der Fräuleinsteuern hatte die Erbeinigung bestimmt, dafs die Töchter Philipps I., welche nach Barnims Tode heirateten, durch eine Fräuleinsteuer des Gesamtlandes ausgestattet werden sollten; 1575 gewährte aber Stettin, ob auf Betreiben Johann Friedrichs, ist unklar, nur einen aufserordentlichen Schofs, worüber man 1594 noch stritt[2]. Wegen des rasch steigenden Aufgelds wurde 1589 verhandelt, als Ernst Ludwig vom Hause 1 1/2 Gulden verlangte; schliefslich mufste er sich mit einem Gulden und 3 Schillingen begnügen[3]. Da die Verteilung der Küchensteuer zu den 1569 offen gelassenen Fragen gehörte, zankten sich Stettin und Wolgast bis 1602 über sie. Mit Bogislav ward Wolgast uneins, weil seine Ämter, obwohl zum Ort gehörig, nichts zur Ausstattung der Tochter Ernst Ludwigs beitrugen[4].

Die Erledigung der Reichssteuern wurde höchstens durch das vergebliche Begehren der Städte nach gemeinen Landtagen verzögert. 1576 wollte die Wolgaster Landschaft den Kaiser um Überweisungen aus der Reichskriegskasse ersuchen, weil Pommern so gut wie Österreich vom Osten bedroht sei[5].

Der Kampf um die Accise 1588.

Übersahen die Herzöge die Entwicklung, so durfte insbesondere Johann Friedrich mit seinen Erfolgen zufrieden sein. Die Landschaft hatte ihm und seinem Bruder Summen zugeschossen, mit denen sich die Bewilligungen zur Zeit Barnims nicht vergleichen liefsen; und sie hatte es gethan, obwohl er ihr ohne Wohlwollen entgegengetreten war.

Wie hart und unbeugsam wies er nicht ihren berechtigten Anspruch auf Gesamtlandtage zurück, deren Notwendigkeit er nur begriff, wenn es Forderungen Wolgasts hinzuhalten galt! Unerhörterweise wagte er die Privilegien der Ritterschaft nicht blofs in Worten inhaltslos zu machen, indem er sich das Recht zuschrieb, sie auszulegen und zwar allein nach seiner fürstlichen Gerechtigkeit und Hoheit.

---

[1] Vornehmlich der Protest der Wolg. Städte 1598 VII. 21., W. T. 39 Nr. 37; Bogislav 1595 VII. 8., Nr. 36; Beschwerden 1586 XII. 2. und 1599 I. 15., St. T. 94 Nr. 79 v. I; Dähnert I, 587 f.

[2] Dähnert IV, 474; Eberstein 1580 XII. 17., W. T. 6/7 Nr. 24 beschuldigt Joh. Fr.

[3] Dähnert IV, 523 f. und 529.

[4] W. T. 35 Nr. 3/4 f. 7, 24, 39; St. T. 51.

[5] Dähnert IV, 481. Kammin wollte wieder unmittelbar ans Reich zahlen.

Er wollte sich nicht versehen, dafs die Landschaft ihn, ihren Landesfürsten, mit Konditionen und Satzungen zu arretieren gemeinet sei. Wo blieb der alte Staat, wenn es wahr war, was der Herzog 1599 behauptete, dafs es dem Fürsten zustände, jedwede, auch Steuerstreitigkeiten der Stände untereinander durch sein Machtwort beizulegen, und dafs alle Landtagsabschiede solange gültig blieben, bis er und nicht die Unterthanen ein anderes statuierten?

Nie haben seine Stände ihm einen Ausschufs zur Ordnung seines Hofes aufzudrängen versucht; sie beugten sich still, so oft er Schulden über Schulden auf ihre Schultern wälzte. Sein Trotz und sein herber Spott über die unbehilfliche Bedächtigkeit seiner Landjunker und Spiefsbürger wufste sie zu schrecken, wenn der Zauber seines gewandten und liebenswürdigen Wesens versagte. Aber schon der Gedanke, dafs sie überhaupt existierten, war dem stolzen Manne eine Qual; er wollte nichts davon hören, dafs es neben ihm noch eine Macht im Lande gab, welche im Grunde genommen gegen ihn ebenso wenige als er gegen sie viele Verpflichtungen hatte. So nahm er denn immer heftiger darauf Bedacht, die Accise endlich durchzusetzen. Der gutmütige Barnim hatte mit einer Änderung des Steuersystemes ernstlich nur eine von der Landschaft unabhängige Gestaltung seines Ausgabenbudgets bezweckt, wie ihm denn ein gemeiner Pfennig nicht minder angenehm als eine Tranksteuer gewesen wäre. Gewifs fafste Johann Friedrich auch diesen Vorteil ins Auge; aber täglich näher trat ihm doch die Absicht, durch die Accise die Gründe fortzuräumen, welche die Einberufung der Stände immer wieder erzwangen. Je mehr die absolute Herrschaft das eigentliche Ziel seines Lebens wurde, desto weniger mochte er an die Schranken erinnert werden, die ihm gezogen waren. So schickte er sich zum Kampfe, wie er selbst es sagte, nicht weil ihn die Not dazu drängte, sondern weil er des ganzen fürstlichen Hauses Wohlstand zuvorderst bedachte.

Er hatte gleich 1571 2 Schillinge von der Tonne Bier auf 2 Jahre erbeten; mit besonderem Eifer war er für die Accise eingetreten, solange es sich um die Deckung der polnischen Anleihe handelte, weil sie die Stände insgemein und den Ausländer vor allem träfe, was die Landschaft nicht einzusehen vermochte. Aber in all diesen Jahren bis 1585 hin schien ihm ein gemeiner Pfennig doch ebenso geeignet, um den Segen Gottes auf sein Land zurückzurufen, als die Accise [1]. Erst als er den vielerfahrenen Führer der Stände, Graf Ludwig von Eberstein, auf seine Seite gezogen hatte und die Gedanken dieses staatsmännischen Geistes in sich einsog, rangen sich seine Absichten zu klaren Plänen durch.

---

[1] Dähnert I, 549 f., IV, 464, 496; 1581 St. T. 94 Nr. 57, 1577 und 1585 Nr. 141 und 59 v. I.

Jost von Dewitz, der Berater Philipps I., hatte dereinst im Geiste den jungen Grafen, an dessen Studiertisch die Gedanken des alternden Mannes am liebsten weilten, seine eigene Lebensaufgabe weiter und vielleicht zuende führen sehen. Aber Eberstein hatte die Zügel des Staates, als sie der Hand des Sterbenden entsanken, nicht aufgegriffen, vielmehr die Kraft seiner Mannesjahre der Niederwerfung all der Ideen gewidmet, in deren Dienste Jost gestorben war. Wehmütige Erinnerung erwachte in den Ständen, wenn sie später seines Eifers erwähnten. Da trieb es ihn plötzlich, als seine Haare schon grau geworden, zu der Fahne zurück, welche sein väterlicher Freund in Jahren hochgehalten hatte, die das Fürstentum wie niemals andere bedrohten. Ob es so war, wie seine Neider und die im Stich Gelassenen sagten, dafs er die That aus Ehrgeiz und unreiner Habsucht beging, wer will es sagen[1]? Mögen nicht auch, wie Eindrücke der Jugend am Ende des Lebens erwachen, Gedanken und Stimmungen, welche Freundschaft in ein junges Herz gesenkt hat, so Wind und Wetter günstig werden, nach Jahrzehnten keimen und reifen? Gleich dem Grafen überragte im Lande nur der Herzog die Menge völlig an Erfahrung und Bildung. Das Schicksal liebt es, solche einsamen Menschen zusammenzuführen.

Johann Friedrich und Eberstein verabredeten in Anknüpfung an Absichten Barnims und an Einrichtungen deutscher Staaten eine immerwährende, beliebig verfügbare Verbrauchsabgabe von jeder Tonne Bier sowie von jedem Scheffel Getreide, der verkauft oder ausgeführt wurde. Ihrer Annahme durch die Landschaft mufste der Bruch mit Anschauungen vorausgehen, welche die ständische Politik solange beherrscht und ihre Macht beschirmt hatten. Das Steuerbewilligungsrecht der Landtage sollte nahezu erlöschen; die Accise sollte nur formell durch Obereinnehmer eingesammelt werden, thatsächlich in die fürstliche Kammer und zu den Händen des Herzogs gehen[2]; die Stände sollten vor allem, wo sie sich doch kaum zur Tilgung der fürstlichen Schulden verbunden fühlten, fortan zu den laufenden Kosten der Regierung beitragen, obwohl ihnen das „zu ewiger Knechtschaft" gereichen mufste[3]. Darauf zielte alles ab: die Finanzen des Staates von dem schwankenden Domänen- und Pachteinkommen unabhängig auf den festen Boden einer regelmäfsigen und stetigen Steuer zu stellen.

Sehr erwünscht war es Johann Friedrich, dafs der Erzherzog Matthias die bei seinem Besuche auf Satzig 1587 vertraulich beredete Angelegenheit alsbald nach seiner Rückkehr beim Kaiser

---

[1] Dähnert IV, 508, 509, 515; Kreysig III, 287 f.

[2] Joh. Fr. an Rudolf 1588 IV. 8., St. T. 124 Nr. 12a; bestätigt durch Dähnert IV, 507.

[3] Joh. Fr. an Rudolf 1588 X. 11. St. T. 124 Nr. 12a; Joh. Fr. 1588 XI. Tit. 94 Nr. 66 v. II: Berichte an Brandenburg 1588 VIII. 31. und (nach Nr. 66 v. II wahrscheinlich) X. 25., B. Rot. 30 Nr. 239.

zu fördern begann. Im April 1588 ermunterte den Habsburger das Eintreffen dreier Rosse aus Stettin, für die er sich im August durch zwei Leit- und vier englische Hunde bedankte, zu erneuter Fürsprache; denn inzwischen hatte Eberstein die Sache in Prag persönlich zu betreiben angefangen, ohne sie nach Wunsch zuende führen zu können. Da Rudolf II. die Scheffelsteuer verweigerte, mufste der Graf, der vor der Heimfahrt noch nach Karlsbad wollte, sich am 31. Mai mit der Erneuerung des Erlasses Karls V. vom 19. August 1556 begnügen[1]. Schon am 7. Juni erging Johann Friedrichs Einberufungsschreiben zu dem entscheidenden Landtage, welches den heraufziehenden Sturm nicht ahnen liefs.

Aber ehe die Stände noch zusammentraten, waren Stettin und Ernst Ludwig, welche Johann Friedrichs Machtentwicklung am gefährlichsten bedrohte, durch den geschickten Peter Schlief im Besitze der zu Prag gewechselten Schriften. Der Herzog hatte es, wie es überhaupt sein Fehler war, an der nötigen Rücksicht dem Bruder und der Hauptstadt gegenüber fehlen lassen. Er versteifte sich mehr als je auf das unannehmbare, die Stadt in seine Gewalt gebende Verlangen, dafs man ihn ein eigenes Thor durch Stettins Mauer brechen lassen möge. Die sonst nachgiebigen Stadträte antworteten ihm, indem sie sich am 28. Juni ihre Privilegien gegen alles Recht durch den Kaiser bestätigen liefsen[2]. Auch mit Wolgast lag er in offener Feindschaft. Unzähligemale hatte er die Regelung der 1569 nicht erledigten Steuer- und Klosterfragen verhindert. Als er nun gar seit 1587 in Verfolgung seiner Pläne eigenmächtig Zölle erhöhte und die Schifffahrt durch Anrichtung eines Wolliner Hafens vom Neuen Tief und der Swine abzulenken suchte, belegte der empörte Ernst Ludwig einige Stettiner Schiffe mit Beschlag, klagte über den „Unfug" des Bruders beim Kaiser und reizte seine und die Nachbarlandschaft zum Widerstande gegen die Accise, welche er selbst so oft erbeten hatte[3]. Johann Friedrich mufste den Angriff auf die ständischen Rechte, zu dem er des Bruders Hilfe dringend gebrauchte, im Gegensatze zu ihm wagen.

Auch der Adel und die übrigen Städte waren gereizt, weil der Herzog wenige Monate zuvor die Zölle beträchtlich erhöht und mit treffendem Einblick in den wirtschaftlichen Wandel die Zollfreiheit der Ritterschaft für alle nicht zu ihrem Hausbedarf

---

[1] Die benutzte Korrespondenz in St. T. 124 Nr. 12; die Verweigerung der Scheffelsteuer durch der Stände Antwort 1588 XI. 1., T. 94 Nr. 66 v. I., in dem auch das Ausschreiben VI. 7., bestätigt.

[2] Thiede 544 ff. Der Bericht 1588 X. 25. verwechselt den Vornamen Schliefs mit dem des Wolgaster Gesandten Nikolaus von Krakevitz.

[3] Zur Accise: Dähnert I, 539, 568, IV, 482; 1574 forderte er 6 ß von der Tonne, weil die Städte doch abhandelten; St. T. 94 Nr. 52. Zum Hafenstreit Thiede 544, St. T. 94 Nr. 66 v. II (Ernst L. 1588 V. 13. u. Joh. Fr. VI. 10.). Zum Vorstreit Dähnert I, 542, 570.

bestimmten Waren aufgehoben hatte. Sie vermuteten wohl nicht zu Unrecht, dafs er damit einen Teil der Accise vorweg einführen und einen Druck auf sie ausüben wollte, den er im Fall ihrer Nachgiebigkeit zu beseitigen gesonnen war[1].

Die am 7. Juli zu Treptow verlesene Proposition erregte die höchste Bestürzung über die machiavellistischen und blutigen Ratschläge Ebersteins[2]: es war der allgemeine Eindruck, dafs, um eine Person zu retten, alle andern zugrunde gerichtet werden sollten. Aber während noch lang verhaltene Klagen den Saal erfüllten, wies man schon die Accise zurück. Nur die Gesamtheit der Stände könne sie bewilligen, und auch nur die Gesamtheit der Herzöge sie fordern; Rudolf aber habe die Konzession im Widerspruch zu Karl V. Johann Friedrich allein gewährt. Doch selbst ihre Gültigkeit vorausgesetzt, dürfe der Acciseertrag ihr zufolge nur für Reichs- und gemeine Landesnöte, nie und nimmer zur Tilgung von Kammerschulden verausgabt werden.

Johann Friedrich blieb unerschüttert; er fand die Deduktionen der Stände sehr überflüssig und liefs in gebietendem, jede Begründung vermeidendem Tone den kaiserlichen Erlafs als Abschied und Gesetz publizieren. Das hiefs den Bogen überspannen. Wenn auch bebend an allen Gliedern, rafften die Junker sowohl als die Vertreter der Städte sich zu der Erklärung auf, dafs, so es mit Mandaten ausgerichtet, keine Reichs- und Landtage nötig seien; der kaiserliche Indult gebe dem Herzog kein Recht, die Tranksteuer ohne den Willen der Stände durchzuführen, weshalb sie sofort an die Majestät und die Brüder Johann Friedrichs Berufung einzulegen gesonnen wären. Werde die Drohung mit der Gewalt zur That, so werde Gewalt die Antwort, auch die Hereinziehung Polens durch Lauenburg zu fürchten sein[3]. Damit ging man auseinander.

Der Herzog höhnte zwar hinter den Abgereisten her, dafs der Dichter und sein Anhang sich Lauenburgs wegen keine grauen Haare wachsen lassen möge, und auch für Aufwiegler guter Rat zu schaffen sei; aber der Rückschlag blieb bei dem unruhigen Manne nicht aus, so dafs die neue Zusammenkunft zu Treptow, die am 18. August begann, den Frieden anzubahnen vermochte. Da Johann Friedrich an seinem unbedingten Anspruch auf die Accise zu zweifeln begann, mögen die Stände für den Fall, dafs der Kaiser zu ihren Gunsten entscheide, die Entrichtung von sechs Steuern in Aussicht genommen haben. Noch freilich fafsten sie die Lage so ernst, dafs sie einen Ausschufs zur Betreibung der

---

[1] Dähnert IV, 509, 512; Joh. Fr. an d. Stände 1588 IX. 19., St. T. 94 Nr. 66 v. I.

[2] Wedel 310; die Darstellung nach dem guten Auszug Dähnert IV, 501 ff.

[3] Entsprechende notarielle Erklärung d. dortigen Adels 1588 VIII. 8. St. T. 94 Nr. 66 v. I.

Appellation beriefen, in den sich wählen zu lassen, ein anderer Eberstein kein Bedenken trug; auch der Herzog versprach sich noch immer den ihm genehmen Bescheid [1].

Er warb um das Fürwort des Brandenburgers und Sachsens und begab sich, nachdem er seine Gemahlin nach Karlsbad gebracht hatte, zur mündlichen Rücksprache zum Kaiser. Ins Bad zurückgekehrt [2], versuchte er „in seiner Einfalt" noch einmal, die Tranksteuer durch die summarische Verordnung vom 19. September ins Werk zu setzen [3]. Von Martini ab hatten in jedem Orte zwei Einnehmer und die Ortsobrigkeit an zwei bestimmten Wochentagen die Meldung aller Brauereiberechtigten zu erwarten, um mit ihnen die Anzahl der Tonnen und Dreilinge Bier zu vereinbaren, welche sie im laufenden Vierteljahre zu brauen das Recht haben sollten. Nach genauer Feststellung des jedem zukommenden Brauquantums erhielten die Prälaten, Adligen und Geistlichen für ihren Hausbedarf einen Freischein; für das zum Verkauf bestimmte Bier mufsten sie gleich den andern Ständen von der Tonne 8, vom Dreiling 12 Schillinge geben. Im Ausland gebrautes Bier steuerte doppelt, zur Ausfuhr vorgesehenes Malz einen pommerschen Groschen für den Scheffel und der Wein entsprechend seiner Güte. War ein Vierteljahr zuende, so wurden die Truhen nebst den Rechnungsbüchern in die fürstliche Kammer gebracht; von einer, auch nur in etwa einflufsreichen Teilnahme der Stände an der Verwaltung oder an dem Verbrauche war keine Rede.

Es war der letzte kraftvolle Schlag, den Johann Friedrich in dieser Sache führte. Am anderen Tage schrieb er vielleicht in Hoffnung, vielleicht in beginnender Entsagung dem Bruder freundliche Worte. Beim Kaiser weilte er wieder um die Mitte des Oktobers; doch schon hatte das kluge Stettin die entscheidende Wendung verursacht, indem es Rudolf für ein Schiedsgericht gewann [4]. Als der Herzog empört bemerkte, dafs er mit Unterthanen nicht disputiere, befahl der Kaiser auf der Stelle die Vertagung des Accisewerkes bis zum Urteil des Kammergerichts [5].

---

[1] Die Nachrichten sind verstreut. D. Bericht 1588 VIII. 31., ohne Einzelheiten, wird klarer durch d. Briefe Joh. Fr.s an Ernst L. 1588 IX. 20. und die Stände IX. 19., St. T. 94 Nr. 66 v. I., wo auch die Ausschufsberufung VIII. 22.

[2] Am 3. IX. verläfst er Berlin, am 7. übergiebt er Sachsen seine Beschwerden, dann reist er nach Karlsbad und „in 2 Tagereisen" ans Hoflager; am 20. datiert er wieder Karlsbad. Die Schreiben oder ihre Konzepte in B. Rot. 30 Nr. 63 u. 239 u. St. T. 94 Nr. 66 v. II.

[3] St. T. 94 Nr. 66 v. I. Vom Schaffen eines alleingültigen Einheitsmafses wurde vorderhand Abstand genommen.

[4] Prag X. 12., St. T. 124 Nr. 12 nennt Brandenburg und Braunschweig, Thiede 546 auch Lübeck. — Joh. Fr.s Anwesenheit erwähnt Bericht 1588 X. 25.

[5] X. 18. St. T. 94 Nr. 66 v. I. 1598 verweigerte er wieder die Erlaubnis zur Acciseerzwingung; W. T. 39 Nr. 37.

Gleich Brandenburg griff nun auch Barnim XII. zugunsten der Stände ein, weil dem Bruder so unerträgliche Beschwerung des Landes nicht zieme. Die Tonart der Städte, daſs der arme Mann, so nach saurer Arbeit, Mühe und Schweiſs sich mit einem Tranke erlaben wolle, die Biersteuer werde erlegen müssen, wuſste er trefflich anzuschlagen [1]. Ebersteins Pläne waren gescheitert.

Eigenmächtig traten die Stände am 30. Oktober zu Treptow zusammen. Hier wies Johann Friedrich ein Angebot von acht Steuern um der Accise willen zurück, bat aber voll guten Willens, einem groſsen Ausschusse, den er auf den 27. November einberief, Vollmacht zu geben [2]. In der Zwischenzeit streckte er die Hand der Versöhnung dem sie warm ergreifenden Ernst Ludwig entgegen. Es war des Bruders herzgründliche Meinung, daſs der Fürsten Uneinigkeit nur den Unterthanen Nutzen trage; sie müſsten sich dichter und näher aneinandersetzen, dann würden die Schanzen vielleicht gebrochen und in beiden Orten manch räudiges Schaf und mancher meuterische Gesell aufgehoben werden können. Da verhoffte denn auch Johann Friedrich wieder, daſs die Karre einmal brechen sollte. In tiefer Stille sprachen sich die beiden Männer, so völlig eins in der Absicht ihres Lebens, in den Kleinigkeiten des Daseins so unverträglich, am 24. November zu Wolgast gründlich aus [3].

Schon die am 28. vorgetragene Proposition machte kein Hehl aus dem Verzichte auf die Accise, worauf die Stände befreiten Herzens 100 000 Gulden in 10 Jahren dem Stargarder Landkasten einzureichen versprachen, von denen sie 20 000 Thaler zu des Herzogs selbsteigener Notdurft, zur Erhaltung der Regierung erstatten wollten [4]. Man zeigte sich gegenseitig voll liebenswürdigen Entgegenkommens. Staunend blickten die Unterthanen auf den stolzen, mutigen Herzog, der ihre politischen Rechte bis ins Innerste erschüttert hatte, und wurden sich des Sieges nicht bewuſst, den ihre Verzweiflung ihnen errungen hatte. Ihre wie Johann Friedrichs Stärke war erschöpft; kraft- und bedeutungslos schleppte sich der Kampf, ohne den der Fürst nicht leben konnte, von Jahr zu Jahr.

Von 1589 bis 1600.

Nur einmal erwachte die Lust zum Streiten, als der erste Eifer Bogislavs XIII., welcher für den minderjährigen Philipp

---

[1] Brandenburg X. 28. B. Rot. 30 Nr. 32. Barnim X. 3., XI. 20., Städte XI. 1., St. T. 94 Nr. 66 v. I. Städte an Rudolf 1602 XI. 23: kein bequemer Mittel zur aussaugung des Armuts; W. T. 39 Nr. 37.

[2] Antwort d Stände XI. 1., Joh. Fr. XI. 8., St. T. 94 Nr. 66 v. I.

[3] Ernst L. XI. 7., 20., 26., St. T. 94 Nr. 66 v. II; dort Joh. Fr. an Ernst L. u. B. Rot. 30 Nr. 239 an Brandenburg XII. 3. (wo das Datum d. Besuchs). Im flg. Oktober berieten sie Gravamina d. Wolg. Städte gemeinsam; St. T. 94 Nr. 71.

[4] Dähnert IV, 515 ff.; die fürstlichen Ämter steuern mit.

Julius 1592 die Regierung Wolgasts übernahm, den Bruder fortriſs. Wollen und Können widersprachen einander in dem neuen Herzog seltsam. In stetem Zanke mit Stralsund war es ihm beigefallen, durch die Gründung des Landstädtchens Franzburg ein nordisches Venedig neben den ihm zu Liebe verhungernden Vorort der Ostseestädte zu setzen. Die Entwürfe, die er dafür aussann, beweisen, welch verständige Anschauungen ihn leiteten; aber er entbehrte der Gabe, sie stets in gleich verständiger Weise in die Wirklichkeit zu übertragen. Solange er überlegte, lieſs er die begründete Eifersucht auf die Rechte der Vorderstände nicht weniger als den Haſs gegen die Städte auf sich einwirken; sobald er zu handeln begann, vermochte er die Lage und sich selbst nicht mehr zu beherrschen. Weil Bogislav jederzeit mit allen Mitteln des Augenblicks kämpfte, hat er sein Leben lang kämpfen müssen. Es hat ihm immer etwas Scheues, Unentwickeltes angehaftet, wie einem Menschen, den unverständige Erzieher über seine Gaben sich nicht klar werden lieſsen; vielleicht wäre er sonst zu Pommerns gröſsten Herrschern zu zählen. Aber auch ohnedies war er eine wohlwollende, Fleiſs und Begabung in sich vereinigende Persönlichkeit.

Ernst Ludwig, dessen letzte Lebensjahre Miſshelligkeiten mit Greifswald trübten, hatte in einem unklaren Testamente die Regierung thatsächlich in die Hände der Stände und nur formell in die seines Bruders gelegt[1], so daſs die Räte gar nicht so unrecht hatten, als sie, ohne den Vormund viel zu befragen, auf den 4. November 1592 eine erste Landesversammlung beriefen. Bogislav aber lieſs sie keinen Augenblick im Zweifel darüber, wie geringe Neigung er in sich verspürte, die Landtage von der Landschaft ausschreiben zu lassen. Noch viel weniger wollte er dulden, daſs in dem Vormundschaftsrate drei Vertreter der Städte neben ihm saſsen. Bald fand er überhaupt, daſs Lehnleute und Unterthanen ihren Lehnsherren nie zu vertreten, kaum zu beraten vermöchten[2]; daher erschien ihm nicht bloſs der Vormundschaftsrat, sondern auch jeder Landtag als eine sehr unnötige und kostspielige Einrichtung, welche er durch einen Ausschuſs für wichtige Sachen, das Landratskollegium, zu ersetzen gedachte. Doch beabsichtigte er, obwohl es in den letzten Jahren Barnims XI. wieder aufgekommen und unter Ernst Ludwig sehr nachhaltig verlangt worden war, keine Bürger hinein zu verordnen[3].

So ohne weiteres wollte sich der Novemberlandtag das alles nicht gefallen lassen; aber im Juni 1593 wurde der ihm vorgelegte Abschied, soweit er nicht den Ausschuſs verlangte, von den

[1] Bog. giebt es zu Memorial 92 XI. W. T. 39 Nr. 35, wo ein Gutachten über die Rechtskraft des Testaments.

[2] Die betr. Korrespondenz W. T. 39 Nr. 34, auch das Memorial.

[3] Dähnert I, 576, milder 1595, als er ohne Landtag eine Fräuleinsteuer erheben wollte (Kanzler I. 24., W. T. 35 Nr. 3/4), Dähnert I, 588.

Ständen zu Loitz genehmigt[1]. 1595 hatte Bogislav sogar die Genugthuung, seine Landschaft über eine Änderung des Steuersystems in Zwiespalt geraten zu sehen. Dahin brachte er sie freilich nicht, dafs sie sich zur Accise bereit erklärte; aber einen gemeinen Pfennig hätten die Städte doch gar zu gerne anerkannt[2].

Ihre Stettiner Nachbaren dagegen hielten einmütig an dem alten Modus fest, auch als sie Johann Friedrich ein letztes Mal zur Übernahme seiner Schulden drängte. Im Mai 1598 kamen sie ihm gar nicht entgegen, im Oktober boten sie ihm aufser der Befriedigung der ausländischen Gläubiger nur vier, keinesfalls mehr als sechs Schösse an; auch im Dezember beharrten sie darauf. Erst die Zusammenkunft im Januar 1599 begann unter den günstigsten Vorzeichen. Die Landschaft hatte, was sie noch nie gethan, dem Herzog versprochen, für ihren Unterhalt selbst zu sorgen; um so schneller beschlofs sie nun, die Zinsen bis 1601 durch drei Steuern zu decken, von da ab die gesamte Schuld in der Höhe von 77040 Thalern auf den Landkasten zu übernehmen[3].

Nach der erfolglosen Tagung im Oktober hatte sich Johann Friedrichs Gewaltthätigkeit in ihrer ganzen Schroffheit bewiesen, als er sein Volk durch die Schliefsung aller Landesgerichte einem Zustande völliger Rechtlosigkeit übergab. Sie war in dem letzten Jahrzehnte dem Lande noch manchmal zum Schrecken und ihm zuweilen zu einer Quelle der Zufriedenheit geworden. Besonders heftig hatte er seit 1593, als die Aufsässigkeit des Wolgaster Ortes in dem seinen sich fühlbar machte, das auch von Bogislav verneinte Recht der Stände auf freie Versammlungen angegriffen. Schon im August 1592 hatte sich das Gerücht verbreitet, er werde Bogislav bei der Verhinderung des von den Wolgaster Räten ausgeschriebenen Landtags unterstützen[4]. Einige Monate später nahm er die Streitfrage in unmittelbarer Anknüpfung an den Kampf des Jahres 1588 in seinem eigenen Orte auf, als die Stände eine Zusammenkunft beschlossen, um die endliche Abstellung der noch immer aufrecht erhaltenen Zölle jenes Jahres zu betreiben. Was kümmerte es einen Johann Friedrich, dafs Barnim und Philipp in der Reformationszeit das Recht der Landschaft anerkannt und 1557 auf ihren schwächlichen Vorstofs gegen unordentliche Versammlungen sofort verzichtet hatten, dafs der Adel und die Städte, sei es allein, sei es gemeinschaftlich später-

---

[1] Dähnert I, 581; Verhandlungen W. T. 39 Nr. 35. Die Annahme von d. Städten 1593 VII. 11., Nr. 35a erwähnt.

[2] Städte an Rudolf 1597 XI. 28., ihr Protest 1598 VII. 21., W. T. 39 Nr. 37.

[3] Verhandlungen St. T. 94 Nr. 93a, Nr. 75 und 51c; der Abschied I. 31., Dähnert IV, 532 ff. Vgl. S. 178.

[4] D. Räte VIII. 25. W. T. 39 Nr. 34; vgl. Bog. 1593 I. 6., Nr. 35.

hin und noch in den 80er Jahren gar oft zusammengetroffen waren [1]?

Einberufen hatte den Konvent der Stände der Stettiner Erblandmarschall Ewald von Flemming [2]. Durch die trockene Mitteilung an den Herzog vom 21. Oktober 1588, daſs die Landschaft zu Treptow zusammen kommen werde, weil sie neue Beratungen wegen des Accisestreites für nötig halte, war er zuerst hervorgetreten. Von Geburt aus nicht zum Erbmarschall berufen, hatte er eine ihm so angemessene Stellung durch den Verzicht des altersschwachen Familienhauptes erhalten. Bald nach 1575 war er Obereinnehmer des Stargarder Landkastens geworden. Gar manche Woche zweimal ist er seitdem, von der Bedeutung seines Amtes durchdrungen, die zwanzig Meilen schlechten Weges von seinem Gute nach Stargard gefahren. Ohne Genügen daran, „flöckerte" er auf den Adelssitzen umher, um in unermüdlicher Wachsamkeit mit der Lethargie und Unfähigkeit seiner Standesgenossen zu ringen. Rauh, fast roh, „solch ein Unflat, der wohl etwas aushält," hatte er das Zeug zu einem echten Agitator; nur war er ein pommerscher Edelmann. Die „goldene Fürstentreue" des pommerschen Adels, welche Friedrich Wilhelm I. von Preuſsen späterhin so herzlich seinem Sohne rühmte, wurde am Scheidewege immer wieder Flemmings Herr; um ihretwillen dachte er seine Ideen, führte er seine Pläne nie zuende, gefährdete er wohl sein eigenes Werk. Alles an ihm war eckig, ehrlich, unvorsichtig und unklug; niemand hatte ihn auf seinem Adelssitze die Berechnung der Rede und die Kunst, die Leidenschaften aufzuwühlen, gelehrt. Dennoch war er der Mann, wie ihn die Stände brauchten; kam es doch nicht darauf an, der Ritterschaft neue Rechte zu erobern, sondern die alten lebendig und kräftig zu erhalten; und das ist Ewalds Eifer und Begeisterung vollauf gelungen.

Als Johann Friedrich Anfang Januar 1593 die Obereinnehmer wegen des geplanten ansehnlichen Konventes verwarnte [3], wurde ihm in letzter Stunde die kühle Antwort, daſs sie die Versammlung, die auf jeden Fall am 5. Februar beginnen werde, mit gutem Rechte unersucht der Obrigkeit ausgeschrieben hätten, da sie in Sachen, welche wie die Zölle die Gemeinschaft beträfen, dem ganzen Haufen nicht vorgreifen dürften. Rasch entschlossen lieſs der Herzog dem Marschall sofort bei seinem Eintreffen in Treptow einen Protest überreichen. Flemming fügte sich, vermutlich weil er nur 13 Ritter und 4 städtische Abgeordnete um

---

[1] Resolution 1557 St. T. 94 Nr. 24 v. III f. 155; Obereinnehmer 1593 I. 29., Nr. 73.

[2] Notizen über Flemming: er an Joh. Fr. 1597 XII. 12., Joh. Fr. an ihn und an Chinow 1594 III. 24., St. T. 94 Nr. 73; einzelnes Nr. 66 v. I. Flöcker gleich Landreiter

[3] Die 1593/94 betr. Schriftstücke St. T. 94 Nr. 73; ferner Nr. 79 v. I u. II, W. T. 39 Nr. 37 und Wedel 364.

sich sah, fing aber dann zu agitieren an, um im März 1594 die Landschaft abermals zu berufen. Der gereizte Johann Friedrich erteilte ihm zunächst einen „guten, etwas gepfefferten Auswischer,“ der seine Wirkung bei Ewald, aber nicht im Lande verfehlt haben dürfte, zog es jedoch sehr bald vor, dem Marschall zu schmeicheln und seinen Städtehafs geschickt zu schüren. In der That rief Flemming die Ritterschaft im Juni 1597 plötzlich nach Belgard zusammen, damit den Anschlägen des Bürgertums gegen den Adel einmal von Grund aus begegnet werde; erst das Entgegenkommen der Städte, welche die Gröfse der Gefahr begriffen, brachte ihn zur Besinnung. Der Streit um das Versammlungsrecht spielte bis ins nächste Jahrhundert weiter und wurde auch 1598 durch das Verbot der freien Zusammenkünfte selbst der Städte durch Bogislav nicht wesentlich verschärft. Der Erbmarschall aber, dem man sein unüberlegtes Vorgehen nachgetragen zu haben scheint, erbat noch im November 1597 seinen Abschied. Obwohl er ihn nicht erhielt, ward es still in seinem Leben; nur die goldene Kette, zu der ihm die Landschaft hundert ungersche Gulden verehrte, mochte ihm manchmal arbeitsreiche, nicht fruchtlose Jahre ins Gedächtnis rufen, bis er ein Decennium später starb.

Johann Friedrich hatte die Genugthuung, dafs die Stände auf jeder eigenwilligen Zusammenkunft seinem Trotze gewichen waren; ein mehreres sollte ihm nicht beschieden sein. Als er 1600 zur fröhlichen Fastnacht in Wolgast weilte, raffte ihn eine plötzliche Krankheit am 9. Februar in demselben Zimmer dahin, in welchem die Wiege des Kindes gestanden hatte. So war es das Schicksal seines Lebens gewesen: unter den ungünstigsten Verhältnissen zur Regierung gekommen, hatte der einsam wandernde Mann den Kampf mit seiner übermächtigen Landschaft aufgenommen. Aber nur für seine Person hatte er sich der Fesseln, die sie jedem ihrer Fürsten aufzuzwingen suchte, zu erwehren gewufst, keine einzige dauernd und verfassungsmäfsig zu beseitigen vermocht. Daher mufsten, als er, die letzte glänzende Erscheinung des Greifengeschlechtes, zu Grabe ging, seine unbegabteren Nachfolger dort wieder einsetzen, wo auch er begonnen hatte.

Achter Abschnitt.

Die Jahre 1600—1625.

Der durch den Tod Johann Friedrichs bedingte Wandel trat nur wenig hervor, solange Bogislav XIII. noch lebte. Der thatkräftige, seinem ältesten Bruder freilich nicht ebenbürtige Herzog übernahm, nachdem die beiden jüngsten Söhne Philipps, Barnim und Kasimir, nur kurze Zeit regiert hatten, 1603 die Herrschaft Stettins, ohne auf den maſsgebenden Einfluſs in Wolgast zu verzichten. Er wuſste den Hofhalt in eine bessere Ordnung zu bringen, begann ein sparsameres Regiment, ging aber nichtsdestoweniger in den absolutistischen Gedanken Johann Friedrichs völlig auf.

Der Streit, ob die Reichssteuern in die Landkasten zu entrichten seien, wurde siegreich fortgesetzt, der fürstliche Anspruch, die ständischen Obereinnehmer zu ernennen, wirkungsvoll verteidigt, damit keine der Regierung widerwärtigen städtischen Syndici in die Kollegien eingeschoben werden konnten. So recht hatte den gern über das Ziel hinausschieſsenden Bogislav die ihm von seinem groſsen Vorgänger mitgeteilte Anschauung ergriffen, daſs der Herzog der Schiedsrichter über seine Stände wäre. Einige Wolgaster Städte hatten Schösse einbehalten, weil sie nicht in der Form einer Vermögenssteuer ausgeschrieben worden waren. Sie wandten sich schlieſslich sogar an den Kaiser. Darauf schrieb der Herzog dem schwächlichen Rudolf II. kurzerhand, daſs er ein ihm günstiges Urteil anerkennen werde, jedes andere sich aber verbitte. Der alte Modus sei, abgesehen davon, daſs Stettin an ihm festhalte, durch Landtagsabschied eingeführt, und jeder Landtagsabschied gelte, bis der Fürst ihn aufhebe. Die widerspenstigen Gemeinden muſsten sich 1606 mit Ausnahme Stralsunds fügen. Bogislav hätte schwanken können, ob er nicht zugunsten einer auch der Regierung so willkommenen Abänderung des Hufenschosses den Einspruch der Städte fördern sollte. Er hat mit richtigem Blicke es vorgezogen, das Bürgertum zum ersten Male zur Unterwerfung unter einen Mehrheitsbeschlufs des Landtages zu zwingen, und damit die entscheidende Bresche in die städtefreundliche Geschäftsordnung der Ständeversammlungen gelegt[1].

Immerhin wurden Steuerfragen bereits unmutiger als zu Johann Friedrichs Zeiten von der Landschaft erledigt, obwohl sie weit begründeter waren als vordem. Auch liefs sich die Wiedererrichtung der Landratskollegien nicht mehr verhindern, welche die Herzöge gänzlich hatten verfallen lassen, seit sie sich zum Ersatz der Landtage untauglich bewiesen hatten.

Durch den Tod Bogislavs XIII. im Jahre 1606 erlangten Philipp II. in Stettin und Philipp Julius in Wolgast die Krone. Beide Männer waren als Herrscher unbedeutend und insbesondere die Regierung des anspruchsvollen Philipp Julius für die fürstliche Gewalt voll drohender Gefahren. Um so beachtenswerter bleibt es, dafs das Ständetum trotz der Gunst der Verhältnisse, und obwohl es es an Anstrengungen nicht fehlen liefs, blofs äufserliche Erfolge erzielte, thatsächlich überall zurückgedrängt wurde. Nur dem ersten Blicke erscheint es als seinem Höhepunkte zustrebend, weil die Städte wieder in den Vordergrund traten und das Fürstentum sich zu lange abgelehnten Verzichten entschlofs; in ihrem innersten Kerne war die ständische Macht brüchig geworden. Gestalteten sich die Zeiten friedlich, so überdauerte sie vielleicht noch ein paar Jahrhunderte allgemeiner politischer Versumpfung; kam jedoch unversehens ein Sturm, so mufste sie in sich zusammenbrechen — und der Sturm kam in dem dreifsigjährigen Kriege. Wenn es wahr ist, dafs das Gedeihen jedes Standes in erster Linie auf der Vertretung seiner Sonderinteressen beruht, und die ständische Entwicklung rückläufig zu werden beginnt, sobald diese Sonderinteressen nicht mehr kräftig zur Geltung gebracht werden können, so ist der Abschnitt der inneren Geschichte Pommerns von 1600 bis 1625 fraglos ein Zeitraum des Niedergangs und Verfalles der ständischen Macht ungeachtet aller scheinbaren Fortschritte. Er knüpft unmittelbar an das Jahr 1570 an, nachdem die Episode der Regierung Johann Friedrichs zuende gegangen war, und läfst durch die stärker werdende Wahrnehmung allgemeiner Interessen erkennen, dafs die fürstliche Gewalt fast unmerklich die Überwindung der schon 1570 auf ihrem Gipfelpunkt angelangten ständischen Gewalt vorbereitete.

Der Stettiner Ort beansprucht in diesen Jahren die Aufmerksamkeit nur insofern, als seine Geschichte das Gegenstück zu der Wolgasts ist. Philipp II. war ein stiller, arbeitsamer Herzog, welcher es gewifs herzlicher mit seinem Volke meinte, als der Wolgaster Vetter; aber abgesehen davon, dafs er von der Dichtkunst und edlen Steinen mehr verstand denn vom

---

[1] W. T. 39 Nr. 37/38, einzelnes Nr. 44 v. I u. II, Dähnert I, 618 u. 620.

Herrschen, — die gesamte Entwicklung jener Zeit bedurfte nun einmal keiner trägen, noch so frommer Absicht entspringenden Ruhe, sondern des frischen, rücksichtslosen Kampfes. Philipp Julius hat stets aus den eigensüchtigsten Beweggründen gehandelt und seine Mittel zu wählen sich niemals viel bedacht; das kann aber der Thatsache keinen Eintrag thun, dafs er, wenn auch ohne alles eigene Verdienst, seinem Lande unendlich mehr genützt hat als Philipp II., indem er infolge seines steten Streites mit den Ständen gezwungen war, Fragen von hoher Bedeutung für die Gesundung des politischen Lebens Pommerns aufzuwerfen und im Sinne des Gemeinwohls zu fördern.

Dabei war die Stellung Philipps eine ungleich vorteilhaftere als die seines Vetters. Die Hauptfeindin seiner Vorgänger, Stettin, erstickte unter einer aufserordentlichen Schuldenlast, während die anderen Gemeinden des Ortes von Barnim XI. und Johann Friedrich für allezeit mundtot gemacht worden waren. Er liefs aber dieses günstige Moment nicht der fürstlichen Macht, sondern der Ritterschaft zugute kommen. Wenn er die Städte von einflufsreicherer Anteilnahme an den ständischen Verhandlungen fernhielt, was seinem Vetter nicht gelang, so war ihm das nicht als Verdienst zuzurechnen. Gradezu zum Vorwurfe gereicht es ihm, dafs er die von seinen Vorgängern verbotenen freien Zusammenkünfte der Landschaft nicht ebenso kräftig wie jene zu unterdrücken versuchte. Er hat vor allen Dingen kaum gewagt, den gewaltthätigen Übergriffen des Adels auf wirtschaftlichem Gebiete entgegenzutreten.

Durchaus das Widerspiel zu ihm war Philipp Julius, der sich von ferne wie ein Zerrbild Johann Friedrichs ausnimmt. Er war verzogen, ungeduldig und heftig, beseelt von glühendem Städtehasse, raschen Rückschlägen und Launen ausgesetzt, ohne diplomatische Gewandtheit und Ausdauer. Sein prunkvoller, leichtlebiger Hofhalt bedurfte alljährlich der ausgedehnten Hilfe seiner Unterthanen. An ihre Spitze hatten sich wiederum seine Städte nicht sowohl auf Grund einer wirklichen Besserung ihrer wirtschaftlichen Lage als dank der Thätigkeit geschickter Bürgermeister und Syndici emporgeschwungen. Sofort im Jahre 1606 wufste der Herzog der Landschaft 12 Steuern abzupressen; trotzdem fing er bereits zwei Jahre später aufs neue an, nicht sowohl um eine feste Kontribution, als um treuherzige Gaben zu betteln, deren Höhe und Häufigkeit zu bestimmen, der Liebe und den Mitteln des einzelnen anheimgestellt werden sollte. Natürlich wurde über einen derartigen unausführbaren Plan nicht ernstlich verhandelt, aber auch keine Steuer bewilligt. So unbarmherzig machten die Städte die Einschränkung des Hofhaltes zur Vorbedingung jedes Entgegenkommens, dafs die leichter zu rührende Ritterschaft 1609 beschlofs, dem bedrängten Herzog auch ohne Zuthun der Bürgerlichen wenigstens einen aufserordentlichen Schofs zu reichen. 1612 erteilte endlich die gesamte Landschaft die Erlaubnis, innerhalb acht Jahren 24 Steuern, abzüglich der seit 1606 eingelieferten, auszuschreiben; 1614 wurde die Zahl der Steuern sogar auf 33 erhöht, so daſs die Lasten des Landes auſserordentlich stiegen[1].

Die Städte, welche sich gegen die Bewilligungen so hartnäckig gesträubt hatten, durften hoffen, daſs das Fürstentum ihre schlieſsliche Nachgiebigkeit teuer genug bezahlt habe. Die Wiedererrichtung der Landratskollegien unter Bogislav XIII. ohne Berücksichtigung der Gemeinden hatte das selbstbewuſst gewordene Bürgertum Wolgasts tief empört, während das Stettinische es ruhig hingenommen zu haben scheint. Schon unter Ernst Ludwig und Bogislav hatte es sein Anrecht des öfteren betont und wenn nicht grade vollberechtigte Vertretung in dem Kollegium, so doch Hinzuziehung zu den Sitzungen wie in den 60er Jahren des sechzehnten Jahrhunderts gefordert[2]. 1606 ward den Wolgastischen Städten zunächst auſser dem Mitberatungsrecht die Mitwirkung bei der Aufteilung und Ausschreibung der Reichssteuern zugesichert, welche damals nach heftigen Kämpfen das Recht der Landräte wurde[3]. 1610 stand bereits die der ritterschaftlichen ebenmäſsige Anteilnahme Stralsunds, Greifswalds und Anklams an dem Kolleg, die Stettin und Stargard erst 1634

[1] 1606 Dähnert I, 622 f. 1608—1612 W. T. 39 Nr. 46 (Gunsterweis an Stralsund im Memorial 1612 IV. 3. Nr. 53 v. I). 1612 Nr. 53 v. I, II u. IV. 1614 Dähnert I, 639. — Die Kosten der Hofhaltung veranschaulichen einige Zahlen aus dem Stettiner Landrentereiregister 1620 Okt bis 1624 Okt., St. T. 94 Nr. 94:

Gezahlt:	1620 bis 1621			1621 bis 1622		1622 bis 1623	1623 bis 1624	Nachzuzahlen:
	fl.	β	₰	fl.	β	fl.	fl.	fl.
dem Küchenmeister .	10 916	35	8	11 257	42	12 450	12 000	
dem Hausrentmeister	6 792	28	4	12 927	44	5 000	5 000	12 000
an Kostgeld	12 465	16	—	12 500	—	12 000	12 000	7 000
für Wein	8 318	3	4	11 143	34	12 120	12 000	
für Schneiderei . .	**34 927**	**36**	**8**	**9 079**	**16**	**31 942**	**8 700**	**43 000**
d. Handwerkern (einschlieſsl. Jubilirern)	**22 817**	40	8	6 040	—	14 283	6 000	**18 000** (allein Jubilirer)
an Besoldungen. . .	7 218	6	—	7 820	—	7 820	7 800	**22 000**

[2] Mehrere Nachrichten bei Balthasar, Landräte und Dähnert I, 607, 618. Daneben Archivalien. S. S. 144.

[3] W. T. 39 Nr. 37/38; Dähnert I, 629.

erlangten, für die Lebenszeit Philipp Julius aufser Frage. Es ist, wenn auch nicht ganz ohne Anstand, bei ihr geblieben [1].

Das Zugeständnis des Herzogs liefs die Gründe, welche in den Tagen Barnims XI. die Ausdehnung der Machtbefugnisse des landrätlichen Ausschusses, vorzüglich die Übertragung des Steuerbewilligungsrechtes auf ihn der Landschaft verboten hatten, minder gewichtig erscheinen; um so mehr kamen wirtschaftliche Rücksichten zur Geltung, da die grofsen Landtage gar zu kostspielig waren. So willigten die Stände denn ein, dafs für gewöhnlich ihre Vertreter, nur in seltenen Fällen die gemeinen Tage zusammenberufen werden sollten; doch machten sie eine sehr durchgreifende Umgestaltung der Organisation des Landratskollegiums zur Bedingung.

Kraft seines Rechtes, jeden Lehnsmann zum Rate zu befehlen, hatte der Herzog bisher beansprucht, ihm genehme Ritter zum Landratsamte sich aussuchen zu dürfen; nur der Vorrang der Schlofsgesessenen that seiner freien Bestimmung Abbruch. Seit 1614 übte dagegen die Landschaft den mafsgebenden Einflufs auf die Auswahl der Männer, die ihre bedeutungsvollsten Rechte ein ganzes Leben hindurch wahrnahmen; sie verpflichtete damals den Herzog bei jeder Neubesetzung einer ritterschaftlichen oder städtischen Landratsstelle einen aus zwei ihm vorgeschlagenen Bewerbern anzunehmen. Auch erreichte Wolgast, wie schon 1603 Stettin, dafs der Ausschufs der Landräte eine Vertretung des gesamten Landes wurde; jeder Verwaltungsbezirk erhielt das Recht, zum mindesten einen der Seinen in ihn abzuordnen. Wenn dadurch mit dem für die Deputationslandtage bevorzugten Systeme der Vertretung der Ritterschaft nach Geschlechtern gebrochen, und der Staatsgedanke durch die Zusammenfassung des Adels nach örtlichen und nicht mehr nach Familienrücksichten gefördert wurde, so war das der Not zu danken, weil auch die Deputationstage noch immer die Beauftragten von dreihundert Geschlechtern zusammenführten [2].

Es bildete sich von da ab in Kürze eine ständische Distriktsverfassung aus, welche die Grundlage der späteren Kreisverfassung geworden ist. Die Absichten des Herzogs scheinen dahin gegangen zu sein, die Städte in sie einzugliedern; er teilte den Distrikten 1612 Landfriedensaufgaben zu [3], deren Durchführung und Kostendeckung nur dem Zusammenwirken von Stadt und Land gelingen konnte. Der Gedanke ist nicht durchgedrungen. Die Gemeinden beharrten darauf, dafs ihnen ihre eigenen Ver-

---

[1] Philipp J. an Maltzahn 1610 X. 27., W. T. 39 Nr. 46, wo ihm nur noch das Nominationsrecht der Städte bedenklich. Nr. 53 v. I. Versuchte Änderung: Resolution der 4 Städte 1622 IV. 5. Nr. 63.

[2] Für die Landtage blieb die Berufung der Geschlechter, Dähnert IV, 598.

[3] 2. Resolution der Städte 1612 VII. 6., W. T. 39 Nr. 53 v. I.

sammlungen eingeräumt werden müfsten[1]; und die ritterschaftlichen Verbände hatten sich selbst aufserhalb Rügens nie so völlig aufgelöst und waren sogar seit der grofsen Privilegienbestätigung wieder derart gefestigt, dafs sie sich zur Aufnahme bürgerlicher Bestandteile zu spröde erwiesen. 1563 hatten sich die drei Kreise: das umflossene Rügen, das übrige Wolgast als Pommern und Stettin eine Organisation gegeben, welche sie für stark genug erachteten, um die Erhebung von Geldbeiträgen zu ermöglichen. Das gelang freilich weder in den 60er und 90er Jahren des sechzehnten Jahrhunderts noch 1623, als man eine dauernde Ritterschaftskasse errichten wollte, ohne die Hilfe des herzoglichen Landreiters[2]. In den zwanziger Jahren des siebenzehnten Jahrhunderts versuchte der Wolgaster Adel, auf die ursprüngliche Landeseinteilung in vier bis sechs Zirkel zurückzugreifen, während der Stettiner zehn der Amtseinteilung angepafste Bezirke für die gemeine Ritterschaft und einen in alter Gewohnheit begründeten für die Schlofsgesessenen erhielt. Aus ihnen gingen die adligen Landräte hervor.

Wichtige Vorlagen, die dem Ausschufs unterbreitet werden sollten, wurden vorerst den Ständen mitgeteilt. Diese berieten sie auf den Bezirkstagen und der Städteversammlung und gaben ihre schriftliche Meinungs- oder Willensäufserung ihren Vertretern als Instruktion mit. Es ward in solchen Fällen auch üblich, dafs nicht blofs die festernannten Landräte, sondern auch einzelne andere Mitglieder der Landschaft zu sog. Konvokationstagen einberufen wurden.

Die Macht des Landratskollegiums beruhte auf seiner Vermittlerrolle, welche den Verkehr zwischen Herzog und Unterthanen in seine Hände legte; nicht minder kam ihm zugute, dafs die Obereinnehmer des Landkastens aus seiner Mitte gewählt wurden, welche die Befugnis hatten, die Auszahlung der vorhandenen und die Einziehung der etwa noch bewilligten Steuern zu verweigern, so oft der Herzog Wünsche auf Beseitigung der ständischen Beschwerden nicht in Acht nahm[3]. Vorzüglich verkörperte sich seine Gewalt in der Person des Erblandmarschalls, der sein Vorsitzender war; nur fand sich kein Ewald von Flemming, um dem Amte Leben und Bedeutung einzuhauchen. Der Landmarschall und nicht mehr der Herzog schrieb die ständischen Versammlungen, sofern sie keine gemeinen Landtage waren, aus und überwies die Regierungsvorlagen den Bezirken zur Vorberatung. Eifersucht und Streit bemächtigten sich daher der hohen Stellung mit gutem Rechte, aber nicht zu der Landschaft, sondern

---

[1] Resolution 1627 VIII. 18., W. T. 39 Nr. 86.

[2] Convent 1563 VI. 8., Dähnert IV, 456. St. T. 97 Nr. 91 f. 288; T. 94 Nr. 98.

[3] Dähnert I, 629.

zu des Fürstenhauses Vorteil. Sie konnten es in Wolgast um so leichter, als die Marschallswürde dort geteilt war [1].

Und wie Zwietracht die Macht des Landmarschalls nicht wirksam werden liefs, so trafen andere Gründe zusammen, um die Entwicklung des landrätlichen Kollegiums überhaupt aufzuhalten. Das Recht, auf Geldbewilligungen ohne vorherige Befragung der Zirkel nicht einzugehen, war so ziemlich das einzige, freilich gute und kluge Recht, welches die schwachen Seniores, wie es die Landräte meist waren, den siebzigern nahe, zur Geltung brachten. Sie wufsten sich nicht die gewichtige Erlaubnis, ohne Wissen des Fürsten, wann und wo immer, zusammenzutreten, zu erzwingen; nur einmal im Jahre am Bartholomäitage konnten sie die Einberufung fordern. Sie hielten an der veralteten Ansicht fest, dafs sie vermöge der Privilegien nur die Irrungen, so zwischen Herrn und Unterthanen fürfielen, in der Güte oder zu Rechte hinzulegen hätten; alles andere däuchte ihnen gefährlich. Damit haben sie den Einflufs der Stände ebenso wie durch ihre Unlust, die beschwerliche Reise zu den Sitzungen oft zu machen, gelähmt; denn die Berufung eines gemeinen Landtages gab der Herzog gar zu selten nach, er handelte lieber auf eigene Faust, wenngleich ohne Befugnis.

Die städtischen Landräte sind nicht bestimmend hervorgetreten. Denn ihre Auftraggeber konnten nie mehr so recht untereinander eins werden, seit sie über das Steuererhebungsverfahren in Unfrieden geraten waren. Sie entbehrten des wahren Mutes zum Widerstande. Stralsund wehrte sich gegen den modus facultatum fast nur aus oppositionellem Trotze, welchem es gar zu sehr an lebendiger Kraft und innerer Berechtigung gebrach, als dafs er den ganzen Stand auf die Dauer zum Kampfe mit sich hätte fortreifsen können. Es selbst zog schliefslich den Anschlufs an Schweden der Unterwerfung unter den Willen seines Herzogs vor. Philipp Julius hatte es freilich gradezu zu einem solchen Schritte aufgereizt, als er die gebietende Stadt 1620 trotz aller

[1] Im Wolgaster Orte gab es zwei Marschallsfamilien: die Bugenhagen, die ihre Würde im Lande Barth, in dem Bezirk des ehemaligen Fürstentums Rügen, und die Maltzahn, die sie in dem altpommerschen Anteil des Herzogtums ausübten. Schon in den 70er Jahren des sechzehnten Jahrhunderts verlangten die Maltzahn das Marschallsamt in ganz Wolgast ohne Unterschied der Herzog- und Fürstentümer; doch ein Urteil Ernst Ludwigs etwa von 1580 fiel zugunsten der Bugenhagen aus. 1608 brach der Streit durch die Schuld der Bugenhagen wieder aus. Philipp J. stellte teils den alten Zustand wieder her, teils ordnete er einen Wechsel der Geschäftsführung von Jahr zu Jahr an. Gewaltthätig hatte er schon 1607 den Greifswalder Marschall Heinrich Maltzahn wegen angeblicher Übergriffe einfach für abgesetzt erklärt und Ernst Ludwig Maltzahn an seine Stelle berufen. Heinrich mufste sich darauf beschränken, seinen Ärger an seiner armen Hausfrau auszulassen. Später wiederholten sich solche Mafsregelungen der Marschälle. Fast alle Aktenstücke W. T. 39 Nr. 140.

Warnungen aus dem Landratskolleg verdrängte. Die anderen Städte lernten es sich zu beugen.

Wie die Erfolge Johann Friedrichs mit seiner Persönlichkeit zu Grabe gingen, verschwand auch die Bedeutung der Wolgaster Gemeinden mit der durch die Fürsten gewaltthätig erfolgten Beseitigung ihrer Führer, unter denen sich namentlich der ehrgeizige sundische Syndikus Domann hervorgethan hatte.

Allerdings erreichten sie von dem bedrängten Philipp Julius das Versprechen eines öffentlichen Verzichtes auf die kaiserliche Tranksteuererlaubnis, aber der Herzog hat nie mit der Einlösung seines Wortes Ernst gemacht. Suchten die Regierungen damals die Accise nicht zu erzwingen, so gebot ihnen das weit mehr die Rücksicht auf die wirtschaftlich erstarkte Ritterschaft als auf die von ihr bedrohten, verarmenden Städte. Als die Hauptstadt des Stettiner Ortes damals ihre zumeist durch kostspielige Prozesse entstandenen Schulden in der Höhe von 334357 Gulden mit Hilfe einer Bierauflage decken wollte, hätte der Herzog trotz seines mehrmaligen Vetos endlich nachgegeben; aber der Adel duldete es nicht. Ihm galt 1618 schon die Erlaubnis, die zur Ausfuhr bestimmten Waren, — nicht die zur Stadt gebrachten, welche den Bürgern oder Lehnsleuten verkauft wurden, — mit einer Abgabe zu belasten, für ein derart weitherziges Entgegenkommen, daſs er vorsichtshalber die Regulierung der Acciseerhebung in die Hand und den freien Willen des Herzogs legte, damit der gemeine Nutzen des Vaterlandes gewahrt werde [1].

Die Ritterschaft mochte um so mehr auf die Vertretung des gemeinen Nutzens durch die Regierung rechnen, als seine Forderungen inbezug auf das Steuerwesen 1612 auch ihr gegenüber mit durchgreifendem Erfolge geltend gemacht worden waren.

Nur äuſserlich blieb das Steuerwesen während der Jahre 1612—1625 in der Gewalt der Stände: Obereinnehmer führten wie vordem seine Verwaltung, die Landkasten standen in Greifswald und Stargard, das Landratskollegium beeinfluſste die Schoſserhebung durchaus. Aber sein Geist wurde im Wolgaster Orte allmählich von Grund aus ein anderer. Im Juli 1612 hatte der Adel zunächst die Steuerbarkeit der innerhalb 30 Jahren eingezogenen Ländereien zugestanden; schon im Dezember folgte der entscheidende Beschluſs, der in den nächsten Jahren öfters wiederholt ward: daſs alle Hufen im Lande, gleichviel ob sie ritterschaftliches oder bäuerliches Eigentum oder Pachtbesitz wären, und auf welchen Titel hin sie auch abgabenfrei gewesen sein möchten, schatzpflichtig sein sollten [2].

---

[1] Auſser Thiede die Verhandlungen St. T. 94 Nr. 90 u. 95 v. I u. II.

[2] Resolution 1612 VII. 6. und Mandat 1612 XII. 5., W. T. 39 Nr. 53 v. I u. IV. Weitere Notizen in Nr. 55, 56, 74, 80; Dähnert IV, 613, 643. Nur die Pfarrhufen blieben eximiert, soweit die Pfarrherren sie unter dem eigenen Pfluge hatten. Vgl. S. 138, 146 und 179.

Gewifs war die Ausführung nur mangelhaft, die durch sie gebotene Neuvermessung des Grundbesitzes ein Werk von Jahrzehnten und die Berechnung der Hufenzahl nach der Masse des zur Aussaat bestimmten Getreides ein Notbehelf [1]; aber solche Nachteile verschwanden vor der Bedeutung des ritterschaftlichen Verzichtes auf die Steuerfreiheit und dem Siege, welchen damit das die allgemeinen Interessen vertretende Fürstentum über die Sonderrechte eines Standes davon getragen hatte. Es dauerte darauf nur kurze Zeit, so fing der Adel an, auf den Ersatz des so fest gehaltenen Hufen- und Häuserschosses durch den viel verabscheuten gemeinen Pfennig oder gar die Tranksteuer zu drängen. Er setzte sie um so schneller durch, als er die Städte zu überstimmen vermochte, seitdem die Stimmeneinheit der Kurien zum Gültigwerden eines Beschlusses nicht mehr von nöten war. Leider gelang es ihm bei der Gelegenheit, noch einmal sich Begünstigungen zu verschaffen [2].

Auch auf wirtschaftlichem und socialem Gebiete wufste die fürstliche Gewalt allzu weite Übergriffe der Stände zurückzuweisen.

Schon 1581 war man damit umgegangen, die Gesetzgebung der 50er und 60er Jahre aufzunehmen. Obwohl unfähig zu praktischer Arbeit, widmete sich die Landschaft mit Ausdauer und Vorliebe der Bekämpfung der „heillosen, verfluchten Hoffart“: aber ihre unsinnige Strenge wie der geschlossene Widerstand der betroffenen Klassen machte alle Bemühungen zuschanden. Hingegen verzeichnete die Regierung tüchtige Fortschritte in der Beseitigung der ständischen Gerichte. Ihre Einschränkung gelang Johann Friedrich und Bogislav selbst in Stettin [3]. Vor allem fällt die Überlegenheit des Fürstentums bei der Behandlung der Bauernfrage ins Auge. Nicht einmal im östlichen Orte vermochte der Adel völlig zu siegen; die Bauernordnung von 1616 verhütete trotz ihrer grofsen Zugeständnisse an die Ritterschaft die Umwandlung des Hintersassen in einen reinen Ackersklaven und verstand es, ihm darüber hinaus noch einige Rechte zu sichern. In Wolgast aber erklärte der Herzog 1618, dafs die älteren Ordnungen für sein Land genügten, sobald die Beamten sie mit starkem Ernste ausführten; und die Landschaft wagte darauf nicht mehr, ihren Wunsch auf Übernahme der Stettiner Ordnung zu wiederholen [4].

---

[1] Vgl. die Ausführungen über diesen Notbehelf, die sich in der Gesch. der brandenburgischen Finanzen 1640—1697 B. I von Breysig (Leipzig 1895) S. 202 finden.

[2] 1627 wurde der Ritterschaft erlaubt, bei der Vermögenseinschätzung zur Steuer für jeden Rofsdienst 1000 Thaler in Abzug zu bringen, was sie nach W. T. 39 Nr. 77 v. III schon 1623 beantragt hatte.

[3] Nachrichten über das Stettiner Schulzengericht St. T. 124 Nr. 12; betr. der städt. Jurisdiction über Adlige W. T. 39 Nr. 41.

[4] W. T. 39 Nr. 62 und 63.

Es ist demnach ein nicht unfreundliches Bild, welches der Zustand des staatlichen Lebens in Pommern am Ende des Zeitalters erweckt. Sicherlich war die Entwicklung zugunsten der fürstlichen Gewalt nicht in der raschen Weise der Tage Bogislavs X. und der Reformation vorangeschritten; aber sie war doch auch mit Ausnahme des einzigen Jahrzehntes von 1560 bis 1570, wo unglückliche Momente zusammentrafen, nie wieder wirklich rückläufig geworden. Blendete nicht der Glanz der Regierung eines Johann Friedrich dem Betrachtenden die Augen, so würde ihm vielleicht selbst der äufsere Erfolg der Landschaft von 1600 ab nicht mehr grofs erscheinen; wie grofs er aber auch immer gewesen sein mag, so konnte er dennoch nichts daran ändern, dafs die innere Kraft des Ständetums dahinsiechte, und die der Regierung täglich an Tiefe zunahm. Der Niedergang und Zusammenbruch der Städte, der gefährlichsten Gegner des Fürstentums, vollzog sich ebenso stetig wie das Wachstum des herzoglichen Einflusses auf die wirtschaftlichen und socialen Fragen und die Ausbildung des Steuerwesens in Hinsicht auf die allgemeine Gerechtigkeit.

Die Frucht eines Kampfes von anderthalb Jahrhunderten war gereift; sollte sie nicht am Baum verdorren und in der alten Hülse verfaulen, so mufste sie geschüttelt und die Schale beseitigt werden. Der dreifsigjährige Krieg hat 1626 diese Aufgabe übernommen, kurze Zeit nachdem der Tod des Wolgaster Herzogs ganz Pommern wieder in einer Hand, in der Hand Bogislavs XIV. vereinigt hatte. Er ist der Retter der fürstlichen Macht in Pommern geworden, insofern als er sie mit Gewalt von Fesseln losrifs, welche sie nur noch lose hielten.

Pierer'sche Hofbuchdruckerei Stephan Geibel & Co. in Altenburg.

Kolibri 360 GmbH
Ferdinand-Jühlke-Straße 7
99095 Erfurt, Deutschland
produktsicherheit@kolibri360.de

Druck:
CPI Druckdienstleistungen GmbH
im Auftrag der
Kolibri 360 GmbH
Ferdinand-Jühlke-Str. 7
99095 Erfurt